Séminaire de Sémantique Générale 1937

Transcription des notes prises lors des conférences de Sémantique Générale données à Olivet College

par

Alfred KORZYBSKI

Avec une préface et un index nouvellement ajoutés par Corey ANTON

Traduit de l'anglais (États-Unis) par Patrick HUG

AF854757

INSTITUTE OF GENERAL SEMANTICS
New York, New York, USA

Séminaire de Sémantique Générale 1937, Quatrième Édition
par Alfred Korzybski
Copyright © 2002 par l'Institut de Sémantique Générale
Avant-propos de la quatrième édition et nouvel index et illustrations ajoutés
Copyright © 2024 par l'Institut de Sémantique Générale.
Première édition 1937
Deuxième édition 1964, éditée par Edward L. Gates
Troisième édition, 2002, éditée par Homer J. Moore Jr.

Tous droits réservés. Aucune partie de cet ouvrage ne peut être reproduite ou transmise sous quelque forme ou par quelque moyen que ce soit, électronique ou mécanique, y compris la photocopie, l'enregistrement ou tout système de stockage ou de récupération d'informations, sans l'autorisation préalable de l'éditeur, à l'exception de brèves citations dans un article ou une critique.

ISBN: 978-1-970164-40-4 (broché)
ISBN: 978-1-970164-41-1 (livre électronique)

Données de catalogage de la Bibliothèque du Congrès

Noms: Korzybski, Alfred, 1879-1950, auteur. | Anton, Corey, rédacteur de la préface. | Olivet College.

Titre: Séminaire de Sémantique Générale 1937: transcription des notes des conférences sur la Sémantique Générale donnés à l'Olivet College / par Alfred Korzybski; avec une préface et un index nouvellement ajoutés par Corey Anton.

Traduction et préface françaises, et figure page 185: Patrick Hug

Description: 4ème édition. | New York, New York, États-Unis: Institute of General Semantics, [2024] | Comprend un index. | Résumé: "Il s'agit de la nouvelle 4e édition du séminaire sur la Sémantique Générale 1937 d'Alfred Korzybski: conférences à l'Olivet College. Elle contient 14 conférences données par Korzybski à ses étudiants. Elle présente les concepts de base de la Sémantique Générale, offre des conseils pratiques sur la gestion des relations interpersonnelles, donne d'innombrables aperçus sur la nature du langage et de l'abstraction, et propose la "théorie extensionnelle du bonheur" de Korzybski. Cette nouvelle édition contient une préface de Corey Anton et comprend pour le premier temps un index - Fourni par l'éditeur.

Identifiants: LCCN 2024032813 | ISBN 9781970164299 (livre de poche) | ISBN 9781970164305 (livre électronique)

Sujets: LCSH: Sémantique générale.

Classification: LCC B820 .K57 2024 | DDC 149/.94–dc23/eng/20240814

Enregistrement LC disponible à l'adresse https://lccn.loc.gov/202403281

LIVRES DE LA SÉRIE IGS NOUVELLE BIBLIOTHÈQUE NON-ARISTOTÉLIENNE

Korzybski, Alfred (2010). *Selections from Science and Sanity*. (2nd Ed.). Edited by Lance Strate, with a Foreword by Bruce I. Kodish. Fort Worth, TX: Institute of General Semantics.

Strate, Lance (2011). *On the Binding Biases of Time and Other Essays on General Semantics and Media Ecology*. Fort Worth, TX: Institute of General Semantics.

Anton, Corey (2011). *Communication Uncovered: General Semantics and Media Ecology*. Fort Worth, TX: Institute of General Semantics.

Levinson, Martin H. (2012). *More Sensible Thinking*. New York, NY: Institute of General Semantics.

Anton, Corey & Strate, Lance (2012). *Korzybski and...* (Eds.) New York, NY: Institute of General Semantics.

Levinson, Martin H. (2014). *Continuing Education Teaching Guide to General Semantics*. New York, NY: Institute of General Semantics.

Berger, Eva & Berger, Isaac (2014). *The Communication Panacea: Pediatrics and General Semantics*. New York, NY: Institute of General Semantics.

Pace, Wayne R. (2017). *How to Avoid Making A Damn Fool of Yourself: An Introduction to General Semantics*. New York, NY: Institute of General Semantics.

Lahman, Mary P. (2018). *Awareness and Action: A Travel Companion*. New York, NY: Institute of General Semantics.

Levinson, Martin H. (2018). *Practical Fairy Tales For Everyday Living, Revised Second Edition*. New York, NY: Institute of General Semantics.

Levinson, Martin H. (2020). *Sensible Thinking for Turbulent Times: Revised Second Edition*. New York, NY: Institute of General Semantics.

Mayer, Christopher (2021). *How Do You Know?: A Guide to Clear Thinking About Wall Street, Investing, and Life*. New York, NY: Institute of General Semantics.

Levinson, Martin H. (2021). *Practical Fairy Tales For Everyday Living, Revised Second Edition*. New York, NY: Institute of General Semantics. (In Spanish)

Levinson, Martin H. (2021). *Practical Fairy Tales For Everyday Living, Revised Second Edition*. New York, NY: Institute of General Semantics. (In Hebrew)

Mayer, Christopher (2022). *Dear Fellow Time-Binder: Letters on General Semantics*. New York, NY: Institute of General Semantics.

Liñán, Laura Trujillo. (2022). *Formal Cause in Marshall McLuhan's Thinking*. New York, NY: Institute of General Semantics.

Strate, Lance (2022). *Concerning Communication: Epic Quests and Lyric Excursions Within the Human Lifeworld*. New York, NY: Institute of General Semantics.

Korzybski, Alfred (2023). *Science and Sanity: An Introduction to Non-Aristotelian Systems and General Semantics* (6th Ed.) New Preface by Lance Strate, New York, NY: Institute of General Semantics. Traduction française par Patrick Hug, 2024 Science et Sanité

PRÉFACE À LA QUATRIÈME ÉDITION

C'est avec grand plaisir que nous vous présentons la 4ème édition du *Séminaire* de *Sémantique Générale 1937* d'Alfred Korzybski. Cet ouvrage est un recueil de conférences données par Korzybski à Olivet College, dans le Michigan, en 1937, et reste une œuvre fondamentale dans le domaine de la Sémantique Générale.

En contraste avec la personne intimidante et au vocabulaire technique de *Science and Sanity*, nous découvrons ici un Korzybski plus abordable, offrant des exemples vivants dans un style beaucoup plus accessible. Comme ce livre est un recueil de notes transcrites à partir de conférences données à des étudiants, nous apprenons non seulement la Sémantique Générale, mais nous pouvons également observer le déroulement de la pensée-en-action de Korzybski. Nous pouvons nous faire une idée des étudiants qui étaient présents et de leurs préoccupations à ce temps. Le texte dégage une qualité engageante, dynamique et interactive. Il constitue un complément important pour illustrer l'étendue de la pensée de Korzybski. À cet égard, le livre a une valeur non seulement pour les idées qu'il véhicule, mais aussi pour l'atmosphère d'époque qu'il restitue et l'aperçu qu'il offre de la manière dont Korzybski enseignait.

Les conférences d'Olivet couvrent les concepts fondamentaux de la Sémantique Générale, tels que la relation entre le langage et la pensée, l'importance de la logique non-Aristotélicienne, les procédés extensionnels et la théorie extensionnelle du bonheur de Korzybski. En outre, les conférences fournissent des applications pratiques de la Sémantique Générale, telles que des techniques pour améliorer la communication et réduire les malentendus.

Le travail de Korzybski, motivé par sa compréhension du déséquilibre tragique entre le progrès technologique et l'action humaine appropriée, reste très pertinent aujourd'hui, malgré le temps qui passe. Bien que certains de ses termes soient maintenant dépassés, ses orientations générales et ses vues pénétrantes sont plus pertinentes que jamais (voire davantage).

Permettez-moi de vous donner quelques exemples de ses idées, dont certaines semblent avoir eu une durée de vie limitée et semblent maintenant dépassées, tandis que d'autres n'ont fait que mûrir et gagner en valeur avec le temps. D'une part, compte tenu de tout ce qui a été appris et découvert sur la schizophrénie au cours des 80 dernières années, une grande partie de la réflexion de Korzybski sur la "démence précoce" semble maintenant obsolète. Certaines opinions exprimées sur le sexe semblent tout aussi déconnectées de la sensibilité contemporaine. De même, sans comprendre le contexte de son discours et son propre désir de limiter la portée de sa discussion à ses propres connaissances (comme l'explique la note de bas de page de la troisième édition), son utilisation fréquente de l'expression "la race blanche" est non seulement facilement mal comprise (et dépassée), mais génère aussi facilement des réactions sémantiques indésirables. Quelle que soit la signification qu'il lui donnait, cette expression reste problématique.

Par ailleurs, l'expansion constante du confort, de la commodité et de la facilité dans la culture moderne du XXIème siècle a démontré que la "théorie extensionnelle du bonheur" de Korzybski est plus vraie que jamais. De plus, ses procédés extensionnels, ses procédés de travail et ses procédés de sécurité ont résisté à l'épreuve du temps et constituent des ressources précieuses pour penser de manière plus claire et plus rationnelle. Si davantage de personnes comprenaient les vues pénétrantes de

Korzybski, pratiquaient la vigilance linguistique et devenaient de plus en plus extensionnelles envers l'humanité, le monde serait un endroit plus sane [N.D.T.: sain corps-esprit-environnement; voir glossaire] et plus mature.

Une nouveauté notable de la 4ème édition est l'ajout d'un index détaillé. Pour les étudiants en Sémantique Générale, cet index fait de cette édition une ressource encore plus précieuse que les éditions précédentes.

Cette nouvelle édition du *Séminaire de Sémantique Générale 1937* témoigne de la valeur intemporelle des travaux de Korzybski. Nous espérons que cet ouvrage continuera d'inciter les lecteurs à réfléchir de manière critique à la façon dont les personnes utilisent le langage et les symboles pour évaluer leurs mondes, et à rechercher des moyens de communication plus sages, plus efficaces et plus humains.

Corey Anton,
Vice-Président,
Institut de Sémantique Générale

Grand Rapids, MI
22 juin 2024

PRÉFACE À LA TROISIÈME ÉDITION

Alfred Korzybski a écrit *Manhood of Humanity* [N.D.T.: l'Âge Adulte de l'Humanité] après avoir vécu la Première Guerre mondiale. À cette époque, il affirmait que "la Guerre Mondiale marquait [...] la fin de l'Enfance de l'Humanité et le début de son Âge Adulte". Cependant, lorsque je regarde la situation mondiale à l'aube du 21ème siècle, cela me semble trop optimiste. Les Albanais, les Croates et les Serbes se livrent à une guerre civile sur fond ethnique dans les Balkans. Au Moyen-Orient, le "processus de paix" entre les Palestiniens et les Israéliens semble avoir complètement échoué, avec des morts des deux côtés chaque semaine. En Irak, les populations kurdes et chiites sont victimes d'attaques militaires, et Saddam Hussein continue de menacer le Koweït, l'Arabie saoudite et les avions américains qui patrouillent dans la "zone d'exclusion aérienne". En Afrique, les rebelles du sud du Soudan combattent les troupes gouvernementales du nord, tandis que le sida et la famine touchent la majeure partie du continent. Aux États-Unis, au cours des deux années qui ont suivi la fusillade de Columbine, plus de quarante fusillades ont eu lieu dans des écoles. Etc., etc. Il me semble que nous sommes entrés, au mieux, dans "l'Adolescence de l'humanité".

Il me semble évident que les vues pénétrantes de Korzybski n'ont jamais été aussi nécessaires. C'est dans ce contexte que l'Institut de Sémantique Générale présente cette nouvelle édition de la transcription du séminaire donné par Korzybski à Olivet College en 1937. Dans cette présentation précoce, il donne un aperçu complet de son système et des méthodes de formation nécessaires pour l'appliquer. Ce séminaire constitue un excellent point de départ pour ceux qui souhaitent appliquer la Sémantique Générale dans leur vie quotidienne.

Nous avons apporté quelques modifications à cette édition. La plupart d'entre elles visaient à se conformer à la politique d'utilisation actuelle de l'Institut de Sémantique Générale ou à assurer la cohérence. Le style de Korzybski a été préservé. Nous espérons que vous trouverez cette présentation à la fois utile et divertissante.

Susan Presby Kodish a contribué à cette édition en relisant le manuscrit. Jeff Mordkowitz, directeur de l'Institute of General Semantics, a fourni des conseils éditoriaux.

Homer J. Moore

Manchaca, Texas
Mai 2001

NOTE DE L'ÉDITEUR

Les notes abrégées du séminaire d'Alfred Korzybski sur la Sémantique Générale, donné en 1937 à l'Olivet College, dans le Michigan, ont été reproduites cette même année et distribuées par la librairie d'Olivet College.

Ces notes avaient été transcrites par Keith Ball, alors étudiant en histoire à Olivet. Korzybski a légèrement révisé une partie du manuscrit, mais n'a pas lu la version finale avant sa publication. L'édition de 1937 était intitulée *Sémantique Générale* et est répertoriée sous l'Item 15 dans la 'Bibliographie des écrits d'Alfred Korzybski', publiée dans le *General Semantics Bulletin* n° 3, en 1950.

La première initiative en vue de la réédition des notes du séminaire a été prise après que Guthrie E. Janssen eut compilé *Selections from Science and Sanity* (publié en 1948), lorsqu'il a commencé à les éditer. Lorsque Janssen a quitté l'Institut, le projet a été temporairement mis de côté.

En présentant enfin le *Séminaire 1937*, nous espérons particulièrement que ceux qui le liront seront également des étudiants sérieux de *Science and Sanity*. La présentation orale de Korzybski, qui a enchanté des centaines d'étudiants du séminaire au fil des ans, n'a pas été soigneusement retravaillée comme l'ont été ses écrits, et nous n'avons pas essayé de la peaufiner sur le plan éditorial.

Cette édition de 1964 a bénéficié de l'aide de Mme Chelie Miller, qui a tapé le manuscrit, et de Ken Mansuy, qui a aidé à la relecture. Charlotte

S. Read, exécuteur littéraire d'Alfred Korzybski, et M. Kendig, directeur de l'Institut de Sémantique Générale, ont apporté une contribution substantielle et patiente.

Edward L Gates

Lime Rock, Connecticut
Novembre 1964

PRÉFACE À LA DEUXIÈME ÉDITION

Ma familiarisation avec la Sémantique Générale a commencé vers l'année 1930, lorsque Alfred Korzybski a soumis une grande partie du manuscrit de *Science and Sanity* à la maison d'édition avec laquelle j'étais à l'époque attaché. J'ai bataillé de bout en bout avec la copie carbone sur papier pelure de cette version non révisée, et mon enthousiasme ne faisait que croître. Même si, après en avoir discuté avec mes collègues, nous avons décidé qu'en tant que jeune entreprise consacrée jusqu'alors principalement à la littérature et aux beaux-arts, nous n'avions ni les moyens ni le savoir-faire nécessaires pour entreprendre la publication d'un ouvrage de ce type. Cela a néanmoins marqué le début d'une longue et étroite amitié avec Alfred Korzybski.

En 1935, alors que je me trouvais moi-même à Olivet College dans le Michigan et que Korzybski était à Chicago, il m'a été naturel de vouloir qu'il vienne à Olivet. Il l'a fait à plusieurs reprises. Nous avions initialement prévu qu'il donnerait deux conférences introductives, et pratiquement toute la petite communauté d'Olivet College s'est déplacée pour les écouter. Les réactions ont varié de la colère à l'enthousiasme en passant par la confusion, mais personne n'est resté indifférent.

Cela a eu un effet stimulant sur l'institution et, lorsque deux ans plus tard, Korzybski a entrepris d'animer un séminaire prolongé de quatorze sessions à Olivet College, le nombre de participants, qui était entièrement volontaires, a été étonnamment élevé. Je pense que ce fut l'un des premiers d'une longue série de séminaires organisés par la suite sous les auspices de l'Institut fondé l'année suivante. Des dispositions furent prises pour que les conférences soient retranscrites en sténographie, puis la transcription fut révisée sommairement par Korzybski en vue de sa publication. Ceux qui ont assisté à des séminaires ultérieurs reconnaîtront le format de base qui a été établi ici. Korzybski cherchait constamment à affiner, améliorer et enrichir la présentation afin de la rendre plus efficace et de l'adapter au groupe particulier présent, mais la méthode et le contenu fondamentaux sont là.

En relisant maintenant le séminaire d'Olivet, il est extraordinaire de constater à quel point le rythme, le ton et la saveur de Korzybski transparaissent. Pour ceux qui l'ont connu, il est facile, en parcourant ce texte, de visualiser ses gestes et surtout ses traits mobiles, son expression interrogative suivie d'un large sourire chaleureux, ses yeux passant rapidement d'un éclat amusé à une intensité pénétrante. Mais au-delà de ces souvenirs nostalgiques, il est important que ces conférences soient à nouveau disponibles, car elles constituent des documents fondamentaux pour le développement de la Sémantique Générale.

Joseph Brewer

Paul Klapper Library, Queens College
Flushing, New York, Octobre 1963

SÉMINAIRE DE SÉMANTIQUE GÉNÉRALE 1937

TABLE DES MATIÈRES

PRÉFACE (1937)

Science and Sanity: An Introduction to Non-Aristotelian Systems and General Semantics [Science et Sanité: une introduction aux Systèmes non-Aristotéliciens et à la Sémantique Générale publié en décembre 2024] a été publié à l'automne 1933, présentant la Sémantique Générale au grand public (Théorie Générale des Valeurs). Depuis lors, ses collaborateurs ont appliqué l'extensionnalisation aux malades "mentaux", dans les hôpitaux et les cabinets psychiatriques privés, dans les maisons de correction, dans l'éducation, aussi bien pour personnes anormales que "normales" dans certaines écoles, colleges [N.D.T.: Établissements d'Enseignements Supérieurs] et universités, et enfin dans l'ajustement privé de la vie individuelle de différents étudiants profanes. La Sémantique Générale a également été utilisée par des spécialistes de diverses branches de la science pour réviser les anciennes formulations et difficultés. Certains des résultats expérimentaux ont été présentés avant le Premier Congrès Américain de Sémantique Générale, qui s'est tenu les 1er et 2 mars 1935 à la Washington State Normal School, à Ellensburg, dans l'État de Washington, dans divers articles scientifiques, ainsi que dans la correspondance avec l'auteur. Les résultats semblent uniformes et standardisés, à savoir que l'"extensionnalisation" est en principe opérante quand elle est appliquée dans la pratique. Voici quelques-uns des résultats obtenus:

1) Après quelques mois d'entraînement, certains cas "mentaux" se sont rétablis, sans rechute à ce jour;
2) Les élèves en dessous de la moyenne sont devenus pratiquement "moyens";
3) Certains des élèves les plus faibles sont devenus les meilleurs;
4) Les élèves ont surmonté des blocages et des handicaps non répertoriés, se sont mieux ajustés à la vie et ont trouvé leurs études plus faciles;
5) Dans pratiquement 99 % des cas, les *étudiants sérieux* en Sémantique Générale ont obtenu des résultats individuels bénéfiques en matière d'ajustement;
6) Un certain nombre de psychiatres rapportent qu'ils trouvent les méthodes sémantiques efficaces pour raccourcir la durée de la psychothérapie, permettant également un traitement de groupe;
7) L'auteur a vérifié ces résultats généraux apparemment automatiques dans ses séminaires.

En conclusion, on peut affirmer que la civilisation techno-scientifique est arrivée à une impasse, les conditions de vie actuelles étant façonnées par la science *extensionnelle,* tandis que nos orientations intérieures et la structure du langage restent intensionnelles [N.D.T.: la définition de ces termes intensionnel, extensionnel vient plus tard]. Il en résultera inévitablement des malajustements croissants, comme nous pouvons le constater actuellement. Les enjeux futurs sont clairs du point de vue de la prédictibilité: soit nous retournons à des états primitifs et abolissons la science extensionnelle, et alors peut-être survivrons-nous; soit nous transformons nos orientations pour les conformer avec ce qui se passe vraiment dans nos vies, en d'autres termes, nous les extensionnalisons. Il semble que ce choix doive être fait en tant qu'enjeu culturel général et que nous devions cesser d'interpréter les réactions animales et primitives chez la personne de civilisation techno-scientifique et, par une analyse scientifique extensionnelle, découvrir quelles normes d'évaluation appartiennent au niveau de la personne de civilisation techno-scientifique et correspondent au fonctionnement de son système nerveux. En Sémantique Générale, une telle tentative a été faite, et jusqu'à présent, les résultats semblent la justifier.

Extrait de "Neuro-Semantic and Neuro-Linguistic Mechanisms of Extensionalization, General Semantics as a Natural Experimental Science" [Mécanismes neuro-sémantiques et neuro-linguistiques de l'extensionnalisation, la Sémantique Générale en tant que science expérimentale naturelle] par Alfred Korzybski. Article présenté devant la section Psychologie de l'A.A.A.S., Saint-Louis, décembre 1935. Reproduit à partir de l'American Journal of Psychiatry, volume 93, numéro 1, juillet 1936.

PRÉFACE À LA TRADUCTION FRANÇAISE

Merci à Lance Strate, Président de l'Institute of General Semantics, de m'avoir confié la traduction de ce séminaire d'Alfred Korzybski. Il s'agit d'un texte important pour tous les étudiants en Sémantique Générale. Pour le traduire, j'ai utilisé la logique de ma traduction de *Science and Sanity* [*Science et Sanité*, 2024] et j'en ai conservé bien sûr la terminologie.

Il ne s'agit pas ici d'un écrit de la main de Korzybski, mais le résultat de ce que l'étudiant Keith Ball a abstrait - pris en notes en direct sur le papier - des 14 conférences orales que Korzybski a données à Olivet College en 1937 [N.D.T.: Korzybski définit "abstraire" page 352 de *Science et Sanité*: *"La signification standard d'"abstrait", 'abstraire' implique 'sélectionner', 'choisir', 'séparer', 'résumer', 'déduire', 'enlever', 'omettre', 'désengager', 'enlever', 'dépouiller', et en tant qu'adjectif, non 'concret'. Nous voyons que le terme 'abstraire' implique structurellement et sémantiquement les activités caractéristiques du système nerveux et constitue donc un excellent terme physiologique fonctionnel*]. "Qu'il a abstrait" signifie qu'il nous faut donc chercher dans son écrit - parfois au-delà des mots capturés, transformés, interprétés, etc. - les significations originelles que Korzybski voulait véhiculer *(ici–maintenant)*$^{1937}_{\text{Olivet College}}$. Il nous faut imaginer ses gestuelles et ses mimiques pour enseigner. Il nous faut imaginer comment il utilisait - sans autre support que le Structurel Différentiel - l'audience et le matériel présent dans l'amphithéâtre, etc. Bref il nous faut imaginer tout ce qui manque dans l'écrit saisi à la volée, et le compléter au besoin par des "Notes du Traducteur" [N.D.T.]. Celles-ci ont pour but d'aider le lecteur à s'approprier la signification authentique de l'expérience, si possible extensionnellement, au-delà des seuls mots écrits, ceux-ci par nécessité intensionnels. Je puise pour écrire ces N.D.T. dans mes 48 ans^{2025} d'expertise en Sémantique Générale. J'ai également actualisé par inférences certaines phrases sténographiées arides pour passer le sens $\bar{A}$ [non-aristotélicien] aux lecteurs d'aujourd'hui^{2025}.

Une difficulté de lecture réside en ce que Korzybski utilise une architecture phraséologique spécifique, nécessaire pour structurer sa pensée et la véhiculer en mode $\bar{A}$. Ceci peut surprendre le lecteur débutant en Sémantique Générale, qui n'a pour l'instant comme seule grille de lecture que ses réactions sémantiques aristotéliciennes, acquises par héritage linguistique, comme pour la quasi-totalité des habitants du Monde^{2025}. J'ai donc conservé et construit en français des phrases similaires en structure à celles de Korzybski. Je l'ai fait pour faciliter le transfert du "jazz neuronal" $\bar{A}$ de Korzybski vers les neurones du lecteur, dans l'espoir que cela provoque chez le lecteur sa propre production de "jazz neuronal" $\bar{A}$ harmonisé avec celui de Korzybski. Et si le lecteur met son nouveau jazz neuronal $\bar{A}$ en pratique, alors il deviendra à son tour de plus en plus Sémanticien Généraliste. Mais, il lui faudra davantage qu'une seule lecture de ce texte. Beaucoup de (re) lectures et beaucoup de pratique, et laisser au temps le temps d'opérer le glissement automatique, naturel et inconscient de ses réactions sémantiques aristotéliciennes vers celles $\bar{A}$.

Le rôle du traducteur consiste à transmettre fidèlement à ses lecteurs la pensée de l'auteur pour qu'ils en tirent bénéfice. Je me suis acquitté de cette mission en respectant l'anglais, notamment les néologismes et certains mots chocs que Korzybski avait utilisés. J'ai écrit ses idées forces en fonction de ma propre expertise en Sémantique Générale. Korzybski soulignait le rôle important de la terminologie. Sa boite à outils terminologique comporte des mots rares en anglais mais riches de signification, comme verbalistic, animalistic, totalistic, elementalistic, etc. J'introduis des néologismes français du même style, de la même consonnance, pour qu'ils surprennent le lecteur et l'amènent à donner à ces mots la signification originale et opérationnelle qui leur revient. Ces mots n'ont pas leur équivalent dans le langage courant. Décidément, les outres anciennes ne conviennent pas bien au vin nouveau.

Corey Anton souligne que Korzybski utilise des exemples contextualisés^{1937} qui peuvent parfois heurter, choquer, rebuter le lecteur^{2025}. Mes relecteurs le confirment. Je leur ai expliqué que je n'accorde pas de valeur de vérité^{2025} à la plupart des exemples contextualisés^{1937} de ce séminaire. Ils appartiennent au passé^{1937}, à la socio-culture américaine^{1937}, au bagage^{1937} de faits scientifiques^{1937}, modeste comparé à celui d'aujourd'hui^{2025}. L'intuition géniale de Korzybski reste quant à elle inaltérée au temps, tout comme la pertinence de sa méthode. Les exemples changent et se puisent dans notre vécu $^{\text{ici-maintenant}}$. À nous de les inventer. Voilà l'esprit de la Sémantique Générale.

Au fur et à mesure que vos réactions sémantiques deviendront non-aristotéliciennes, vous pourrez remarquer que Korzybski utilise lui-même, inconsciemment - de temps en temps - des formulations aristotéliciennes. Que cela ne vous offusque pas. Servez-vous-en plutôt pour votre propre apprentissage. Souvenez-vous à ce sujet de la deuxième prémisse telle que A. K. l'exprime dans la 14ème conférence:

'*La deuxième* prémisse *est le "pas tout". Vous ne pouvez pas "tout" savoir sur moi. Je ne peux pas "tout" savoir sur vous. Vous ne pouvez jamais savoir "tout" sur vous-même ou sur quoi que ce soit d'autre. Et cela s'applique partout*'.

Et donc le "pas tout" s'applique à vous, à moi, et aussi à Korzybski quand il utilise et vit son système.

J'ai systématiquement traduit le mot 'race' par 'civilisation', et 'white race' par 'civilisation techno-scientifique', ce que Korzybski aurait vraisemblablement fait de lui-même s'il avait été notre contemporain. Car sa démarche mentale ne soulève aucun doute à ce sujet chez moi: quand il utilise^{1937} ces mots-là, Korzybski s'adresse en fait à la civilisation techno-scientifique, peu importe quels êtres humains l'incarnent.

Pour faciliter la lecture, j'introduis ci-après un glossaire, pour les mots rares en anglais utilisés par A. Korzybski, ou ses néologismes, ou encore certains termes techniques. Bref une terminologie pour vous aider à mieux saisir la pensée non-aristotélicienne.

Enfin je tiens à remercier les relecteurs qui ont largement contribué à rendre ce texte digeste sans l'écarter des dires de Korzybski: merci donc à Marie-Reine, Thomas, Bénédicte et Béatrice, tous des Hug, mon épouse et nos enfants, et à mon ami Alain Welsch.

Excellente lecture.

Patrick Daniel HUG

Fèves, France, le 31/10/2025

Glossaire terminologique des néologismes de ce livre

Ajustement	Qualité de similarité de structure entre nos cartes (mentales, verbales, etc.) et les territoires qu'elles représentent. De nos cartes découlent nos comportements + ou - sanes. Notre ajustement dépend de la justesse de nos modèles de prédictibilité.
College	Établissement d'enseignement supérieur aux USA
Élémentalistique	Qui sépare verbalement ce qui ne peut pas être séparé empiriquement. Exemple "corps" et "esprit", "espace" et "temps", "ici" et "maintenant", etc. Le mot "et" indique parfois de l'additivité indue de termes qu'on a coupé de leur environnement. Pour l'éviter, nous mettons un tiret: corps-esprit, espace-temps, etc.
Évaluation	Processus neuronal qui estime en permanence le rapport opportunité/danger des situations objectiques et commande à son propriétaire d'agir en conséquence pour sa survie. Le produit de sortie s'appelle évaluation. [Terme non-élémentalistique qui implique "émotion" et "intellect", (Conf.3)]. [La Sémantique Générale étant une théorie avancée des valeurs, une théorie générale de l'évaluation, toutes nos réactions psychologiques se révèlent être des problèmes d'évaluation (conf.1)]

Insanité	État dégradé par rapport à la sanité. [A. K.: Nous désignons par "insanité" l'évaluation humaine dans sa pire manifestation (conf. 1). "L'insanité est fondée sur des identifications, identifications dans un monde où il n'y a pas d'identité (conf. 7)].
Malajustement	Ajustement inadéquat.
Mésévaluation	Évaluation inadéquate.
Non-élémentalistique	Qui respecte l'inséparabilité des fonctions et reflète mieux la structure du monde vécu.
Objectique	Désigne la couche d'expérience où le monde laisse sa marque dans le système nerveux avant que nous ne le conceptualisions. C'est le niveau indicible du sentir et de l'évaluation. Correspond au niveau indicible de l'objet du Structurel Différentiel.
Prédictibilité	Aptitude à prédire (prévisibilité quantifiée) les évènements qui adviennent. La prédictibilité dépend de la similarité de structure entre nos orientations langagières, etc., avec les faits [conf. 14].
Sane	Sain d'esprit-corps-environnement.
Sanité	Objectification de l'état de sane. Korzybski parle de "évaluation humaine dans sa manifestation optimale. La sanité elle-même dépend de cette prédictibilité" (conf. 4)
Structure	Structure désigne la manière dont des éléments sont reliés et ordonnés entre eux, y compris, si nécessaire, les positions intermédiaires. Deux ensembles très différents en substance - par exemple une carte et un territoire qu'elle représente - peuvent partager la même structure. Dans ce cas, ils partagent toutes les propriétés qui dépendent uniquement de cette organisation, indépendamment de la nature des éléments eux-mêmes.
Time-binding	Capacité spécifiquement humaine de transmettre et d'accumuler l'expérience d'une génération à l'autre par le langage, rendant la culture cumulative.
Totalistique	Qui génère du toutisme.
Toutisme	Grave et courante non-sanité, qui renvoie à une croyance en un "complètement tout", ce qui ne peut exister, sauf dans le langage.

Verbalisme	Utilisation des mots pour eux-mêmes, sans rapport à une quelconque réalité
Verbaliste	Adepte du verbalisme
Verbalistique	Qui conduit au verbalisme

PREMIÈRE CONFÉRENCE DU SÉMINAIRE

Pour commencer, abandonnez toutes craintes. Vous savez que dans l'Enfer de Dante, il y avait une inscription: "Vous qui entrez ici, abandonnez toute espérance". Je pourrais inscrire au-dessus de la porte d'un cours de Sémantique Générale[2]: "Vous qui entrez ici, retrouvez toute espérance". Commençons par faire connaissance. Décontractez-vous pour ce qui concerne ces conférences. Nous serons comme chez nous, entre amis. Si vous ne comprenez pas quelque chose, dites-le-moi et je reviendrai dessus autant que de besoin. Ne vous sentez pas comme des étudiants et moi comme un professeur. Vous êtes des êtres humains, $Dupond_1$, $Dupond_2$, $Dupond_3$, etc. et je suis, disons, $Dupond_n$. Des êtres humains qui parlent à d'autres êtres humains. Commencez par vous détendre. Ne dramatisez pas trop ce qui se passe ici.

Je parlerai beaucoup de mathématiques et de psychiatrie, deux sujets très impopulaires comme vous le savez. Je parlerai beaucoup de mathématiques parce que les mathématiques sont le langage le plus simple. Je vous poserai des questions simples et je vous demanderai d'y répondre. Si vous ne comprenez pas quelque chose, dites-le-moi, car nous devons travailler ensemble. Vous en tant que groupe, si je ne parle pas assez fort, dites-le-moi. Soyons comme chez nous. Si vous voulez que je répète quelque

2 Par commodité, Sémantique Générale sera abrégée SG dans la suite du texte.

chose, dites-le-moi. Je ne tolérerai pas le chahut pour la simple raison que celui qui chahute est souvent un verbaliste trop brillant pour être intelligent. Une brillance bon marché n'est pas une intelligence en action. Mais je veux coopérer avec mes étudiants, faire en sorte que vous receviez ce que j'ai à dire, et cela, comme l'a dit un jour votre Président Brewer, est très simple mais pas facile.

J'ai parfois honte de faire des conférences sur ce sujet dont je suis l'auteur, et la raison en est - comme je l'appelle - qu'il est si stupidement simple; et pourtant, c'est l'une des choses les plus difficiles à acquérir que je connaisse, et pourtant stupidement simple. Je veux dissiper une sorte d'attitude, en particulier chez les étudiants, selon laquelle la SG est extraordinairement difficile. Vous dites si souvent: "Ce genre de choses me dépasse complètement ". Eh bien, rien ne vous dépasse complètement mais parfois la présentation d'un sujet est si insatisfaisante qu'elle rend difficiles les choses simples. Cela vaut pour les cours dans les Écoles, les Colleges [N.D.T.: dans la suite du texte, comprendre que College signifie aux USA Établissement d'Enseignement Supérieur] et les Universités. Bien évidemment, les enseignants doivent connaître, au moins en partie, l'art de la présentation. Je me souviens d'une jeune fille dans une école où je donnais un cours sur l'extensionnalisation et qui n'aimait pas du tout les mathématiques. Son professeur était présent à mon séminaire et la jeune fille a été surprise lorsque je lui ai dit que son professeur n'était pas clair. En peu de temps, elle a perdu toute aversion pour les mathématiques et a commencé à les aimer. Il faut des professeurs de haut niveau pour faire un travail de haut niveau. Dans ce College, vous avez de la chance. Vous disposez d'une excellente équipe d'encadrement et d'un Président très tourné vers l'avenir. Mais bon sang, quelle est la valeur de l'éducation ? Pourquoi tout ce travail ? Pour se préparer à une carrière ? Préféreriez-vous un fils qui a une profession et un salaire et qui est malheureux, ou un fils qui n'a pas de profession mais qui est heureux ? Tout le but de l'éducation est de préparer l'étudiant à la vie et l'ancienne éducation ne le fait pas. Elle prépare des automates. La vie est quelque chose de plus qu'une profession. Dans cet établissement particulier, vous avez la chance que l'on cherche à vous préparer à la vie.

En essayant de faire de vous des techniciens arides, l'éducation échoue. Préparer à la vie est l'objectif suprême de l'éducation, car la "profession" n'est qu'une partie de la vie. Nous faisons toutes sortes d'expériences pédagogiques. La plupart d'entre elles sont tout à fait stupides; mais que se passe-t-il ? Le savez-vous ? Vous deviendrez vieux et mourrez avant qu'ils [N.D.T.: les enseignants] ne sachent que leurs expériences n'étaient pas scientifiquement modernes. L'éducation ne devrait-elle pas s'interroger scientifiquement sur les fondements de l'éducation ? Pourquoi ne le faisons-nous pas ? Parce que la plupart des éducateurs sont très ignorants des mathématiques et des sciences exactes. En SG, nous coordonnons science et éducation, vie et sanité.

Je parlerai beaucoup de mathématiques et de psychiatrie. La raison en est que, dans notre orientation humaine, jusqu'à présent, les disciplines étaient poursuivies pour elles-mêmes. Elles se développaient isolément, en vase clos, et les découvertes méthodologiques n'influençaient pas nos orientations générales.

Dites-moi ce que vous feriez si vous aviez une méchante carie dans une de vos dents ? Vous consulteriez un dentiste, n'est-ce pas ? Et si vous aviez une très méchante carie dans votre ajustement ? Ne serait-il pas judicieux de consulter un spécialiste du "mental" ? Oui. Pourquoi, si vous avez des problèmes d'ajustement, ne consultez-vous pas un spécialiste ? Votre cerveau et le produit de votre cerveau, autrement[3] dit votre propre orientation, sont-ils moins importants que la couleur de votre urine ? Cela vaut-il la peine que vous preniez soin de votre cerveau ? Je vous conseille vivement, en tant que jeunes et jeunes générations, chaque fois que vous rencontrez des difficultés d'ajustement, de consulter un spécialiste en psychiatrie. Cela ne veut pas dire que vous êtes insanes. Vous voyez, nous vivons dans un environnement sémantique différent. Les mahométans proclamaient les insanes bienheureux; les chrétiens les proclamaient possédés par le diable. La différence entre la

---

[3] Dans ce cas, et dans la plupart des cas suivants, Korzybski utilise "autrement dit" là où je dirais "en d'autres termes". [HJM]

sanité et l'insanité est une question de degré. On retrouve des mécanismes similaires dans les asiles et dans cette classe. La question est de savoir comment s'en occuper.

En parlant de psychiatrie, je ne veux pas que vous pensiez un instant que j'insinue quoi que ce soit à propos de cette classe, si ce n'est que des mécanismes similaires fonctionnent similairement dans les deux cas, et que les problèmes d'ajustement à la vie et le problème tout entier de la psychothérapie se concentrent sur la conscience du mécanisme. Autrefois, nous n'étions pas conscients des mécanismes et dès que nous en prenons conscience, la plupart des problèmes se résolvent. Tout le problème consiste donc à découvrir et à prendre conscience des mécanismes. Prenez conscience de ce qui se passe en vous. J'essaierai d'apporter des éclaircissements à chacun d'entre vous afin que vous sachiez où se situe le problème. Chacun d'entre nous a des problèmes et la question est de savoir comment les résoudre. Vous en avez tous eu et vous en aurez encore.

Vous avez tous été formés à l'algèbre. L'ancienne façon de voir les choses était "la science pour la science". Aujourd'hui, nous devrions être mieux informés. La science n'existe que pour résoudre les problèmes humains. Imaginez maintenant que vous ayez lu un livre d'algèbre. Chacun d'entre vous a déjà lu un tel livre, peu importe ce qu'il en a retiré. Lorsque vous n'avez *lu* que le livre, avez-vous pu résoudre un problème, à partir de la simple lecture du livre ? Non. Que devez-vous faire alors pour résoudre des problèmes par l'algèbre ? Vous devez apprendre la technique de l'algèbre. La lecture d'un livre ne vous aidera pas. L'algèbre n'existe que pour la résolution de problèmes.

Or, en SG, c'est comme une autre sorte d'algèbre; elle existe et sa seule valeur est d'aider à résoudre les problèmes de la vie. Mais il faut une technique. Il faut maîtriser la technique avant de pouvoir l'appliquer et résoudre les problèmes. Mon seul but est de vous aider à résoudre vos propres problèmes. Souvent, les gens me demandent: "Il y a un problème. Comment le résoudre ?" Ce n'est pas mon travail de résoudre vos problèmes. Mon travail consiste à vous donner *une méthode pour que vous résolviez vos propres problèmes.* Je ne peux pas connaître vos problèmes personnels avec toutes leurs ramifications, n'est-ce pas ? Puis-je vous donner des opinions privées valables ? N'oubliez pas que les opinions privées ne sont pas fiables. Personne n'est en droit de se réclamer de ses opinions privées. Vous devez enrichir vos opinions privées par les opinions de la civilisation[4], que nous appelons la science. En effet, la science n'est rien d'autre que des opinions civilisationnelles. Ayez cette attitude à l'égard des opinions civilisationnelles techno-scientifiques, ce sont elles qui font le plus autorité et c'est ce que nous avons de mieux à ce jour. Les opinions privées sont dangereuses mais si elles sont étayées par la science, elles acquièrent une certaine probabilité. Mon insistance sur la méthode mathématique et la psychiatrie provient du fait que, dans nos orientations générales, nous les avons toutes deux complètement négligées. Nous les pratiquons pour elles-mêmes, mais la sagesse que nous tirons des mathématiques et de la psychiatrie n'a jamais été appliquée à la vie. En SG et en sciences humaines, nous ne pouvons pas ignorer la méthodologie scientifique. Nous désignons par "insanité" l'évaluation humaine dans sa pire manifestation. Les évaluations humaines au meilleur de leurs manifestations se trouvent dans les mathématiques et les sciences mathématiques. En SG, nous prenons en considération les méthodes mathématiques et psychiatriques et les appliquons à notre *orientation générale,* ce qui n'a jamais été fait auparavant. Les opinions privées n'ont aucune valeur, qu'elles soient les vôtres ou les miennes. Dans mes conférences, je devrai souvent dire qu'il s'agit de "mon opinion privée" pour vous avertir de leur probable

---

4 Les références de Korzybski à la "race blanche" [N.D.T.: que j'ai traduites en "civilisation techno-scientifique"] ont été faites entre 1915 et 1940. En 2002, il peut sembler étrange de parler en ces termes. Certaines personnes ont interprété ses commentaires sur la "race blanche" comme indiquant des préjugés raciaux. Les véritables "préjugés raciaux" de Korzybski ont été élucidés dans Science and Sanity (page 404), où il écrit: "Pratiquement toutes les généralisations vicieuses, injustifiées et non scientifiques qui ont fait de la race blanche la race la plus animaliste, égoïste, cruelle, hypocrite et insensée de la planète sont principalement dues aux raisonnements biologiques, [aristotéliciens], déformés et aux [réactions sémantiques] produits par les fausses analogies." À la page 406, il explique: "[Je parle de] la race blanche [parce que] je ne connais pas suffisamment les structures des langages des autres races et leurs [réactions sémantiques] pour en parler."

invalidité. Si les opinions privées sont étayées par des opinions *civilisationnelles techno-scientifiques* (la science), qui ne sont rien d'autre que des opinions, alors nous savons que nous avons le meilleur de 1937, et au moins nous avons quelque chose sur quoi nous appuyer. Passons maintenant aux fondamentaux de ce que nous appelons la SG.

De quoi s'agit-il ? Le terme *sémantique* n'est pas nouveau. Il vient d'un mot grec qui signifie "signifiance", "valeur", "signification". Il a été utilisé il y a de nombreuses années, mais l'ancienne sémantique est aujourd'hui révolue. J'ai appelé cette nouvelle discipline "*Sémantique Générale*" pour faire la différence avec l'ancienne utilisation. La science de la SG est la science des valeurs - de l'évaluation. Une science générale des valeurs et de l'évaluation. Je veux que vous vous en rendiez compte de ceci et que vous évaluiez ceci par vous-mêmes, car je ne peux pas le faire pour vous. En SG, nous traitons des valeurs et de l'évaluation, qui représentent de puissants problèmes.

Je veux que vous vous rendiez compte que chaque fois que vous aimez ou que vous n'aimez pas quelque chose, que vous aimez ou que vous détestez, etc.; que *faites*-vous intérieurement ? Vous évaluez ! C'est notre problème le plus important et, en SG, "évaluation", "évaluer", "valeurs" deviennent des *termes techniques*. Je parlerai tout au long du séminaire de l'importance d'utiliser ce terme *évaluation*, qui soulève avec lui des problèmes sans fin. Vous constaterez que n'importe quelle réaction psychologique est un *problème d'évaluation*. Ce soir, nous ne faisons que nous familiariser. Je ne commencerai pas la présentation technique ce soir. Lorsque nous traitons d'une théorie générale de l'évaluation, nous traitons en même temps de *chaque réaction* psychologique et parfois même organique à l'intérieur de vous. Lorsque vous dites que vous aimez ou que vous détestez quelqu'un, êtes-vous en train de l'évaluer ? Oui. Et lorsque vous parlez au sujet de vos ressentis ou de vos orientations, n'avez-vous pas affaire aux évaluations les plus profondes ? Une théorie générale de l'évaluation incluant toutes vos orientations privées, publiques et autres ne peut ignorer la science et les mathématiques, qui sont fondamentales pour la science de l'évaluation. En SG, nous traitons l'évaluation de manière générale. Mais comprenez bien ceci: les mathématiques donnent une théorie de l'évaluation au sens étroit du terme.

Dans mes séminaires, je ne fais pas de différence entre vos professeurs présents et vous étudiants. La SG est tellement nouvelle que si un Einstein se trouvait parmi nous, le cours des conférences ne serait pas modifié. Ce que vous ressentez, c'est ce que j'entends par évaluation. Évaluation s'avère être un terme *technique* en SG. Je m'en expliquerai plus tard. Si vous pensez à n'importe quoi qui vous arrive en termes d'évaluation au lieu d'"aimer", "détester", etc., il s'agit alors d'évaluation; et lorsque nous avons étudié les facteurs d'évaluation, nous pouvons alors saisir ce qui se passe en vous. Il existe une autre connexion avec la science, et en particulier avec les mathématiques et la physique mathématique. Il s'agit de la prédictibilité dans les sciences mathématiques. Nous avons prédit des étoiles, etc.; la prédictibilité mathématique nous a permis de le faire. Mais souvent, lorsque nous l'avons prédit, nous regardons l'endroit et il n'y a pas d'étoile, mais plus tard ils construisent un meilleur télescope et ils trouvent ce qui a été prédit, prédit par les mathématiques. C'est l'un des miracles des mathématiques. Prédictibilité. Maintenant, envisagez la vie si nous pouvions prédire. Ferions-nous encore des efforts, si nous pouvions prédire que cela ne nous procurerait aucune forme de bonheur ? Je n'ai pas besoin d'en dire davantage. Si nous pouvions prédire une fin malheureuse, entreprendrions-nous malgré tout cette action ? Merci de comprendre l'importance de la prédictibilité. N'est-ce pas là les fondamentaux du bonheur humain ? En SG, nous étudierons les principes et les facteurs de la prédictibilité. Actuellement, la prédictibilité maximale existe dans les sciences mathématiques, etc. Mais heureusement, en appliquant ces principes, nous pouvons appliquer la prédictibilité à la vie. Le faire s'avérerait très sage en apparence, mais au fond, nous n'appliquons *seulement* que des facteurs de prédictibilité, de sorte que nos orientations deviennent prédictibles et que notre ajustement devient meilleur. La question de la prédictibilité devient alors une question de méthode. En mathématiques, certaines questions sont plus importantes que les aspects techniques: il s'agit de la question de la *méthode*. Si nous pouvons découvrir cette méthode, et aussi découvrir comment cette méthode s'applique à la vie, nous découvrons les facteurs de prédictibilité appliqués à la vie. Si nous pouvions prédire avec certitude ce qui nous arrivera si nous faisons telle ou telle chose, nous le ferions ou nous ne le ferions pas. Cette prédictibilité s'applique même aux guerres: la participation de l'Angleterre et de l'Amérique à la [Première] Guerre Mondiale et la décision de l'Allemagne de faire la guerre.

Si nous avions une quelconque prédictibilité, le monde serait-il dans la situation dans laquelle il se trouve aujourd'hui ? La question de la méthode est beaucoup plus générale que technique. Chacun d'entre vous a fait assez de mathématiques pour en connaître l'aspect technique, mais aucun d'entre nous n'en a fait assez pour en connaître les *méthodes*. La SG étant une théorie avancée des valeurs, une théorie générale de l'évaluation, toutes nos réactions psychologiques se révèlent être des problèmes d'évaluation. Si nous nous emparons des facteurs d'évaluation, nous nous emparons de nous-mêmes et, en fait, de l'autre personne. Au fur et à mesure que le séminaire se développera, vous verrez comment cela fonctionne. Je tiens à souligner que la SG est strictement empirique; elle est expérimentale. Elle fonctionne comme prédite.

La SG s'applique à la psychiatrie. En reparlant de psychiatrie, n'oubliez pas que nous avons des préjugés injustifiables à l'égard de la psychiatrie, car chacun d'entre nous a des mécanismes similaires à ceux des malades "mentaux", ce n'est qu'une question de degré. J'insiste sur le caractère empirique de la SG et il n'est pas question de spéculation ou de jeu de mots. Elle traite du système nerveux dont nous abusons actuellement, ce qui nous prépare à l'"insanité". Ce n'est que lorsque nous nous emparerons de ces facteurs que nous pourrons éclaircir la situation. Il existe des éléments de l'éducation et de ce qu'on appelle science qui mènent directement à l'"insanité".

Nous éduquons nos enfants vers l'"insanité". Je vous montrerai comment ces facteurs opèrent encore aujourd'hui en mathématiques et en physique. Nous parlons de la solution des problèmes humains et je veux transmettre des méthodes comme solution à la sanité. Nous essayons de résoudre les problèmes de sociologie, d'économie, de politique, etc., les problèmes les plus complexes de l'existence; et pourtant, savez-vous que dans la grande discipline des mathématiques, il y a aujourd'hui deux camps qui traitent l'autre de "insane" ? Ils se sont mis d'accord pour ne pas être d'accord, et c'est le genre de "beauté" même en mathématiques. Que pouvons-nous dire de nos affaires humaines lorsque nous avons un tel désordre, même en mathématiques et au fond des sciences ? En SG, nous ne faisons pas de législation cosmique. Nous clarifions des questions linguistiques et vous verrez ce qui arrive à tout problème: très souvent, si vous clarifiez votre langage, il n'y a plus de problème.

Voulez-vous connaître l'origine de la dépression américaine ? C'est une affaire scandaleuse. Après la [Première] Guerre, une conférence a réuni à Washington des banquiers, des industriels, des travailleurs et des scientifiques. Le problème était d'ajuster les affaires américaines futures aux problèmes actuels de l'après-guerre. Tous parlaient un bon anglais, mais ils ne se comprenaient pas du tout. Comme s'ils avaient été Chinois et Japonais, ils ne pouvaient pas se comprendre. Le chef des travailleurs en a eu assez de "tout ce bazar" et a posé la question suivante: "Puis-je vous poser une question ? Est-ce que *oui* veut toujours dire *oui*, ou est-ce que parfois cela veut dire *non* ?" Cela a semé la panique au sein de l'assemblée, qui a ajourné la séance, mais un groupe de professeurs revint à la réunion quelques heures plus tard et déclara à la conférence que "oui" signifiait toujours "oui" et que "non" signifiait toujours "non". Bien entendu, toute la conférence a échoué à cause de la signification de "oui" et "non", et toute la conférence a été perturbée à cause de cela. Vous verrez plus tard que parfois "oui" *peut* signifier "oui" ou "non" selon la question; mais c'est de cette confusion verbalistique qu'est née la dépression américaine.

Vous trouverez de nombreuses problématiques de ce type, des *problématiques verbales,* dont dépend le destin des personnes et des nations. La clarification de ces problématiques est donc l'une des plus importantes auxquelles l'être humain puisse être confronté aujourd'hui. Car nous découvrirons que de nombreux problèmes *ne* sont *pas des problèmes,* mais qu'ils ne sont que des *bazars verbaux*. Clarifiez ces bazars verbaux, et vous clarifiez le "problème". Je ne résous pas les problèmes, mais je clarifie les bazars verbaux en étudiant la structure de notre langage.

Vous commencez à comprendre comment des malentendus verbaux, lorsqu'ils interfèrent avec le processus même de compréhension, peuvent créer un vrai bazar dans les questions. La Société des Nations est la risée de tous. Pourquoi ? Parce que ses actions impliquent des évaluations verbales et des difficultés linguistiques. Et dans ces cas-là, il n'y a pas de *prédictibilité*. Avez-vous compris la valeur de la prédictibilité pour ce qui vous concerne ? La valeur dans votre vie privée ? Si vous pouviez prédire, cela aurait-il de la valeur pour vous ? Cela vaut-il la peine de découvrir les facteurs de prédictibilité ? C'est ce que nous allons faire. Nous allons rechercher les facteurs de prédictibilité. Je voudrais insister sur un point, et il n'y a pas de limites à l'importance que je lui accorde. Ce que je vais vous dire est parfois dramatique et souvent tragique. Tout ce que je dis, et vous pouvez demander à vos professeurs si ce que je dis est légitime ou non, ce que je dis donc, c'est que tout le secret des sciences et de leur grande prédictibilité est dû à une *terminologie spéciale*. Supprimez la terminologie dans n'importe quelle science et vous aurez supprimé la science. Ce que je veux dire, et ce que je vous dis maintenant, est inattendu et nouveau. Ainsi, dans tout bon dictionnaire [français], vous trouverez de bons mots [français] qui jouent dans la vie le rôle de la *terminologie scientifique*, mais ces termes ne sont pas utilisés et nous ne savons pas pourquoi nous devrions les utiliser.

Puis-je conseiller à mes étudiants de surveiller la présence d'un zéro au dénominateur de leur solution mathématique ? S'il s'y trouve, la réponse est une fausse réponse. Par chance, votre réponse pourrait être correcte, mais ne prenez pas de risques. C'est pourquoi je donne à mes étudiants des conseils comme ce zéro dans le dénominateur, qu'ils doivent suivre sous peine d'échouer. Lorsque je vous dis qu'un terme est un terme technique en SG, utilisez-le. Le terme fera le travail pour vous, comme il le fait en mathématiques. C'est l'inattendu. Je tiens à insister sur ce point. Lorsque je vous dis qu'un terme est technique, utilisez-le. Faites l'effort de tous les utiliser. Voyez les résultats, et si vous n'obtenez pas de résultats, blâmez-moi à ce moment-là, après l'essai, pas avant. *L'évaluation* pour toutes vos réactions psycho-logiques, c'est un *terme technique*. Vous le comprendrez plus tard lorsque nous avancerons. Pour chaque terme que vous utilisez, voyez la part d'évaluation qu'il contient. Vous verrez que vos ressentis ne sont rien d'autre que de l'évaluation. Utilisez le terme *évaluation* sur n'importe quel sujet chaque fois que c'est possible. C'est un terme technique qui doit être utilisé en permanence. Si vous faites cela, vous verrez les résultats. Souvenez-vous que lorsque j'insiste sur le fait qu'un terme est *technique* en SG, vous devez utiliser ce terme. Vous constaterez que ces termes fonctionnent automatiquement, de manière inattendue, comme en science.

Nous allons maintenant poursuivre. Mais avant de continuer, il faut traduire les termes d'usage courant en termes techniques. "Amour", ou "colère" etc. sont des évaluations. Et tout cela fonctionne, de la même manière que les termes techniques fonctionnent en mathématiques. Quand vous demandez à quelqu'un ce qu'il ressent, vous lui demandez comment il évalue quelque chose. Si vous utilisez délibérément le terme, il s'avère très souvent qu'il s'agit d'une évaluation organique, d'un sourire, d'un besoin de nourriture, etc. En terminologie, l'utilisation des termes doit être délibérée - il faut savoir comment traduire l'utilisation de quelque chose en évaluation. La faim serait une évaluation organique, mais dans mon travail, je ne m'intéresse pas tant à l'évaluation organique qu'à l'évaluation psycho-logique sur les bases physico-mathématiques qui sont à leur tour fondées sur l'évaluation. Lorsque nous disposons d'un terme éprouvé, nous l'appliquons délibérément en science. Les anciens termes sont inopérants parce qu'ils ne nous donnent aucun mécanisme. Désormais, l'évaluation permet une évaluation scientifique. Comme une science passe par des limitations, comme vous le verrez, nous nous éloignons également des grandes généralisations soumises à des limitations. Aimer ou ne pas aimer une personne est une question de comment vous évaluez cette personne. Je vous conseille de travailler dur sur la traduction des termes anglais [français] ordinaires en évaluation humaine. Il y a une formule précise en SG à appliquer et ce que je dis est une réponse générale à vos questions. Cette formule est la suivante: chaque fois que vous avez une question à poser à une autre personne ou à vous-même, la réponse est toujours "Je ne sais pas. Voyons voir." En d'autres termes, il s'agit d'investiguer sur les faits. Voyez ce qui est quoi, et ce qui s'applique à quoi, et vous aurez votre réponse. C'est une démarche scientifique. Un certain nombre de faits importants ont été négligés. Permettez-moi de vous parler de ces faits. Pensez-vous pouvoir vivre sans eau potable ? Vous ne pourriez pas vivre sans eau; alors ne fait-elle pas partie de votre environnement, tout comme l'air ? Je vais maintenant vous poser une question qui a été négligée. Pourrions-nous, vous et moi, vivre et être humain sans un environnement linguistique et sémantique ? Non ? Exact.

L'environnement linguistique n'est-il donc pas aussi vital que l'eau et l'air ? Et puis il y a l'environnement porteur-de-*significations*; l'environnement des valeurs. N'avez-vous pas un environnement de valeurs tout autour de vous ? Pouvez-vous vous en détacher ? Vous rendez-vous compte alors que la sanité est un problème d'évaluation; que l'insanité est un problème de mésévaluation ? Chacun d'entre vous est entouré d'un environnement entier de valeurs et d'évaluations. Tout cela est un environnement linguistique et sémantique, et l'environnement d'évaluation est aussi important que l'air ou l'eau. Cela a été négligé jusqu'à présent.

Je vous conseille de lire "*L'homme cet inconnu*" d'Alexis Carrel. C'est un livre qui fait date, et Carrel a l'autorité nécessaire pour fustiger la profession médicale qui a encore des normes du seizième siècle. Ce que nous appelons médecine, sans la psychiatrie, n'est qu'une science vétérinaire glorifiée. Ils ont négligé l'environnement linguistique et sémantique. Les travaux de Burridge sur les formulations colloïdales ont bouleversé l'entièreté de la théorie médicale. Ses livres sont publiés par Oxford Press et vous intéresseront tous. Vous me demanderez peut-être si mon opinion sur les travaux de Burridge est légitime. Vous pouvez me le demander, et vous pouvez penser qu'il n'est pas correct d'accorder une telle importance à un nouveau travail, et j'ai dit que ce travail a fait exploser toutes les théories médicales. Vous pouvez vous demander: "Cet avis n'est-il pas téméraire ?". La réponse est très positive. La théorie privée de Burridge est très nouvelle; la théorie colloïdale privée de Burridge n'est pas d'une grande importance; elle peut être erronée parce qu'elle est très nouvelle et qu'il faut l'essayer avant de la trouver correcte. Mais la révolution constructive se produit parce que Burridge a pris en compte *deux* facteurs, physiologique et colloïdal. Il dispose de *deux* mécanismes là où l'ancien n'en avait que *un*. Cette prise en compte des deux facteurs est importante. Il ne faut pas se laisser déconcerter par le fait que les anciens faits demeurent, mais que les *interprétations* doivent être révisées.

Par exemple, la gravitation comme explication de la chute des corps est une réponse idiote à une question idiote. La gravitation est une excuse; elle n'explique rien. Mais lorsque Einstein la traite comme une théorie de l'espace-temps, le fait demeure, mais les interprétations sont différentes. Et lorsque ce changement est effectué, nous nous rapprochons des mécanismes. Ils ne sont pas encore élaborés, mais il y a un soupçon de mécanisme. Nous nous rapprochons des faits et des mécanismes. Les effets n'ont pas changé, mais les interprétations sont différentes. C'est important.

DEUXIÈME CONFÉRENCE DU SÉMINAIRE

Lorsque Einstein a entamé une série de conférences à Berlin, il a commencé avec une classe de deux cents personnes. C'est sa première conférence. Lors de sa deuxième conférence, il avait dix personnes et lors de la troisième, il en avait cinq, chiffre qui s'est maintenu. J'étais plutôt intéressé de savoir si, sur les cent personnes que nous avions la première fois, nous en aurions dix ce soir et cinq le lendemain. Mais je vois que nous avons un groupe plus grand maintenant que celui de la conférence précédente.

Je résumerai à chaque reprise ce que nous avons accompli. Dans la conférence d'introduction, j'ai expliqué la nécessité vitale d'une révision de nos orientations par des moyens linguistiques, etc. Il était nécessaire d'exposer ce qui est quoi; et pourquoi analysons-nous tout cela ensemble ? Car, après tout, nous passons notre temps ici et nous devrions savoir quel objectif nous poursuivons. Dans la première conférence, je vous ai expliqué que les exigences de la vie sont telles qu'elles requièrent de nouvelles orientations, des orientations que l'éducation présente ne nous donne pas. Autrement dit, il nous faut introduire de nouveaux facteurs dans l'éducation pour prévenir et remédier aux défaillances de la vie moderne. J'ai également essayé de transmettre des faits bruts qui affectent notre vie moderne. Nous sommes tous concernés par l'automobile, l'avion et la radio. Votre vie est-elle affectée par ces éléments ? Votre vie est-elle affectée par la question de la guerre et de la paix ? Par la question des armements, par la question de la communication ? La question du largage de bombes sur vous depuis les avions ? Vous ne connaissez pas encore la "joie" de la guerre, mais moi, je la connais. Et nous en aurons sans doute encore davantage bientôt. Cela affectera-t-il notre vie ? Oui. Nous devons nous y préparer. Ces préparatifs ont également une incidence sur nos impôts.

J'ai souligné que chaque fois qu'il s'agit d'électricité, un générateur électrique dans une voiture, un avion ou une radio, chaque fois qu'il s'agit d'électricité les anciennes géométries et mécaniques ne conviennent pas du tout. Elles ne fonctionneront pas. Autrement dit, les conditions vraies dans lesquelles nous vivons dépendent de principes non-euclidiens et non-newtoniens. Nous ne pouvons pas construire un générateur électrique dans une voiture par des méthodes euclidiennes ou newtoniennes. C'est impossible. Vous avez ici des mathématiciens et des physiciens; demandez-leur si ce que je dis est correct. Autrement dit, les vraies conditions dans lesquelles nous vivons ne sont plus euclidiennes et newtoniennes, mais sont construites par des disciplines non-euclidiennes et non-newtoniennes.

Je me demande si vous voyez la différence. Euclide et Newton sont toujours valables en ce qui concerne cette maison, ce pont, etc., mais seulement si l'électricité n'y entre pas. Dans des conditions ordinaires, Euclide et Newton peuvent être tout aussi utiles, mais pas en général. C'est là l'essentiel. En ce qui concerne Aristote, nous pouvons organiser un dîner, mais nous ne pouvons pas espérer une quelconque sanité aujourd'hui si nous utilisons exclusivement les méthodes aristotéliciennes. Aristote peut nous donner des indications sur la table d'un dîner, mais pas sur notre vie, qui n'est malheureusement pas une table d'un dîner. Il y a des problèmes plus complexes dans la vie que de dresser une table. Dans ma première conférence, j'ai essayé de faire comprendre la nécessité - ni un plaisir, ni une mode - la nécessité d'une révision de notre orientation humaine en tant que telle. J'ai parlé pendant deux heures pour essayer de vous faire comprendre les difficultés et les nécessités de cette révision. Ce soir, nous commencerons le cours proprement dit.

Avant de commencer, je tiens à vous avertir que j'ai parfois honte de donner des conférences. Oui, j'ai honte. La raison en est que tout cela est d'une simplicité enfantine et pourtant, comme l'a dit le président Brewer, ce n'est pas si facile. Simple mais pas facile. Je tiens à vous avertir qu'il faut prendre cela très au sérieux si vous voulez en tirer profit. Je veux produire les résultats. Je veux que chaque personne ici présente en bénéficie. Connaissant par expérience les difficultés pour les assimiler, j'irai à un rythme très lent. Je répéterai beaucoup de choses pour faciliter la formation; la SG est une science naturelle empirique et elle fonctionne lorsqu'elle est appliquée. Le deuxième "gros mot" que j'utilise, je ne vous dirai pas le premier en public - en privé, oui, mais en public, non - est "législation cosmique". N'importe quel imbécile "sait tout sur le cosmos", mais en science, nous savons très peu de choses sur le cosmos.

Je vous dis franchement que si vous trouvez une quelconque "législation cosmique" dans mon travail, rejetez-le entièrement. Vous n'en trouverez nulle part. Je parle de faits, de faits, de faits et uniquement de *faits* ! Vous pouvez toujours vérifier ces faits. C'est là tout l'intérêt. Mais du moment que nous nous mettons d'accord sur un fait, nous nous y tenons. En physique mathématique, lorsque nous découvrons quelque chose, disons une erreur dans une formule ou un facteur non pris en compte dans une équation, dès qu'on le découvre on le corrige et l'ancienne erreur est abandonnée pour de bon. C'est la science mathématique. Nous ne faisons pas cela dans la vie, nous vivons aujourd'hui dans de grandes difficultés et nous découvrirons pendant ces sessions des facteurs vicieux dans les orientations humaines, nous serons d'accord parce que nous ne pouvons pas être en désaccord; pourtant, dans la vie, nous n'appliquerons pas ce que nous apprenons. Et c'est là que nous échouerons. Aussi ici, je ne me contenterai pas d'exposer la théorie en décrivant les faits, les anciens et les nouveaux, mais j'essaierai de vous faire vous exercer à comment appliquer ce que nous avons appris. Comme vous vous en souvenez, lors de la première conférence, nous avons insisté sur la *prédictibilité.*

Y avez-vous réfléchi par vous-mêmes ? Que signifie la prédictibilité dans la vie ? Que fait la prédictibilité dans la vie ? Il s'agit d'un problème crucial; la prédictibilité dans la vie est-elle importante ou non ? Si vous pouviez prédire qu'une action ou une décision vous rendrait malheureux, vous y engageriez-vous ? Si nous pouvions prédire certains problèmes scientifiques en matière d'éducation, devrions-nous faire ce que nous faisons en matière d'éducation ou devrions-nous revoir nos méthodes ? Dans ce cas, la prédictibilité ne serait-elle pas importante ?

Il y a la vie privée. Qu'en est-il de la vie nationale et internationale ? Qu'en est-il de l'Angleterre et de l'Amérique qui ne prédisent pas que leur laxisme encourage Hitler, l'armement mondial et une autre guerre mondiale ? S'ils pouvaient prédire, seraient-ils aussi laxistes ? Je veux que vous qui assistez à cette conférence soyez convaincus de l'extrême importance de la prédictibilité. Je veux que les éducateurs comprennent que si nous disposons d'une prédictibilité de quelque valeur que ce soit - car nous pouvons avoir une prédictibilité qui n'est qu'un bluff - cela nous aidera à guider nos élèves vers un meilleur ajustement. Si nous obtenons cela, n'est-ce pas important ?

Le vrai problème est la prédictibilité. Que nous puissions l'obtenir ou non est encore un autre problème. Mais devons-nous nous efforcer d'atteindre cette prédictibilité ? À l'heure actuelle, les mathématiques, la physique et la physique mathématique sont les sciences les plus prédictibles qui soient; en étudiant la physique mathématique et ses méthodes, nous découvrirons des facteurs de prédictibilité, et c'est ce que nous recherchons. Maintenant, je commence à chercher des facteurs de prédictibilité.

TERRITOIRE:	San Francisco	Chicago	New York
CARTE:	Chicago	San Francisco	New York

Nous voici au cœur de la prédictibilité. Si nous comparons un vrai territoire, par exemple San Francisco, Chicago et New York, avec une carte qui n'est qu'une représentation de ce territoire, et que nous plaçons San Francisco entre Chicago et New York, qui d'entre vous aimerait voyager avec une telle carte où les villes sont dans un ordre non-correspondant [N.D.T.: au vrai territoire] ? Quelle prédictibilité pourrions-nous avoir avec une telle carte ? Aucune ! Le problème est donc de savoir si nous voulons une carte qui nous donne de la prédictibilité ou si nous sommes prêts à accepter une carte dont la structure même nous l'interdit. Nous faisons très vite la connexion entre ces problèmes et la vie quotidienne.

Que pourrions-nous dire d'une telle carte ? Nous pourrions en dire ce que nous voulons, mais nous dirions probablement que la carte est "mauvaise". Serait-ce vrai ? Oui. Nous pourrions dire que cette carte est "erronée". Serait-ce vrai ? Pourrions-nous dire que la carte est "fausse" ? Etc. Nous entrons à présent dans le vif du sujet. Ce type d'affirmation entraîne-t-il des conséquences importantes ? Nous utilisons des termes moraux, "mauvais", "faux", etc., et rien d'important ne s'ensuit. De telles déclarations nous apportent-elles de la sagesse ? Non. C'est bien là le problème.

Je vous conseille de prêter attention aux questions linguistiques. Certains termes ne sont pas lourds de conséquences, d'autres le sont. C'est comme en physique mathématique, certaines terminologies fonctionnent et d'autres verbiages non. Ce que je viens de dire est un fait. Ne cherchez pas à comprendre trop de choses au début, car cela vous embrouillerait. Tenez-le pour acquis pour l'instant, sans comprendre pleinement ce qui va se passer. Dans les sciences mathématiques, qui sont le mieux de ce que nous avons, c'est la terminologie qui fait le travail. Dans la vie, certaines terminologies fonctionnent et d'autres non. C'est inattendu.

Je vous conseille de prendre des notes très soigneusement. Au début, tout est simple, mais vous verrez comment, plus tard, lorsque le matériel s'accumulera, vous deviendrez confus si vous ne prenez pas de notes. Il est humainement impossible de suivre ce cours sans notes. Lorsque vous écoutez ce que je dis, c'est très simple; essayez de l'appliquer. C'est très difficile. Cela nécessite une nouvelle orientation, et ce n'est pas facile.

Nous avons parlé de la carte et du territoire. Nous avons utilisé les mots "mauvais", "erroné", "faux", etc., à propos de cette carte où Chicago est d'un côté et San Francisco au milieu. Vous savez qu'avec une telle carte, nous ne pouvions pas prédire les résultats, etc. de nos voyages, comment pourrions-nous le faire ? Je vous ai dit que les anciennes évaluations verbales d'une telle carte étaient inopérantes et que nous devions utiliser des expressions relatives à la coordination de cette carte avec ce territoire, et nous voyons que l'ancien verbiage ne fonctionnait pas. Nous allons maintenant voir, et ce que je dis ici est nouveau, que dans le dictionnaire standard Oxford du langage anglais [N.D.T.: idem dans son équivalent français], nous trouvons des termes du langage standard qui jouent le rôle de la terminologie scientifique, qui fonctionnent comme la terminologie physico-mathématique. Nous constatons que si nous supprimons la terminologie d'une science, nous supprimons cette science. Et pourtant, nous trouvons dans la vie des mots qui jouent le rôle de terminologie scientifique. C'est inattendu. Cela est arrivé simplement. Ces termes existent, mais nous ne les utilisons jamais. Nous les avons mais nous ne les utilisons jamais. La principale différence entre la SG et l'ancien système est que nous introduisons ces nouveaux termes et que nous les utilisons. Plus tard, vous comprendrez pourquoi ils sont si importants - ils fonctionnent comme les termes scientifiques fonctionnent en science. Et il n'y a pas d'échappatoire possible. Utilisez ces termes et vous verrez les résultats. Il n'y a rien d'autre à faire que d'appliquer et de laisser faire le reste.

Vous vous souvenez que l'autre soir, j'ai insisté sur le terme *évaluation* ? J'ai suggéré que vous appliquiez le terme évaluation chaque fois que vous le pouvez. Vous verrez plus tard pourquoi il est si important. Le terme à lui seul fera le travail, aiguisera votre intelligence, votre acuité et vos capacités; oui, rien que l'utilisation de ce terme *évaluation*. Comme l'autre personne ne comprend peut-être pas, laissez-la aller son chemin, mais utilisez le terme pour vous-mêmes, et vous pourrez ensuite traduire vos conséquences dans son langage. Mais utilisez le terme évaluation pour obtenir les résultats et vous pourrez le traduire plus tard. Utilisez ces termes pour vous-mêmes et la façon dont vous les traduisez pour l'autre personne ne fait aucune différence. La nouvelle orientation vient avec l'utilisation de ces termes.

Si vous utilisez les nouveaux termes pour vous-même, alors la nouvelle terminologie pourra toujours être traduite plus tard pour quelqu'un d'autre; mais alors vous apparaîtrez comme un "génie" car quelque chose de nouveau apparaîtra dans votre analyse. Si vous prenez un ensemble de "faits" ("F") et que vous les analysez selon l'ancienne méthode intensionnelle (INT), vous obtiendrez une sorte de résultat, mais si vous les analysez selon la nouvelle méthode que j'appelle extensionnalisation (EXT), vous obtiendrez de nouveaux résultats; mais vous pourrez toujours les traduire dans l'ancienne méthode. Mais vous obtiendrez de nouveaux résultats et vous paraîtrez si intelligent et si doué. Pourquoi ? Parce que vous faites cette nouvelle analyse extensionnelle pour vous-même. Vous ne pouvez pas la suivre complètement ou la comprendre entièrement à ce stade, mais vous comprendrez tout cela plus tard. Je ne me contente pas de vous donner des conférences sur cette nouvelle méthode, mais je vous fais vous y exercer.

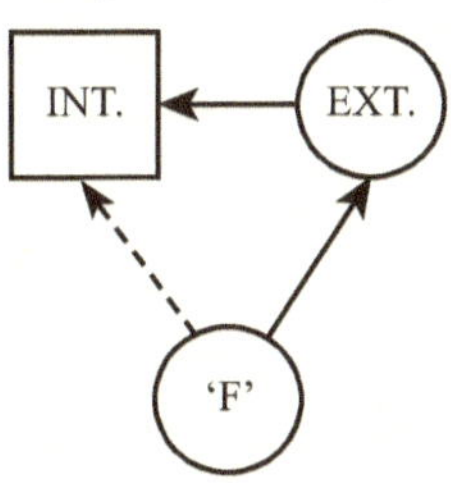

Souvenez-vous que toute ma présentation est déjà extensionnelle. Il s'agit déjà d'une démonstration en actes de ce qui va venir sur le plan théorique. Et si vous suivez la nouvelle méthode, vous obtiendrez la meilleure analyse possible des situations de vie à une date donnée et même les recherches scientifiques seront facilitées. C'est vers cela que nous allons travailler. Vous vous rendez peut-être compte de la situation en connexion avec le territoire-carte. La carte est incorrecte; la carte devrait correspondre au territoire. Dans ces conditions, la carte telle qu'elle existe pourrait-elle avoir une *probabilité maximale* de *prédictibilité* ? Ces mots semblent se ressembler, mais il ne faut pas les mélanger. Ils sont différents. La probabilité maximale de prédictibilité est notre principal problème.

Je vous ai déjà expliqué que lorsque nous utilisons les termes *bon, mauvais,* etc. que ces termes étaient inopérants. Lorsque nous disons que la carte est "bonne", "mauvaise", "erronée", etc., ce qui se trouve être vrai, ces mots nous ont-ils menés quelque part, ont-ils donné des résultats importants, même s'ils se trouvent être vrais ? Non. Ici encore, j'introduis des termes techniques, et quand je dis “termes techniques”, n’oubliez pas que j’entends par là des termes que vous devez utiliser vous-même en permanence. Les nouveaux termes techniques ne doivent jamais être abandonnés, et nous ne les abandonnons jamais en science.

Pour une utilité maximale, une carte devrait être *similaire en structure* au territoire. Je suppose que l’expression “similarité de structure” vous évoque quelque chose au sens ordinaire du terme. Le point principal ici est le suivant, que la similarité de structure est notre point le plus important en physique mathématique et en mathématiques, en dépit du fait que vous puissiez le comprendre au sens ordinaire. Similarité des relations physiques [N.D.T.: du monde physique] et symboliques. Notre carte est-elle similaire en structure au territoire ? Sur une telle carte, la prédictibilité est-elle possible ? Je ne vous embarrasse pas avec l’aspect technique du problème. Il est très complexe. Mais la signification ordinaire des mots, à savoir qu’une carte devrait être similaire en structure au territoire, devrait vous éclairer. C’est un point très important.

Maintenant, comment pourrions-nous définir similarité de structure ? Je ne vous parlerai qu’en termes de bon sens. Elle doit être définie en termes *d’ordre,* dans le sens de l’*intermédiarité* [N.D.T.: dans la Théorie des graphes, intermédiarité désigne le rôle d’un nœud qui se trouve sur le chemin reliant d’autres nœuds. Elle désigne la qualité ou propriété d’un élément ou d’une relation d’occuper une position intermédiaire dans un ordre ou un réseau. En mathématiques ou en logique structurale, un élément possède de l’intermédiarité lorsqu’il relie ou sépare deux autres éléments selon un ordre donné, et joue ainsi un rôle dans la cohérence ou la continuité de la structure. En mathématiques, on pense spontanément à une relation d’ordre: si $x<y<z$, alors y est *intermédiaire* à x et z. Mais ce n’est pas qu’une position: c’est une fonction dans la structure, celle qui tient l’ordre ensemble. Sans y, la relation “x–z” n’aurait pas d’épaisseur. La similarité de structure ne repose pas sur des quantités, mais sur des ordres de relations. Deux ensembles sont structurellement similaires si les relations d’intermédiarité entre leurs éléments se correspondent. Deux structures sont similaires si leurs relations correspondantes préservent l’ordre et l’intermédiarité]. Comprenez-vous ce terme d’intermédiarité ? Si ce n’est pas le cas, consultez un dictionnaire ad-hoc.

Je m'adresse toujours à une classe de séminaire avec sérieux, mais ne soyez pas timides, riez si vous en avez envie. Plus tard, nous découvrirons une autre chose, à savoir qu'un grand nombre de nos problèmes humains ne sont que des bulles verbales artificielles, et que lorsqu'elles sont piquées, elles éclatent, de sorte qu'il ne reste plus qu'à rire; ainsi, à la fin des séminaires, nous rirons beaucoup, car les neuf dixièmes de nos problèmes sont des bulles verbales.

Nous définissons le terme de *similarité de structure* en termes d'ordre, et l'ordre en termes d'intermédiarité. Le terme "*ordre*" est d'une importance fondamentale - car la physique mathématique peut être représentée en termes d'ordre multi-dimensionnel. Vous n'avez pas besoin pour l'instant de comprendre ce terme "multi–dimensionnel". Je me suis contenté de dire, pour votre information, que la physique mathématique peut être représentée en termes d'ordre multi-dimensionnel. Par ailleurs, si nous appliquons le terme *ordre* aux affaires humaines, nous disposons d'un terme commun qui fait un pont entre les affaires humaines et les sciences exactes.

Récemment, le professeur Kurt Lewin a appliqué des méthodes mathématiques topologiques extensionnelles à la "psychologie", avec des résultats d'une grande portée. C'est la preuve que les méthodes mathématiques, strictement mathématiques, peuvent être appliquées à la "psychologie". Vous devriez lire ce livre de Lewin, *Principles of Topological Psychology* (McGraw-Hill, N. Y.). La topologie est la "science de l'espace" la plus générale. Non pas "espace" au sens restreint, tel que vous le connaissez, mais "espace" d'une manière générale. Je veux élargir un peu votre imagination, vous verrez, ce n'est pas dangereux. J'aimerais que vous répondiez à une question générale: Quel est votre "espace de vie" ? Votre vie ? "Espace" de l'une quelconque de vos vies inclut-il votre équipe de professeurs et vos collègues ? Entrent-ils dans "l'espace de votre vie", dans l'environnement de votre vie ? Ne voyez-vous pas comment les choses s'élargissent ? L'eau que vous buvez n'affecte-t-elle pas votre organisme ? Le fait est que nous avons ici du fer dans l'eau. La question est de savoir s'il entre dans votre "espace de vie". Votre équipe entre-t-elle dans votre "espace de vie" ? L'étendue de votre vie ? Voyez-vous à quel point nous élargissons la notion d'"espace", en la prenant comme un environnement comprenant tous les facteurs disponibles ?

C'est là qu'intervient la topologie. La topologie est fondée sur la relation de l'inclusion de la partie dans la totalité. Vous pouvez voir comment chacun d'entre nous, et comment chacune de nos préoccupations majeures, comprend l'inclusion de la partie dans la totalité. Chaque partie de vous, par exemple votre propre vie privée, fait partie d'une communauté et d'un pays, soumis à des conditions dans chacun d'eux, en dehors de la vie dans un College en général. Autrement dit, votre vie privée est une partie d'une totalité, une partie d'une totalité d'une totalité. En d'autres termes, les fondements strictement mathématiques de la topologie représentent des questions analogues. Et la "psychologie" topologique que vous obtenez devient très générale parce que les méthodes mathématiques sont très générales. Cette méthode peut être appliquée à chacune de nos vies, même si elle est très générale. La "psychologie" peut donc être fondée sur des équations et des bases mathématiques. Malheureusement, très peu de psychiatres connaissent les mathématiques, et très peu de mathématiciens connaissent la "psychologie".

Les journaux peuvent également utiliser cette méthode. Ils devraient contenir une dimension sociale. Ils doivent s'intéresser aux orientations sociales, et pas seulement à l'actualité. Ils doivent devenir un facteur éducatif. Scripps, du journal Scripps-Howard, était un homme de grande qualité et il a fondé Science Service dans ce but précis. Mais malgré tout son travail, il ne parvenait pas à comprendre le rôle de l'argent dans la vie. Il est mort en se demandant "qu'est-ce que l'argent" ? L'argent n'est qu'un symbole sur lequel les humains s'entendent. Puis-je le manger si vous ne voulez pas le prendre ? Que puis-je en faire si vous ne voulez pas le prendre ? Ce n'est qu'un symbole.

Bien, revenons à notre situation de carte territoriale. Avons-nous convenu que la probabilité maximale de prédictibilité d'une carte réside dans la similarité de structure entre la carte et le territoire, fondée sur l'ordre ? Était-ce clair ? Nous avons élargi ce problème au point que, grâce à l'ordre multi–dimensionnel, nous aurons une physique mathématique. En d'autres termes, en introduisant le terme mathématique *ordre* dans les affaires humaines ordinaires, nous relions les sciences mathématiques aux affaires humaines. Rien de bien nouveau n'a encore été accompli, mais c'est un terme courant, et de nouvelles avancées sont rendues possibles. Ce n'est plus qu'une question de dimensionnalité. Vous n'avez pas besoin de le comprendre pleinement, car il n'y a aucune raison de s'étendre sur ce sujet. C'est le premier point. Deuxièmement, le terme *ordre* est connecté avec l'ordonnancement des réactions - vous le comprendrez plus tard; c'est le point principal de la SG - grâce au terme "ordre", nous stimulons physiquement le cortex humain. C'est l'un des points les plus importants de la SG. Vous en entendrez beaucoup parler plus tard. Ce n'était pas prévu, c'est arrivé comme ça. Et ça fonctionne de cette façon. Autrement dit, nous disposons de moyens *physiques* pour stimuler notre cortex en *ordonnançant les réactions*. Vous comprendrez mieux cela plus tard. Voyez-vous les connexions ? Conviendrez-vous que tout ce que nous avons fait jusqu'à présent semble, d'une certaine manière, d'une simplicité enfantine ? N'êtes-vous pas surpris que ce ne soit qu'au vingtième siècle que l'on commence à parler de tels sujets ? Ne voyez-vous pas la simplicité de la chose ? C'est pathétique ! Ce n'est pas une insulte. La similarité de structure est extrêmement simple et pourtant personne n'y a prêté attention jusqu'à la SG. *Pour une probabilité maximale de prédictibilité maximale, nous devons disposer d'une carte similaire en structure au territoire.*

Voyons maintenant ce que l'on peut dire de plus à ce sujet. L'observation suggère trois prémisses simples qui ont une grande portée. Sur ces trois prémisses, nous sommes soit d'accord, soit en désaccord, car c'est le seul point sur lequel nous pouvons nous quereller:

PRÉMISSES:

1. Une carte *n'est* pas le territoire
2. Une carte *n'est* pas tout le territoire
3. Une carte est *auto-réflexive*

1. *Une carte n'est pas le territoire.* Y a-t-il des personnes de ce groupe qui contestent cela ? Qui n'est pas d'accord ? Êtes-vous tous d'accord ?

Acceptez-vous tous l'idée que la *carte n'est pas* le territoire ? En êtes-vous pleinement convaincus ? Il nous faudra le reste des conférences de ce séminaire pour vous montrer ce que je vais dire maintenant. Je vais donc faire une déclaration que je ne suis pas en mesure d'étayer à ce jour. Dans tous les domaines, personnel, humain, national, etc., y compris l'"insanité", les anciennes orientations impliquaient un *est* d'"identité". Il faudra de nombreuses heures pour vous le rendre clair et souvenez-vous que nous avons, en tant que groupe, *réfuté* catégoriquement ce *est* d'identité: *une carte n'est pas le territoire.* S'il peut être montré que l'ancienne orientation était fondée sur le "est" d'identité, nous pouvons voir sur quoi elle repose.

2. *Une carte n'est pas tout le territoire.* Avez-vous déjà vu une carte qui couvrirait "tout le territoire" ? Non. Nous partons donc d'une autre seconde prémisse, à savoir que la carte *ne* couvre *pas* "tout" le territoire. La plupart des anciennes orientations sont fondées sur le "tout", que nous réfutons catégoriquement. En tant que groupe, nous réfutons le "toutisme". Lorsque nous réfutons ce "tout" illimité, nous commençons à toucher le fond de la difficulté. Supposons que je sois président d'un College et que je fasse des déclarations au nom du groupe pour "tous les temps" à venir. Ne suis-je pas un dogmatique ? Je fais des déclarations, peut-être correctes pour aujourd'hui, mais pas pour *tous les temps à venir.* Si votre déclaration est *limitée* à la date, pouvez-vous être absolutiste ? Pouvez-vous voir ce qui se passe en comparant les anciennes et les nouvelles évaluations ? C'est la deuxième prémisse.

3. *Une carte est auto-réflexive.* Imaginez que j'établisse sur cette table une carte "parfaite" d'Olivet College. Ce conférencier figurerait-il sur la carte ? Cet amphithéâtre figurerait-il sur la carte ? La carte de la carte serait-elle là ? C'est ça l'auto-réflexivité. Lorsque vous avez la carte de la carte, vous avez une auto-réflexivité de la carte. Cette caractéristique se poursuit ad infinitum [N.D.T.: à l'infini]. En effet, elle n'a plus de limites. Cette caractéristique s'appelle auto-réflexivité, mais elle a été complètement négligée jusqu'à présent. L'auto-réflexivité à propos des cartes est

connue depuis quelques années; elle a été découverte par le professeur Royce de Harvard, mais a ensuite été négligée.

Je voudrais attirer votre attention sur un point fondamental: ces trois prémisses sont les premières à avoir été écrites pour opposer les anciennes orientations des nouvelles, ces dernières étant les fondements de la SG. La première nouvelle prémisse: "*une carte n'est pas le territoire*", alors que l'ancienne est fondée sur le "est" de l'identité, ce que nous réfutons catégoriquement. La deuxième prémisse: "une carte n'est pas tout le territoire", alors que l'ancienne prémisse était fondée sur "tout", ce que nous réfutons catégoriquement. Et la question de l'auto-réflexivité a été entièrement négligée. Au fond de chaque difficulté, vous trouverez les anciennes prémisses que nous réfutons catégoriquement. Nous le faisons en tant que groupe, et l'ancien système doit accepter. Dans les deux premières prémisses, nous apportons une réfutation complète. Et la troisième prémisse a été entièrement négligée. En fait, cette auto-réflexivité a ruiné les fondements des mathématiques jusqu'à aujourd'hui.

Je parlais de l'interrelation carte-territoire. Cela s'applique à toute forme de représentation, et notamment au langage. C'est là qu'interviennent les problèmes importants. J'ai commencé par les cartes, mais les problèmes concernent quelque chose de plus profond que les cartes. Voyez-vous ma canne ? En avez-vous une image dans votre cerveau ? Pouvez-vous me prêter votre cerveau pour que je puisse marcher avec ? Votre *représentation* de la canne est-elle alors une *carte* ou la canne elle-même ? Ce n'est qu'une carte. C'est là qu'intervient l'importance. L'*image* de la canne *n'est pas* la canne. Plus tard, cela deviendra très complexe. Ainsi, quand nous parlons de ces trois prémisses, essayez de les appliquer à vos orientations dans la vie. Le mot *n'est pas* le fait, la situation ou quoi que ce soit d'autre. Le mot *ne* couvre *pas toutes* les caractéristiques d'un objet ou d'une situation. Je veux que vous digériez et absorbiez les trois prémisses, car elles sont les fondements de la SG. Et il est évident que le langage est *auto-réflexif* en ce sens qu'avec le langage nous pouvons parler à propos du langage, et que n'importe quelles sortes de difficultés peuvent survenir si nous ne connaissons pas l'auto-réflexivité et si nous n'en sommes pas conscients. Dans le langage, nous pouvons parler *à propos* du langage, mais si nous ne le savons pas, des difficultés surviendront. Ce fait a engendré des difficultés dans les fondations mathématiques qui, jusqu'à aujourd'hui, n'ont pas été résolues. Ces difficultés trouvent leur origine dans l'auto-réflexivité du langage.

Je dois me référer au fait de parler, par opposition au fait de produire du bruit. J'ai appelé certaines manières de parler, d'après Stanley Hall, "masturbation des glandes salivaires". Eh bien, nous faisons beaucoup de cette masturbation - des verbalisations vides de signification. Je me demande si vous saisissez l'importance de cela. Si je vous demandais en français si blah blah est tra tra ou non, est-ce que je poserais une question ? Non. Je ne ferais que produire du bruit, de ne rien dire et de ne rien demander, quand bien même j'aurais pu l'orthographier et le faire suivre d'un point d'interrogation. Ce point d'interrogation serait-il une question ? Vous rendez-vous compte qu'au fond de la plupart de nos "philosophies", il y a beaucoup de bruit ? Pour conclure cette conférence, j'insisterai sur l'importance de faire la distinction entre les mots qui symbolisent quelque chose et les bruits qui ne symbolisent rien.

TROISIÈME CONFÉRENCE DU SÉMINAIRE

Il existe un mécanisme névrotique standard, un mécanisme malade, qui affecte désormais le monde entier à la suite de la guerre, à savoir la difficulté d'articulation. C'est très difficile et je donne ce conseil à mes étudiants: assainissez votre langage, assainissez-le comme un symptôme physique. Apprenez à prononcer vos mots clairement. C'est un symptôme physique. Le vieux monde est malade et en clarifiant votre articulation, vous verrez que des choses se produiront dans votre cerveau. Ces questions sont indissociables.

Comme toujours, je commence mon séminaire par un résumé de ce que nous avons accompli. Nous avons comparé un territoire à une carte. Cette comparaison était très importante parce que toutes nos représentations et nos émissions verbales ne sont que des cartes qui ne sont pas le territoire ou les "faits". Vous verrez plus tard jusqu'où va cette simple analyse. Pour l'instant, elle vous semble peut-être triviale. Vous verrez plus tard à quel point elle n'est pas triviale. Quand il s'agit d'une vraie table, est-ce dicible ? Non. C'est une vieille histoire et ce que vous dites *à propos* d'une table, *est-ce* la table ? Non. Maintenant, tant que cela concerne la table, cela semble simple. Qu'en est-il de votre vie, de vos amours, de vos haines, etc. – tout ce que vous ressentez ? Vous rendez-vous compte que vous les *identifiez* à vos émissions verbales; que vos verbalisations ne sont pas vraiment cela ? Pincez votre doigt. Est-ce ce que vous ressentez directement ? Ne vous rendez-vous pas compte que ce vrai ressenti *n'est pas* une verbalisation ? Il se situe à un niveau *indicible*. Il faut vous pincer le doigt pour être convaincu que ce n'est pas la même chose que ce que vous en dites Nous appliquons ici la première prémisse, "*n'est pas*".

L'un des principaux problèmes auxquels nous sommes confrontés en SG réside dans la discrimination ou la non-identification entre le mot et les niveaux objectiques. Il est fondamental de commencer par une *discrimination* entre ce que nous *ressentons* directement et ce que nous *disons,* parce que ce que nous ressentons *n'est pas* ce que nous disons. Et c'est là que nous identifions nos émissions verbales avec les ressentis. Nous mélangeons ou identifions dans l'évaluation interne ces deux aspects entièrement différents. Nous devons essayer de lutter contre cela.

Nous avons donc comparé le territoire à la carte et nous avons conclu que pour une *prédictibilité maximale,* pour une probabilité *maximale* de *prédictibilité,* nous devons disposer d'une forme de représentation qui est *similaire en structure* en termes d'ordre. Je dois vous avertir qu'en science, là où nous avons la prédictibilité maximale, nous passons par cette similarité de structure entre une théorie et des faits. Ne nous cachons pas derrière des mots. Regardons les faits; ce que nous appelons une "théorie scientifique" représente un langage d'une structure particulière, fondé sur la terminologie. Autrement dit, la terminologie implique des suppositions structurelles qui sont structurellement impliquées dans la terminologie. Autrement dit, ce que nous appelons une théorie n'est rien d'autre qu'un langage de structure spéciale.

C'est ce que font les quelques termes structurels. Ils introduisent un langage de *structure spéciale.* C'est tout ce qu'une "théorie" contient. Quelques termes font cela. Ne nous cachons donc pas derrière des murs verbalistiques tels que "théorie". *N'importe quelle théorie* est fondée sur de la *terminologie;* et la *terminologie* implique des types particuliers de suppositions structurelles qui sont parfois vraies et parfois fausses. Ne parlons pas de "théorie" seule. N'importe quelle théorie implique un langage de *structure spéciale.* Je vais vous donner un exemple que vous comprendrez mieux. Lorsque Einstein parle d'espace-temps, disons, et que nous l'expliquons à des profanes; savez-vous quelle est la remarque habituelle ? "Oh, ce que vous voulez dire, c'est "espace" et "temps"." Savez-vous que cette traduction a effacé tout le travail d'Einstein ? Mais ce que nous voulons dire est le trait d'union, espace-temps étant indivisible; et si vous dites "espace *et* temps", vous aurez brisé toute la théorie d'Einstein. Pourquoi ? Parce que la chose entière est d'une structure différente. Ce dernier [N.D.T.: "espace et temps"] est un langage de structure différente. Le premier (espace-temps) est le langage d'une structure quadridimensionnelle, tandis que le second [N.D.T.: "espace et temps"] est un langage d'une structure trois plus un. Êtes-vous prêt à admettre que lorsque vous avez fait trois plus un et que vous obtenez quatre [N.D.T.: Le passage d'une vision du monde à trois dimensions d'espace + un temps séparé (3+1), à une vision unifiée en quatre dimensions: l'espace-temps (4)], vous avez fait un pas de plus ? Si vous avez trois plus une dimension et que vous terminez le travail, disons quatre dimensions, avez-vous fait un pas en avant ou non ? Est-ce difficile ? Vous êtes témoins d'une avancée de la civilisation techno-scientifique, d'une avancée dans le progrès culturel, lorsque trois plus un égale quatre. Pour commencer, prenez les choses très simplement. N'ayez aucune difficulté avec la dimensionnalité. Il n'y a rien de mystique là-dedans.

La dimensionnalité implique un certain nombre de facteurs. Le nombre de facteurs que nous devons connaître avant de savoir quelque chose. Le mouvement implique quatre dimensions. Autrement dit, "espace" et "temps" sont indissociablement connectés. Regardez la fumée de ma cigarette. Vous voyez ce qui se passe. Combien de facteurs - juste pour le jeu, car nous ne pouvons pas faire mieux - devez-vous connaître pour suivre ce qui se passe dans cette fumée. Au moins quatre ? Non, un million ne suffirait pas. J'essaie de vous inculquer cette question de dimensionnalité. En suivant cette fumée, combien de facteurs devez-vous connaître pour saisir ce nuage de fumée ? Autrement dit, ce nuage de fumée est million-dimensionnel. Pouvons-nous séparer "espace" et "temps" ? Non. Si vous pouviez le faire - ce qui est impossible - dans l'ancienne méthode verbalistique, nous pourrions séparer “espace” et “temps”; dans la nouvelle méthode, nous ne le faisons pas parce que nous collons aux réalités.

Pour revenir à notre discussion, nous parlions de nos trois prémisses fondamentales.

1) Une carte n’est pas le territoire;
2) Une carte n’est pas l’ensemble du territoire;
3) Une carte est auto-réflexive.

Nous avons montré dans la dernière conférence que ce qui a été dit à propos de carte-territoire s’applique aux mots et aux faits. Pour une probabilité maximale de prédictibilité, nous avons besoin d’une similarité de structure entre langage et faits. Investiguez, déterminez si notre langage est similaire en structure ou non aux faits. Si notre langage était similaire en structure comme celui de la physique mathématique, aurions-nous un maximum de prédictibilité ? Oui. S’il n’est pas similaire, aurions-nous un maximum de prédictibilité ? Non.

N’est-ce pas là notre important problème à investiguer ? Investiguer les faits pour cette similarité de structure qui existe ou qui n’existe pas. Il est important de savoir si le langage est similaire en structure ou non.

Nous connaissons les faits tels que nous les connaissons. La question est maintenant de savoir si notre langage habituel est similaire en structure aux faits ou non. C’est un problème de fait. Pouvons-nous le découvrir par spéculation ? Non, nous devons le découvrir en examinant les faits connus. Que se passerait-il si notre langage n’était pas similaire en structure aux faits ? Aurions-nous de la prédictibilité ? Ne voyez-vous pas le prix à payer; et que se passerait-il si nous ajustions la structure du langage à la structure des faits ? La prédictibilité apparaitrait-elle ? Je veux que vous vous rendiez compte à quel point il s’agit d’un problème crucial pour l’investigation. Dans une certaine mesure, la problématique entière est d’importance majeure.

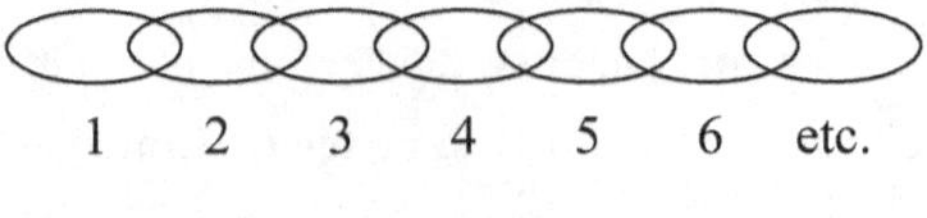

Laissez-moi vous donner un exemple dont dépendent toute la science et toute la civilisation techno-scientifique. Si vous avez une chaîne physique composée de maillons qui se trouvent être structurellement une structure *sérielle,* nous utilisons maintenant un langage de structure sérielle, a, b, c, d, e, f, etc.; 1, 2, 3, 4, 5, 6, etc. La structure physique est sérielle et notre langage est sériel. La question est donc de savoir si cette chaîne et le langage utilisés sont similaires en structure ou non. Une structure sérielle et un langage sériel - oui, ils sont similaires.

Et maintenant, je vais vous montrer les miracles de la science et de la civilisation, tous fondés sur la similarité de structure et la prédictibilité. Nous ne connaissons pas les faits, et pourtant, dans la vie, nous cherchons les faits. Nous les cherchons; nous cherchons la prédictibilité. Maintenant, regardez le miracle que nous pouvons produire en matière de prédictibilité. Je ne suis pas supposé connaître les faits et j'utiliserai de simples spéculations verbales, mais regardez ce qui se passe. Je prédis que deux est entre un et trois. Êtes-vous d'accord avec cette prédictibilité *verbale* ? Vérifions-le et nous constaterons que, dans la chaîne physique, le maillon 2 se trouve entre le maillon 1 et le maillon 3. Si nous avons un langage de structure similaire, nous pouvons prédire les faits physiques. C'est cela la force et le fondement de toute science. Vous rendez-vous compte de la valeur psychiatrique et de la valeur de sanité de cela ? Mais, laissez-moi vous dire une chose, si vous aviez une certaine prédictibilité dans toutes choses, avec cette prédictibilité nous aurions des attentes qui se vérifieraient, et cela nous protégerait des chocs et constituerait donc des facteurs de sanité.

Savez-vous ce qui s'est passé pendant la guerre ? Les soldats qui s'attendaient à des horreurs les ont vécues, mais ils n'ont pas fait de dépression nerveuse. En revanche, les soldats qui ne s'attendaient pas à des horreurs ont eu des dépressions nerveuses assez souvent. Prédictibilité ! Autrement dit, attentes. Si vous vous attendez à des horreurs et qu'elles vous arrivent, elles ne vous feront pas souffrir nerveusement. Mais si vous ne les attendez pas, elles peuvent vous nuire nerveusement. C'est le choc qui fait le mal. Prenez ces faits comme des faits.

J'ai parlé en m'appuyant sur d'innombrables données. Or, l'un des plus grands bénéfices de la science est la prédictibilité. L'élimination de chocs parce que nous les attendons - prédictibilité. Je veux que vous compreniez comment tout s'entremêle à tout le reste. Et la prédictibilité scientifique fondée sur la similarité de structure entre la représentation et les faits, et la sanité et les ajustements aux faits, et le malajustement fondé sur les chocs; je veux que vous compreniez comment tout cela s'articule.

Il s'agit maintenant d'investiguer une question de faits. Nous allons investiguer si oui ou non notre langage est similaire en structure aux faits connus. Il s'agit d'une investigation de bon sens. Ce sera un choc, et je veux que vous soyez à la hauteur de ce choc. En fait, au début, vous voudrez y arriver, mais vous n'y parviendrez pas, à moins de travailler très dur. Nous allons maintenant investiguer si notre langage est similaire en structure ou pas avec les faits. Il s'agit d'une importante investigation qui aidera à la prédictibilité dans notre vie. Si le langage est similaire en structure alors le maximum de prédictibilité est possible. Je vous présente ici quelque chose de nouveau. En effet, il s'agit d'une étude empirique d'un nouveau type de faits qui sont linguistiques et sémantiques. Des faits qui sont tout autant des faits que cette boîte. Mais il s'agit d'un nouveau mode d'investigation: à savoir des faits linguistiques et sémantiques. Les faits sont simples; la nouveauté est que nous n'avons jamais pensé à investiguer la similarité de structure d'un langage avec les faits.

Pouvons-nous vraiment diviser "matière", "espace" et "temps", ici ? (Korzybski montre un crayon). Dans les hôpitaux "psychiatriques" et les chaires de "philosophie", on essaie de le faire. Si vous pouviez diviser "matière", "espace" et "temps", si vous pouviez enlever "matière" de cette canne, y aurait-il encore une canne ? Si vous enlevez "espace" ("espace" entre guillemets, faites bien attention), il y aura un point mathématique, mais pas de canne. Si vous enlevez "temps", il y aura un éclair, mais de nouveau pas de canne. Cela s'applique à vous et à tout ce que vous connaissez. Ceci pour être ceci, vous pour être-vous, maison pour être maison, nourriture pour être nourriture, tout le reste implique "matière", "espace" et "temps" indivisibles qui ne sont que des catégories linguistiques qui, dans la nature, sont indivisibles. Comprenez-vous les faits de la nature tels qu'ils sont expliqués ? C'est la structure et les faits de la nature, à savoir que "matière", "espace" et "temps" ne peuvent être divisés.

Qu'en est-il des émissions verbales et linguistiques ? Peut-on diviser *verbalement* "matière", "espace" et "temps" ? Oui. Une question se pose alors. Un langage qui *peut diviser* ce qui ne peut l'être physiquement est-il similaire en structure ? Évidemment, non. Si nous avons un langage non-similaire en structure aux faits, nous ne pouvons pas attendre une prédictibilité maximale et nous devons changer la structure du langage. Une carte où San Francisco se trouve entre Chicago et New York ne peut qu'égarer et s'avérer parfois dangereuse. De telles cartes ne devraient pas être utilisées. C'est ce que nous devons faire avec le langage de structure ancienne. Il n'y a pas d'échappatoire. C'est un enjeu catégorique. Si nous disons qu'il faut abandonner [N.D.T.: tout espoir d'améliorer structurellement] le langage [N.D.T.: de structure ancienne], la question qui vient juste après serait de savoir si nous nous résignons ou pas à foncer droit dans le mur ? Non, au moment où nous nous rendons compte de l'existence d'un certain problème, nous le résolvons toujours. Souvenons-nous de cela. Donc, plutôt que de nous résigner à foncer droit dans le mur, nous nous tournons vers Einstein qui a établi un langage non-élémentalistique d'espace-temps où "espace" et "temps" ne sont pas divisés et où ce que l'on appelle la "matière" entre dans une forme de courbure de l'espace-temps.

Je voudrais vous présenter, et comme la plupart d'entre vous se lanceront dans une quelconque carrière professionnelle, je voudrais suggérer quelques termes comme cruciaux. L'un d'entre eux est que les faits de la nature sont *non-élémentalistiques*. Autrement dit, les facteurs de ce qu'on appelle éléments ne peuvent être séparés. Ils sont *non-élémentalistiques*. Autrement dit, les faits de la nature sont *non divisés*; autrement dit, ils sont non-élémentalistiques. Maintenant, nos langages, les anciens langages, nous donnent des formes de représentation qui sont élémentalistiques. Ceci est un conseil pour vous: prêtez une attention particulière à l'élémentalisme et au non-élémentalisme. Si nous faisons une analyse élémentalistique, nous constaterons qu'elle n'est pas satisfaisante parce que les "faits" sont *non-élémentalistiques*. Et vous n'avez pas pu faire en sorte que le langage colle [aux faits]. Commencez-vous à comprendre la dimension catégorique de l'enjeu ? Nous avons établi qu'un tel langage n'est pas similaire, dans sa structure, aux faits où "espace" et "temps" ne peuvent être séparés.

Passons maintenant à une situation plus proche de nous. Pouvez-vous diviser, séparer, le vrai "corps-esprit" ? Si vous êtes séparé, vous êtes un cadavre, pas un *être vivant*. Pouvez-vous séparer un être vivant ? Si vous dites que vous le pouvez, vous êtes atteint de démence précoce dans un asile. Nous ne pouvons donc pas pour de vrai séparer corps-esprit. Pouvez-vous séparer vraiment "émotion" et "intellect" ? Maintenant, souvenez-vous: vous vous résignez à foncer droit dans le mur si vous admettez que vous ne pouvez pas les séparer, et pourtant au moment suivant vous les séparerez dans la vie parce que vous utilisez des orientations et un langage élémentalistiques. Dans la vie, vous admettez n'importe quoi, mais vous ne l'appliquez pas. En SG, si nous admettons quelque chose, nous nous y tenons. Nous ne pouvons pas réellement séparer "corps-esprit". Nous ne pouvons pas séparer "intellect" et "émotion", et pourtant nous pouvons les séparer verbalement.

Un tel langage n'est pas similaire en structure aux faits. Que devons-nous faire ? Renoncer [N.D.T.: à l'améliorer structurellement] ! Mais la question demeure: devons-nous nous résigner à foncer droit dans le mur ou non ? Dire juste "renoncer" semble simple, semble facile - oui, juste renoncer, mais ensuite quoi ? Le *quoi* de ce à quoi on renonce est un problème important. Il est simple de renoncer, mais ensuite quoi ? Ce n'est pas si simple. La réponse fait appel à la SG. Ici, nous *ne* séparons *pas* verbalement ce qui ne peut pas être séparé pour de vrai. Vous utiliserez le terme "réaction sémantique" à la place de "pensée" ou "émotions". Nous avons des *réactions sémantiques* qui sont une sorte totalistique non-élémentalistique de forme comme espace-temps, où "émotions" et "intellect" ne sont pas séparés; *évaluation* qui confine à la physique mathématique et qui implique "émotion" et "intellect". Quand vous évaluez, vous répondez non-élémentalistiquement et le terme "évaluation" est non-élémentalistique parce qu'il implique "émotion" et "intellect". Quand vous *évaluez*, ce terme s'applique-t-il à vos "ressentis" ? Oui. Prenons l'ancien langage de l'émotion. S'agit-il d'une sorte *d'évaluation* ? Les termes "émotion" et "intellect" sont des termes élémentalistiques, impropres à la communication, et il faut les utiliser avec des guillemets d'avertissement. Est-il clair que l'ancien mode d'orientation et de langage, où nous séparons verbalement ce que l'on ne peut pas séparer en vrai, *n'est pas similaire en structure* aux faits ? Autrement dit, qui nous trompe, qui nous fourvoie ? C'est pourquoi nous devenons de plus en plus malajustés, parce que nous nous laissons induire en erreur par une carte qui n'est pas similaire en structure aux faits. Je veux que vous compreniez cela, en particulier parce que vous avez un penchant scientifique.

Tout ce que nous savons devra être révisé. Car pour commencer, l'un des très graves dangers est d'utiliser des termes élémentalistiques là où les faits sont non-élémentalistiques. Prenez votre propre vie, vie dont je n'entrerai pas dans les détails, mais à laquelle vous travaillez. Décrivez-vous; chacun d'entre vous, assis sur ces chaises et écoutant les conférences, décrivez-vous autant que vous le souhaitez, avec autant de détails qu'il vous importe. Avez-vous déjà couvert "tous" les détails de votre héritage [N.D.T.: biologique], de votre protoplasme, de vos expériences d'enfance et autres ? Faites-vous une description de vous-même qui couvre "tous" les faits qui vous concernent ? Ne voyez-vous pas que la vie est non-élémentalistique, mais que votre langage est élémentalistique ? Pouvez-vous vous décrire avec "toutes" les caractéristiques ? C'est impossible à faire. Autrement dit, vous devez être vigilant à l'importance de nos prémisses. Vous savez à quel point vous vous forgez rapidement la conviction que ceci "est" ceci. Ne savez-vous pas que vous devrez prendre en considération "toutes" les caractéristiques ? Est-ce humainement possible ? Non ! Et pourtant, vous *agissez* comme si vous aviez pris en considération "toutes" les caractéristiques. Ne voyez-vous pas le danger de cela ? Je veux que vous compreniez, du point de vue de votre vie privée, si vous pouvez humainement prendre en considération "toutes" les caractéristiques, "tous" les facteurs qui ont fait de chacun de vous ce qu'il est. Autrement dit, pour une orientation sane, devrions-nous être vigilant au "*pas tout*" ? Si nous conservons les anciennes formes d'orientation, la vie continue à suivre l'ancien chemin - malheureux. Pouvez-vous avoir un jugement sane ? Si vous conservez les anciennes formes d'orientation du "toutisme", ce qui est humainement inatteignable, pouvez-vous avoir une orientation solide ? Autrement dit, nous devons être formés à une nouvelle discipline, à un nouvel ordre. Autrement dit, vous prendrez vos décisions dans le sens de vos *hypothèses,* comme nous le faisons en science. Nous prenons des informations statistiques et nous émettons des jugements sur la base *d'hypothèses.* Faites-nous *savoir* qu'il s'agit de *jugements sur la base d'hypothèses.*

La question que je vais poser à la classe est très simple. Ce n'est pas une question difficile. La réponse sera importante. Maintenant, en dehors des sièges durs, êtes-vous bien à l'aise ici ? Êtes-vous plus ou moins assez heureux ici ce soir ? Ce que je vais souligner maintenant est une question fondamentale que vous négligez tous. En supposant que vous soyez tous assez heureux ici, vous rendez-vous compte que c'est tragique, que tout votre prétendu "bonheur" ici est fondé sur une foi aveugle ou sur des suppositions qui sont inconscientes ? Une confiance aveugle dans l'architecte du bâtiment et dans la direction de l'école, qui pensent que le plancher ne s'effondrera pas. Ne voyez-vous pas la foi aveugle en cela ? En science, nous appelons cela des *suppositions.* Vous est-il déjà arrivé de réaliser à quel point vous vivez dans une foi aveugle ? L'entièreté de votre vie est fondée sur une foi aveugle. Souvenez-vous qu'il s'agit du facteur de ce que l'on appelle la connaissance humaine. Tout cela, à savoir les *suppositions nécessaires,* est au fond de cela et ce que j'appelle la foi aveugle s'appelle une supposition. Ce n'est qu'en géométrie, dans les temps anciens, que nous avons commencé à investiguer fondamentalement les suppositions. Très peu de mathématiciens savent que les postulats fondamentaux (suppositions) reposent sur une foi aveugle. Appelons un chat un chat. À savoir, un postulat, ce qui est la façon la plus polie de dire que ce n'est rien d'autre qu'une supposition; et d'une façon encore moins polie, une foi aveugle.

Aujourd'hui, nous avons fait une investigation d'un postulat - j'utiliserai indifféremment postulat et supposition, mais de toute façon, il s'agira d'une foi aveugle. Très peu de mathématiciens savent que la simple investigation des postulats, et je veux dire des suppositions ou de la foi aveugle, n'est pas suffisante. Au début, il y a des années, on croyait que l'investigation, la vérification des postulats, était suffisante. Il s'est avéré que ce n'était pas suffisant. Il faut suivre les théorèmes qui découlent des postulats, jusqu'à ce qu'ils vérifient les postulats. Autrement dit, la théorie doit être développée jusqu'au bout, en passant des postulats à la théorie, puis la théorie doit être testée pour vérifier les postulats. Souvenez-vous des trois prémisses. Ne les oubliez jamais. Ils sont la clé du problème dans son entier.

Ces prémisses s'écartent de l'ancienne orientation qui ne nous convient pas en 1937, parce qu'elle *n'est pas similaire* en structure aux faits de la vie. Comprenez-vous la différence entre les orientations élémentalistiques et non-élémentalistiques ? Si c'est le cas, je vais poursuivre.

Comme d'habitude, revenons à nos prémisses: "pas tout", autrement dit, ce que j'ai dit à propos de la structure du langage est encore "pas tout" [N.D.T.: même si vous avez bien compris la notion du "pas tout", je vous invite à prendre conscience que même en ce cas, vous ne comprenez "pas tout" sur le "pas tout"]. Nous allons mener une autre investigation et c'est l'un des problèmes clés de toute cette problématique. Ce que je vais faire est très sérieux, même si vous pouvez en rire si vous en avez envie. Mais ce que je fais n'est pas vraiment risible. Voici le monde d'Olivet. Je suis un étranger. Je vois des bulles de protoplasme devant moi. Je commence à investiguer. J'investigue sur ce gars, sur ce gars et sur ce gars, et qu'est-ce que je découvre ? C'est très difficile. Savez-vous ce que je découvre ? Et vous le découvrirez aussi. Je découvre que ce gars est un individu absolu dans le monde. Il n'y a pas d'autre "identique" à lui ici. Cela vaut pour nous tous. Et cela s'applique à tout ce que vous connaissez. Littéralement tout ce que vous connaissez. Une boîte d'allumettes est posée ici sur le bureau. Y a-t-il deux allumettes "identiques" dans cette boîte ? Nous sommes en train de découvrir ainsi une loi négligée mais fondamentale de la nature, à savoir la *loi de non-identité*. Ne l'oubliez jamais. Elle est contenue dans la deuxième prémisse, *n'est pas tout*. Il s'agit d'une réfutation complète de l'identité. L'identité, définie comme l'absolu mêmeisme de toutes les caractéristiques, n'existe pas. Nous avons découvert une loi naturelle fondamentale de ce monde, la loi de non-identité. Vous rendez-vous compte que cette loi naturelle de non-identité est universelle ? C'est un fait. Elle est empirique.

En quatre dimensions, n'importe quelle particule à n'importe quel moment (différent) ne peut pas être identique à elle-même. Un mathématicien m'a demandé si un objet était identique à lui-même, et j'ai répondu qu'il ne devait pas connaître les mathématiques et la physique modernes. Je savais qu'il les enseignait. Je lui ai alors demandé s'il avait déjà entendu parler de la physique mathématique. Il m'a répondu "mais enfin, je les enseigne également". Je lui ai alors dit que je réfutais qu'un quelconque processus *électronique* soit jamais "identique" à lui-même. Êtes-vous "identique" à vous-même d'une seconde à l'autre ? Ce que vous savez de vous-même devrait vous indiquer que vous n'êtes pas "identique" à vous-même d'un instant à l'autre. Vous rendez-vous compte de la honte, de la pitié, que ce type d'analyse soit repris au vingtième siècle, parce qu'il nous semble si simple et si étrange ? Voyez-vous que cela devrait être la base de l'éducation ? Et pourtant, le système éducatif, à l'exception de quelques rares écoles tournées vers l'avenir, et en partie seulement, néglige complètement ce problème d'éducation. Ce type de réponse comme preuve d'orientations sur l'"identité" est généralement courant, mais je citerai un autre exemple plus proche de notre prémisse. La non-identité est la prémisse, mais il s'agit d'une non-identité dans "toutes" les caractéristiques. L'identité est définie comme un mêmeisme absolu dans *toutes* les caractéristiques. Vous pouvez être similaires, avoir un nez, une bouche et même quelques dents, mais vous n'êtes pas identique à une autre personne parce que "non-toutes" vos caractéristiques sont "identiques" à celles de l'autre. Si vous n'avez qu'une seule caractéristique similaire, avez-vous une "identité" ? Lorsque nous approchons des limites de la classification en science, les caractéristiques d'*une* molécule diffèrent des caractéristiques générales des groupes de molécules et d'atomes. Il s'agit là de faits relevant de la science générale.

Il en va de même entre nous. La "psychologie" de chacun d'entre nous pris séparément est différente de celle de quand nous sommes en groupe, la "psychologie" du troupeau ou du groupe est différente de la "psychologie" de l'individu. Orientations non-élémentalistiques, non-détachement de l'environnement, du groupe, de l'environnement dont nous sommes tous victimes; non-détachement de l'environnement sémantique auquel nous ne pouvons échapper; nous sommes nés dans un certain système d'évaluation. Pouvez-vous être séparés de ce système, quel qu'il soit ? Autrement dit, le caractère non-élémentalistique de *l'environnement sémantique* ou *linguistique.* Cela nous laisse-t-il dans une situation où certains des facteurs les plus vitaux de notre vie sont négligés ? Pourquoi nous préoccupons-nous de l'analyse de l'eau ? Pourquoi nous préoccupons-nous de "l'environnement eau" et de "l'environnement air" et négligeons-nous complètement *l'environnement linguistique* et *sémantique* ? En SG, nous investiguons sur les facteurs qui ont été négligés jusqu'à présent. J'adopte toujours une sorte d'attitude physico-mathématique et psychiatrique à l'égard de nos problèmes parce que nous les avons si longtemps négligés. Dans notre *orientation humaine,* ils ont été négligés.

Maintenant, si l'on prend en considération ces facteurs comme des facteurs importants, que j'expliquerai plus tard plus en détail, vous verrez les terribles conséquences de cette négligence. Je pourrais vous en parler à l'avance. Comprenez-vous tous le mot français "inceste" ? Il s'agit de relations sexuelles entre proches parents biologiques. Eh bien, prenez *l'environnement sémantique;* je ne peux pas donner de meilleur exemple que celui-là. Dans la civilisation techno-scientifique, les statistiques montrent que nous ne survivons pas à l'inceste, peu importe pourquoi. Où que ce soit quand nous avons de l'inceste, même pas physique mais peut-être symbolique, nous n'y survivons pas. Il se termine toujours par la prostitution, la criminalité ou la maladie "mentale". En Égypte, à l'époque reculée des pharaons, l'inceste entre eux était la règle et ne faisait aucun mal [N.D.T.: Les pharaons égyptiens pratiquaient des mariages frère-sœur ou parfois père-fille, dans l'objectif de préserver le sang royal "pur" et légitimer la succession divine du trône]. Pas le moindre mal. Pourquoi ? Environnement sémantique. Ils avaient une théorie selon laquelle l'inceste n'était pas nocif. Autrement dit, l'évaluation, l'environnement sémantique, le fait que le frère soit marié à la sœur, etc. n'avaient pas d'importance. Ce qui ne faisait pas de mal dans leur société, dans leur environnement *sémantique*, ne survit pas dans la nôtre. Vous voyez que je parle de faits. Commencez-vous à comprendre ce que signifie *environnement* sémantique ? L'environnement évaluationnel. Est-ce que cela devient clair ? Que les faits physiques n'ont souvent pas d'importance par comparaison aux faits sémantiques.

L'inceste est une question de statistiques dans notre société, qu'il y ait ou non des taudis, nous ne survivons jamais à l'inceste. S'il y a inceste, c'est qu'il y a prostitution, criminalité ou "insanité" [N.D.T.: Korzybski assène ici des déclarations à l'emporte-pièce, fausses même en 1937. Dans nos sociétés modernes, l'inceste entre proches parents biologiques est interdit et socialement condamné. S'il se produit, il peut entraîner des risques pour la santé des enfants et provoquer chez les victimes et l'entourage des difficultés psychologiques telles que troubles émotionnels, anxiété, dépression, problèmes relationnels ou traumatisme, mais ces effets ne se manifestent pas systématiquement. Il ne conduit pas automatiquement à la prostitution, à la criminalité ou à la folie, comme AK le prétend]. Maintenant, physiquement, les faits demeurent, physiquement, vous et moi et le reste d'entre nous ne différons guère des Égyptiens. Chez eux, l'inceste était la règle d'évaluation, et aucun mal n'était fait. Nous n'y survivons pas. Quels sont, selon vous, les facteurs en cause: physiques ou sémantiques ? C'est tout ce que je voulais vous demander. Tout ce que je voulais vous montrer, c'est que les faits physiques *importent* souvent *moins* que les facteurs sémantiques d'évaluation. Dans une société, le même facteur sémantique jouera un rôle différent de celui qu'il jouera dans une autre. Un individu dit primitif peut avoir une simple maladie, mais s'il se rend dans un hôpital de type civilisation techno-scientifique, il meurt; et un individu dit primitif qui mourrait sous le contrôle des médecins de type civilisation techno-scientifique se rend chez son guérisseur dit primitif et est "guéri". Les problèmes d'évaluation sont, le plus souvent, plus importants que les problèmes de facteurs physiques. Les faits physiques sont les mêmes, mais les facteurs sémantiques sont différents. La nouveauté, le choc et l'évaluation sont à l'origine de nombreux décès dans les guerres. Est-ce clair ? Certains d'entre vous ont peut-être déjà eu ce que l'on appelle des "troubles sexuels", des "difficultés sexuelles".

Vous ne savez pas à quel point il est tragiquement vrai que vos "difficultés sexuelles" et vos "troubles" ne sont souvent pas dus et ne sont pas connectés aux organes sexuels. Ils n'ont souvent rien à voir avec eux. Tout est dans la tête. Clarifiez ce bazar et vos autres difficultés disparaîtront. Ce que nous appelons aujourd'hui "glandes sexuelles" n'a pas grand-chose à voir avec les "organes sexuels". Il y a peu de personnes dans le monde qui sont physiquement défectueuses, mais beaucoup le sont sémantiquement. Vous commencez à voir comment les problèmes sémantiques jouent un rôle important dans la vie ? Problèmes *d'évaluation*, purement et simplement. Clarifiez les problèmes dans vos évaluations et le reste s'éclaircira aussi. J'essaie de transmettre le fait que *l'environnement sémantique* est si important parce que nous ne pouvons pas échapper à un certain environnement sémantique.

Vous ai-je convaincu que cet environnement sémantique est aussi important que votre environnement physique ? L'inceste auquel nous ne pouvons survivre alors que l'Égyptien l'a fait. Les faits physiques sont les mêmes mais la difficulté résidait dans l'environnement sémantique, et les problèmes relèvent de l'*évaluation*. Vous comprenez que les problèmes d'évaluation, qui sont à l'intérieur de vos cerveaux, je les appelle les facteurs sémantiques, jouent un rôle extrêmement important qui a été jusqu'à présent entièrement négligé ? Des questions ? Cela s'applique à tous les domaines de l'effort humain. Pouvez-vous vous imaginer être libre et de rester humain, tout en vous affranchissant de l'environnement sémantique ?... Bon, nous allons nous arrêter là pour ce soir. Je vous souhaite une bonne nuit.

QUATRIÈME CONFÉRENCE DU SÉMINAIRE

Comme d'habitude, je commencerai par un bref résumé de ce que nous avons accompli. La conférence de ce soir, malgré sa simplicité, sera particulièrement difficile et je parlerai très lentement car je veux que vous compreniez ce que je dis. Lorsque nous en arrivons à des écarts historiques par rapport à l'ancien [N.D.T.: système], ces écarts sont plutôt difficiles à absorber. Vous vous souvenez que lorsque Einstein a commencé son travail, l'opinion générale était que seules douze personnes dans le monde comprenaient Einstein ? Aujourd'hui, ce n'est pas vrai et cela n'a jamais été vrai. Il a simplement fallu une nouvelle génération pour assimiler Einstein. Aujourd'hui, tous les jeunes étudiants en physique sont des einsteinistes. Avant la fin de ces conférences, vous serez vous aussi des einsteinistes, mais il a fallu une nouvelle génération pour faire des étudiants des einsteinistes.

Je suis heureux de constater qu'il y a très peu de personnes âgées ici, car elles sont souvent sans espoir [N.D.T.: sans espoir raisonnable de pouvoir changer du fait du vieillissement]. Vous comprendrez plus tard pourquoi. C'est une question de colloïdes, de chimie, à laquelle on ne peut échapper, qui fait qu'une personne ne peut pas rester jeune. C'est pourquoi la science progresse si lentement. Nous sommes encore gouvernés par l'ancienne génération et il est hors de question que l'ancienne génération comprenne la nouvelle génération. Ce que je vais vous expliquer ce soir n'est pas seulement d'une importance fondamentale pour la SG, mais c'est une rupture catégorique avec l'ancien système dans lequel même vous, en tant que jeunes, êtes formés [N.D.T.: A.K. aurait peut-être écrit à notre époque: formatés !]. Vous, en tant que jeunes, êtes formés [N.D.T.: conditionnés, formatés] à l'ancien, et cette rupture est catégorique. En mathématiques et en physique, lorsque nous découvrons une erreur dans l'ancien, nous l'abandonnons. C'est ce que nous faisons en science. Vous aurez beaucoup de mal à abandonner l'ancien parce que, dans la crèche, l'ancien vous a été imposé et que nous sommes pour la plupart condamnés à vivre constamment dans l'ancienne orientation. Vous avez tous vécu avec constance dans l'ancienne orientation.

Aujourd'hui, je vais vous présenter une preuve et un exemple où l'ancien système n'est pas correct. Si nous sommes un tant soit peu scientifiques, comme nous devrions l'être, il ne reste alors rien d'autre à faire qu'écarter et rejeter l'ancien, ce que vous constaterez vous-mêmes être totalement insuffisant. Évaluer l'ancien, établir quelque chose de nouveau, puis accepter et utiliser ce nouveau. C'est ce que nous devons faire. Parler du bout des lèvres du nouveau système ne suffit pas. Nous devons déterminer les erreurs dans l'ancien, les réviser, puis, via la révision, établir quelque chose de nouveau qui soit davantage compatible avec les faits de la vie tels que nous les connaissons, non pas hier, mais aujourd'hui. Et après avoir établi cela, nous devons l'appliquer. Cette application est des plus difficile. Je fais ce préambule simplement pour attirer votre attention sur le fait que, bien que tout ce que j'ai à dire soit d'une simplicité idiote, c'est néanmoins extrêmement difficile. Il nous faudrait six mois de conférences quotidiennes soutenues avant que je puisse vous montrer dans toute son ampleur l'application de ces nouvelles orientations.

Il s'agit d'une analyse des faits, quels que soient les *faits*; puis, après avoir analysé les faits, nous établissons des *principes* à partir de ces faits. Et ces principes doivent relever du bon sens et de la sagesse ordinaire. Je veux que vous soyez d'accord avec cela. Je veux votre accord pour que vous reconnaissiez que vous vous résignez à foncer droit dans le mur si vous ne le faites pas alors que vous êtes d'accord avec tout ce que je vous dis ici. Alors pourquoi ne vous y tenez-vous pas ? En science, on s'y tient, mais dans la vie, non. On en parle du bout des lèvres, mais on ne s'y tient pas. Je vais maintenant récapituler ce que nous avons vu jusqu'à présent.

Nous avons couvert le territoire-carte. Nous prenons une carte sur laquelle les villes sont dans un ordre erroné. Or une telle carte ne convient pas pour voyager. Nous n'avons pas la prédictibilité pour voyager avec une telle carte. Une telle carte est donc dangereuse. Nous avons analysé différents types de langages et que pourrions-nous dire à propos d'une telle carte ? Nous avons dit qu'elle était "mauvaise", "erronée", et "*que sais-je encore*". Je vous ai dit que ce langage ne fonctionnerait pas et vous avez accepté. Il ne nous a menés nulle part. *Termes moraux,* mais ils ne nous donnent aucune conséquence. Ensuite, nous utilisons un langage d'une nouvelle structure à partir desquels des conséquences découlent. Rien ne découle du langage du seul fait qu'on l'a qualifié de "bon", "mauvais", etc. Mais nous avons établi un nouveau langage qui devient déjà une terminologie technique, dans laquelle nous avons dit que, pour une utilité maximale, la carte devait être *similaire en structure* au territoire. Et nous avons défini la similarité de structure en termes *d'ordre.* C'est à dire, pour qu'il y ait similarité de structure, le territoire doit être dans le même ordre que la carte. C'est-à-dire, la similarité de structure peut être étendue à l'*ordre multi-dimensionnel,* qui couvre toute la physique mathématique. Autrement dit, le terme "ordre", dans plusieurs dimensions, est un terme opérant - un terme qui fait le pont entre les affaires humaines, la physique mathématique et la science. C'est la force d'un terme usuel qui relie science et vie. Nous savons que cela peut être fait et nous allons de l'avant avec lui. Cette similarité de structure est nécessaire à la prédictibilité et la prédictibilité est un facteur de bonheur. Après ce séminaire, réfléchissez-y vous-même. Imaginez ce que la prédictibilité, si elle était possible, signifierait pour votre vie.

Vous avez probablement entendu parler de la grande tragédie de la Guerre Mondiale [1914-1918]. Vous savez des choses sur Hitler et de la folie des armements - pour lesquels vous payerez. Tout cela est une question de prédictibilité. Si le Kaiser avait su que l'Angleterre et l'Amérique participeraient à la Grande Guerre, il n'y aurait pas eu de guerre. Si la Société des Nations, soutenue sincèrement par l'Angleterre et les États-Unis, acceptait qu'il ne devrait pas y avoir d'Hitler, il n'y aurait pas d'Hitler. Personne ne veut se suicider. C'est une question de prédictibilité. Pourquoi alors avons-nous un Hitler et des armements ? Parce que l'Angleterre et l'Amérique n'ont pas dit verbalement "arrêtez ça". C'est une question de *prédictibilité.* Nous pouvons prédire que, dans certaines conditions, si "telle chose et telle chose" se produisent, "telle chose et telle chose" se produiront, mais nous devons être clairs dans notre pouvoir de formulation et exprimer clairement dans notre tête ce qui était clair dans notre langage. C'est alors que les choses se produiront ou ne se produiront pas. J'insiste ici sur un point très important en connexion avec la prédictibilité. Si nous sommes clairs dans notre tête et clairs dans notre langage et que nous savons où nous voulons en venir, les choses deviennent plus simples. Est-ce clair ?

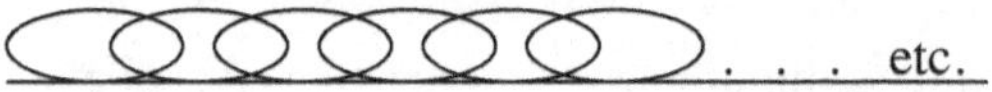

1 2 3 4 5 6 . . . etc.
a b c d e f . . . etc.

Je vous demande d'investiguer le problème de l'influence de la prédictibilité sur votre vie quotidienne, privée, nationale et internationale. C'est un sujet de réflexion pour vous. Plus vous devenez sécure sur ces problématiques, plus vous progresserez. Nous avons découvert que la similarité de structure entre carte-territoire est l'enjeu fondamental de la prédictibilité. La prédictibilité est absolument fondamentale. La prédictibilité dépend de la similarité de structure entre la carte-langage et le territoire-faits. Je vous l'ai déjà montré, mais je le répète: l'entièreté du pouvoir de la science et de la civilisation techno-scientifique repose sur la prédictibilité et la similarité de structure. Par exemple, j'ai ici une chaîne physique composée de maillons qui se trouve être une structure sérielle. Nous utilisons un *langage sériel,* comme 1, 2, 3, 4 et 5. Les deux sont donc sériels. La chaîne est sérielle et le langage est sériel; ils sont donc tous deux similaires en structure. Nous devrions nous attendre à prédire alors. Je vais donc prédire. Sans regarder les faits, je vais prédire que le troisième maillon se trouve entre le deuxième et le quatrième. Autrement dit, j'ai prédit des faits, et ces faits se produisent. C'est si simple, mais c'est un principe d'une grande portée. L'entièreté de la civilisation techno-scientifique et l'entièreté de la science dépendent de ce principe. Si vous voulez, la sanité elle-même dépend de cette prédictibilité. Pourquoi ? Pour la simple raison qu'une grande partie des maladies "mentales" sont le résultat de chocs et de peurs dus à l'incertitude et à l'imprédictibilité. Un grand nombre de malajustements "mentaux" seraient éliminés si nous pouvions prédire que "quelque chose" se produirait, et que "ce quelque chose" se produisait. Si nous avons la prédictibilité, nous n'avons pas de choc. Imaginons que nous prédisions que ce plancher va s'effondrer, qu'il s'effondre pour de bon et que nous tombions avec lui. Nous risquons de nous briser le cou, mais nous ne devenons pas des épaves nerveuses parce que nous nous y sommes attendus. Nous en avons eu de nombreuses preuves pendant la guerre. C'est parce que vous ne vous attendez pas à des horreurs que vous vous effondrez lorsqu'elles se produisent. Ceux qui s'attendent à des horreurs ne s'effondrent pas. Et ces soldats qui ont été vraiment blessés étaient tellement préoccupés par leurs blessures qu'ils ne se sont même pas effondrés

Ensuite, nous avons établi trois prémisses qui suivent l'analyse de la situation. Nous avons établi trois nouvelles prémisses, contredisant les anciennes prémisses qui, soit dit en passant, n'ont jamais été mises par écrit. Nous avons vécu selon ces principes pendant des milliers d'années, mais ils n'ont jamais été compilés. Nous avons établi ici les nouvelles prémisses qui sont:

1) Une carte *n'est pas* le territoire,
2) Une carte ne couvre pas toutes les caractéristiques du territoire; *pas tout,* et
3) Une carte est auto-réflexive.

Je veux que vous compreniez de fond en comble cette auto-réflexivité. Commençons par la carte. Une carte idéale, disons de la ville d'Olivet, inclurait cette maison. Elle inclurait le fait que c'est moi qui établisse la carte. Autrement dit, dans une carte idéale avec "toutes" les caractéristiques, ce qui est réellement impossible, vous auriez la carte de la carte, de la carte, *sans fin*. C'est ce qu'on appelle l'*auto-réflexivité*. Vous ne pouvez pas vous rendre compte du contenu tragique de cette [auto-]réflexivité. Elle a été entièrement négligée. Autrefois, nous n'y prêtions aucune attention.

Tout ce que j'ai dit s'applique au langage, c'est pourquoi j'utilise une carte comme exemple. Le "*mot*" n'est pas le "*fait*". Pourtant, nous agissons comme si c'était le cas. Donc un mot *ne* couvre *pas toutes* les caractéristiques d'un fait ou d'une situation. Vous voyez donc que cela s'applique au langage. Et finalement, vient l'*auto-réflexivité*, une source de difficultés et d'identifications permanentes, parce que *dans* le langage nous pouvons parler *à propos* du langage. Vous verrez plus loin, dans l'application à la vie, à quel point ce fait est important. Voici l'histoire d'un barbier. Il n'y avait qu'un seul barbier dans une petite ville, et il ne rasait seulement que ceux qui ne se rasaient pas eux-mêmes. Le problème était donc: "Le barbier se rase-t-il lui-même ?" Vous vous rendez compte qu'à chaque fois que nous parlons d'un problème auto-réflexif, nous tombons dans le problème du barbier ? Quoi que vous disiez, vous avez tort. Que vous disiez "oui" ou "non", vous avez toujours tort. C'est ce qui se passe avec les problèmes auto-réflexifs. Ce qu'on appelle intelligence humaine cesse d'agir. Vous ne pouvez pas être intelligent quand quoi que vous disiez est faux. Où travaille votre intelligence, en fait, où est votre intelligence lorsque vous touchez un problème dans lequel quoi que vous disiez est faux ? Ce n'est pas une situation heureuse. Nous devons être prévenus des problèmes auto-réflexifs, mais ils restent l'un des plus grands dangers de notre vie. Ces dangers ont ruiné les fondements des mathématiques. Plus tard, vous prendrez en charge automatiquement cette auto-réflexivité grâce à une technique très simple, et vous pourrez pratiquement éviter toute difficulté relevant de l'auto-réflexivité grâce à l'utilisation de quelques procédés très simples.

C'est là qu'arrive la question de savoir si notre langage est similaire en structure à ce monde et à nous-mêmes, ou non. Souvenez-vous que cela ne relève pas d'une question de spéculation. La spéculation n'a rien à voir avec cela. Cela relève d'une question d'investigation des faits. Nous avons investigué les faits et le langage. Curieusement, un assez grand nombre de gens en ont parlé, mais personne, jusqu'à la SG, n'a fait d'investigation approfondie sur le sujet. Pendant ce temps, la vie continue et la science progresse, mais elles ne sont pas coordonnées. Examinez-le. Rappelez-vous que vous ne pouvez pas diviser "matière", "espace" et "temps". Vous ne pouvez pas le faire comme un fait physique, mais vous pouvez les diviser verbalement. Ils ne sont donc pas similaires en structure. Mais devons-nous renoncer ? Non, tournons-nous vers Einstein, et produisons un langage d'espace-temps et nous avons un langage de structure non-élémentalistique. Les faits sont non-élémentalistiques et le langage se trouve être élémentalistique. Autrement dit, le langage existant n'est pas similaire en structure aux faits et il n'y a rien d'autre à faire à ce propos sinon réviser le langage structurellement sur une base non-élémentalistique. Nous obtiendrons alors une similarité de structure et de là, une prédictibilité. Je me dois d'insister sur cela. Je me dois également d'insister sur un point plus important, à savoir que les grands accomplissements de la science sont dus à la terminologie de la science. N'oubliez jamais cela. Supprimez la terminologie et vous supprimez les sciences. Dans un bon dictionnaire standard, nous trouvons de bons mots anglais [N.D.T.: français] que nous n'utilisons jamais, mais qui jouent le rôle de terminologie scientifique. Lorsque je vous parle, je n'utilise pas de mots bizarres, j'utilise l'Anglais [N.D.T.: Français] Standard. Mais il y a des termes que je n'utiliserais pas, parce que je me "résignerais à foncer droit dans le mur" si je les utilisais. Mais vous utilisez des termes qui sont indéniablement nocifs.

À vous en tant que scientifiques, je vous conseille vivement, lorsque vous êtes confrontés à un problème, de commencer par tester votre langage pour voir s'il s'agit d'un langage élémentalistique. Car les faits sont non-élémentalistiques. Si vous constatez que votre langage est élémentalistique, abandonnez-le et trouvez un terme qui soit non-élémentalistique. C'est un conseil clair, net et précis et vous verrez qu'avec un langage non-élémentalistique, vous obtiendrez des résultats différents. Prenez par exemple, "penser" et "ressentir", "émotion" et "intellect", etc. sont des termes *élémentalistiques*. Essayez simplement de parler et de faire les choses couvertes par le terme "émotion" ou "intellect". Ils impliquent des entités séparées, alors que les vraies réalités existantes ne peuvent être séparées. Tant que les faits sont concernés, il est impossible de diviser "émotion" et "intellect". Pourquoi alors spéculer sur le langage *élémentalistique* ? Prenez le terme *réaction sémantique* qui implique une réaction d'évaluer, cela s'applique à vos "émotions". Il s'applique à ce que l'on appelle "intellect". Le terme "réaction sémantique" est non-élémentalistique. Est-il clair qu'au lieu d'utiliser "émotion" et "intellect", nous devrions utiliser "*réaction sémantique*", qui signifie évaluation et s'applique aux deux. Autrement dit, ce terme est non-élémentalistique. Mais ce n'est pas encore le pire.

J'introduirai ici deux nouveaux termes, que vous devez connaître de fond en comble. Ces termes ne sont pas vraiment nouveaux. Ils étaient connus d'Aristote il y a 2300 ans, mais n'ont jamais été appliqués à la vie. Le premier terme est *intension*, et je vous préviens qu'il faut l'épeler avec un "s" et non avec un "t", car cela change toute la signification. C'est un terme technique connu d'Aristote et qui signifie définition par des propriétés aristotéliciennes. Il s'agit d'une définition aristotélicienne par les propriétés. Par exemple, Platon, je crois que c'était lui, a défini "homme" comme un bipède sans plumes. Maintenant cela ne fait aucune différence avec comment nous définissons un "homme", nous pouvons le définir tout autant comme un bipède sans plumes. Vous, dans cette salle, êtes supposés être ce qu'on appelle des êtres humains. Aucun d'entre vous n'a de plumes. Aucun d'entre vous n'a trois jambes. Donc la définition du bipède sans plumes s'applique à la classe entière. Continuons à investiguer. Nous sommes convenus que cette définition verbale s'appliquait à tout-un-chacun, voyons maintenant si elle couvre *n'importe qui*. Les personnes devant moi ont toutes quelque chose de différent. La définition ne dit pas cela. Bipèdes sans plumes ne dit pas cela. Cette définition ne couvre personne ici. Quelle est votre orientation si vous vous fiez aux définitions ? Si vous vous fiez à une fiction verbale, quel genre d'orientation de vie avez-vous lorsque des facteurs importants sont exclus de la définition ? C'est le danger de l'orientation par intension, par des définitions verbales fondées sur des "propriétés". Imaginez que j'aie un tempérament terrible et que je sois un homme tout à fait méchant. Cela ne figurerait pas dans la définition verbale d'un bipède sans plumes. L'un d'entre vous se marie en confiance avec une définition, et il se retrouve ensuite à Reno [N.D.T.: si l'on se marie à toute heure à Las Vegas, on divorce aussi vite à Reno. La ville s'est fait une spécialité du divorce rapide sans s'encombrer de trop de formalités (sources: https://www.office-tourisme-usa.com/etat/nevada/reno/)] parce qu'il a épousé une définition, mais il doit vivre avec l'être vivant. Vous voyez, c'est très proche de la vie. Vous devez vous rendre compte que nous vivons et que nous nous orientons selon l'ancien système par des mots et des définitions, mais que cela ne couvre pas toutes les caractéristiques. C'est l'orientation intensionnelle. Viennent ensuite l'orientation *extensionnelle* et les définitions *extensionnelles.*

La définition extensionnelle est plus qu'une définition; l'orientation extensionnelle est exclusivement mathématique et sémantique, en tant que telle. Rappelez-vous, il y a deux façons de traiter le sujet, l'une est la définition par *intension* et l'autre, mathématique et sémantique, est l'orientation et la définition par *extension.* Ces termes sont des termes techniques et doivent être pris juste comme ils viennent. L'ancien paquetage est intensionnel et le nouveau est extensionnel, en rupture totale avec l'ancien. Au fur et à mesure vous verrez les conséquences de son application. Par extension, si vous me demandez de définir "homme", la définition sera celle d'une "classe d'individus composée de $Dupond_1$, $Dupond_2$, $Dupond_3$, etc.". J'exhibe des individus, je les étiquette, je leur donne un nom propre, mais fondamentalement, j'exhibe des *individus.* C'est une grande différence par rapport à l'ancien système. Ce n'est pas une fiction, c'est une nécessité culturelle. C'est une méthode d'orientation en termes de "réalité". J'ai envie de vous prendre comme une classe et parler à propos de vous. Chacun d'entre vous est différent. Vous en êtes convaincus. Peu importe ce que je dirai de chacun, je pourrais écrire une encyclopédie sur la classe; je ne couvrirais jamais *n'importe lequel* d'entre vous. Je ne peux donc pas m'en tenir à une définition verbale. Mais quand je vous considère quand je parle de vous en tant que $Dupond_1$, $Dupond_2$, $Dupond_3$, etc., en tant que classe, en tant que groupe, lorsque je parle d'individus, alors je suis dans une position plus en sécurité. C'est ce qui fait toute la différence.

Or, les mathématiques sont fondamentalement extensionnelles. Le mathématicien ne s'occupe que de ses nombres "individuels". Aucun mathématicien ne s'est jamais intéressé au problème de la définition du nombre. C'est un problème pour la fondation des mathématiques, oui, mais c'est un sujet différent. Aucun mathématicien ne se préoccupe de la définition des nombres. Il s'intéresse au *comportement* de ses individus, de sorte que lorsqu'il ajoute un à un, il obtient deux. Il s'intéresse aux individus. Trois moins deux égale un. C'est le comportement des individus. Ils étudient le comportement de leurs individus. C'est pourquoi les mathématiques sont extensionnelles. Les unités des mathématiques sont telles qu'elles seules permettent des généralités parfaites par intension et définition, mais cela n'existe qu'en mathématiques. Nulle part ailleurs. Prenons une déclaration, une pomme et une pomme égale deux pommes. Ne vous laissez pas déconcerter par le fait que je parle de choses aussi simples. Ce sont les problèmes des fondements des mathématiques et ils sont très importants. Quand vous dites qu'une pomme et une pomme égale deux pommes, il ne s'agit pas d'une déclaration mathématique. Il s'agit d'une déclaration physique. Mais lorsque vous dites que un et un égale deux, c'est mathématique. Les mathématiques ne représentent que des schémas verbaux qui révèlent également des méthodes d'analyse. Nous les construisons, les classons, et quelqu'un peut ensuite les utiliser.

Le livre *Topological Psychology* [N.D.T.: Principles of Topological Psychology, de Kurt LEWIN, publié en 1936 aux États-Unis, par la maison d'édition McGraw-Hill Book Company] est mathématique, fondé uniquement sur la façon dont une partie s'insère dans une totalité. Auparavant, il s'agissait d'une discipline abstraite. Personne ne croyait qu'elle aurait une quelconque application; mais aujourd'hui, nous l'avons appliquée à la "psychologie" et plus tard, elle pourra être appliquée à la sociologie, l'économie, la politique, au gouvernement, etc. Il s'agit toujours d'une discipline strictement mathématique. Plus vous voyez ce qui a été fait, plus vous élargissez votre vision. Les mathématiques de *Topological Psychology* s'appliquent à tous les problèmes humains ainsi qu'aux problèmes "psychologiques". La méthode est extensionnelle. Certains passages du livre sont pratiquement des copies de mes séminaires, bien que l'auteur n'en ait probablement jamais entendu parler. La méthode est la même.

Je vais maintenant donner un exemple qui est tout à fait opérant. Vous définissez "être humain" par intension par n'importe laquelle de ses propriétés. Vous devez vous rendre compte que cela ne couvre personne, mais la définition de être humain par extension comme une classe composée de $Dupond_1$, $Dupond_2$, $Dupond_3$, etc. couvre les individus. N'oubliez pas cette partie *Dupond*; elle est également importante. Au dix-septième siècle, nous nous retrouvions avec des mathématiques développées et, pour progresser, nous avions besoin d'un nombre infini de symboles. Pour les fournir, les mathématiciens ont inventé une astuce: x_1, x_2, x_3, etc., puis ils ont eu leur nombre illimité de symboles et ont ainsi résolu leurs problèmes. La solution est extensionnelle. Avez-vous bien saisi la différence entre intension et extension ? Intension est fondée sur une définition verbale par des propriétés, mais par extension, nous exhibons les individus et une orientation par des individus. Je vais vous donner un exemple de la manière dont cela fonctionne.

Supposez que vous soyez tous intensionnels parce que vous êtes nés et avez grandi dans un monde intensionnel. (C'est la difficulté de ce travail; je dois vous en éloigner. Il faut beaucoup d'entraînement pour devenir extensionnel. Vous appartenez alors à un nouveau monde qui est extensionnel, composé de faits et non de définitions). L'un d'entre vous me dit: "Les voitures sont utiles". C'est une simple déclaration. Je suis extensionnalisé. Que m'arrive-t-il ? J'entends ce que vous avez dit: "Les voitures sont utiles". Mais je comprends ceci: "$Voiture_1$, $Voiture_2$, $Voiture_3$, etc. sont utiles". C'est ainsi que je réagis à "Toutes les voitures sont utiles". Je m'oriente en termes de vraies voitures, pas en termes de définitions de "voiture". Et regardez ce qui se passe. Juste parce que je visualise $Voiture_1$, $Voiture_2$, $Voiture_3$, etc. sont utiles, parce que j'analysais en termes de *vraies voitures,* je "vois" des freins défectueux, des conducteurs ivres, etc. qui n'entrent pas dans votre définition. Vous voyez, je pense en termes d'individus, ce qui n'entrent pas dans votre définition; et ainsi, à votre déclaration selon laquelle toutes les voitures sont utiles, ma réaction serait la suivante: "Ne pensez-vous pas que votre déclaration est un peu trop large, parce que certaines voitures sont nuisibles ? Il y a une "profonde sagesse" dans une telle déclaration. Vous avez dit que les voitures sont utiles, et ma réaction a été '$Voiture_1$, $Voiture_2$, $Voiture_3$,' etc., mais ensuite j'ai vu que les réalités concrètes ne correspondaient pas à votre déclaration, et j'ai alors fait une remarque selon laquelle votre déclaration était peut-être un peu trop large. Essayez de saisir la "vaste sagesse" de cette remarque, bien que l'exemple soit trivial. C'est un exemple simple, mais le fait est que j'ai limité votre généralité parce que j'ai fait une déclaration prudente alors que la vôtre était trop vaste et j'ai l'air sage. C'est là l'avantage de l'extension. Elle vous approfondit en votre for intérieur. Elle vous oblige à faire face à la "réalité" et, en tant que telle, en "faisant face à la réalité", nous sommes sur la voie de l'ajustement et de la sanité. Ce n'est rien d'autre réellement qu'un ajustement. Vous avez probablement entendu parler de psychiatrie, de maladies "mentales" et de psychothérapie. La psychothérapie donne des résultats remarquables, mais elle reste encore aujourd'hui largement un problème de compétence individuelle.

Le service de santé "mentale" de l'Université de Chicago utilise la SG, et nous trouvons dans la SG des méthodes générales pour la psychothérapie de groupe parce que nous extensionnalisons en principe, et nous avons une *théorie générale* de l'évaluation, qui est une *théorie générale* de la sanité. Ce que font les psychothérapeutes n'est rien d'autre que de ramener le patient à la "réalité", aux faits, ce qui équivaut à une sorte d'extensionnalisation, mais sans avoir de théorie générale, ce que fournit la SG.

Ainsi, lorsque vous serez extensionnalisés de fond en comble, vous verrez qu'un grand nombre de difficultés artificielles disparaîtront. Les questions que je vais soulever sont très simples, mais très profondes. Je n'en donnerai que quelques exemples. Contemplez cette canne objectique, le *mot* "canne" qui étiquette ma canne et un nombre indéfini d'autres cannes. Le mot "canne" ne représente qu'une définition et une fiction. Cela vaut pour tout: tout cela relève de la définition, tout cela n'est que *fiction* verbale. Aimez-vous un tel mot et aimez-vous vous orienter par fiction ? En attendant, nous devons parler. Vous appelleriez cette canne par extension, $canne_1$, d'autres $canne_2$, $canne_3$, etc. Vous voyez, quand nous disons "$canne_1$", il s'agit d'un nom propre, d'un individu, et le mot canne sans indice représente une définition. Je tiens à le préciser. Les mots "canne", "maison", "homme", etc., pour n'importe quelle chose, représentent une définition verbale, sinon une fiction. Dès que vous les utilisez avec des indices, [N.D.T.: en mathématique, quand on écrit x_1, on le lit x indice 1. A. Korzybski écrit aussi x_1^{1937} qui se lit x indice 1 exposant 1937; indice désigne une marque d'individualisation extensionnelle, et la date désigne la date] vous avez des *noms propres* pour de *vrais individus* et vous n'avez plus affaire à des définitions. C'est fondamental.

Une définition par intension est une définition par propriétés. Mais votre définition par propriétés ne couvrira jamais les individus. Avoir une définition par propriétés ne vous donne donc pas de sécurité. Elle véhicule par elles-mêmes un grand danger. Alors qu'une définition par extension serait une définition exhibant les individus. Vous pouvez toujours penser à cet exemple que je vous ai donné que *être humain* était défini par intension comme un bipède sans plumes, puis, par extension, j'ai présenté une classe d'individus, $Dupond_1$, $Dupond_2$, $Dupond_3$, etc. Je vous ai ensuite donné l'exemple à propos des voitures. "Les voitures sont utiles". C'est ce que vous avez dit. Ma réaction est la suivante: "$Voiture_1$, $Voiture_2$, etc. sont utiles". Je m'oriente en termes d'individus, puis entrent les conducteurs ivres, etc. C'est alors que je fais cette très "sage déclaration": "Ne croyez-vous pas que votre déclaration est trop large ?" Il faut que les gens aient reçu beaucoup de claques de la vie avant qu'ils commencent à voir cela. Via l'extension, vous obtiendrez cette sagesse sans ces claques de la vie.

Je vais maintenant vous parler de ce que j'appelle les *procédés extensionnels*. Ils sont au nombre de cinq:

1) Indices
2) Dates
3) Etc.
4) Guillemets
5) Traits d'Union

C'est ce que j'appelle des procédés extensionnels. Ils doivent être utilisés. C'est la principale difficulté: ils doivent être utilisés en *permanence* comme un nouveau type de réaction. Être extensionnel ne vous ralentit pas. Vous me voyez ici, je ne suis pas ralenti. Mais je ne peux pas m'orienter en *termes* de une "chaise" ou de un "être humain", etc. Pour moi, chaque individualité est indicée. Je ne vous vois pas comme un "homme" ou une "femme", mais comme $Dupond_1$, $Dupond_2$, etc. Cela ne me ralentit pas du tout, mais me fait "penser" plus profondément. C'est l'art de "penser", parce que vous vous orientez tout le temps en termes de "réalité", et non en fonction de définitions fictives. Vous en prendrez l'habitude, puis vous en tirerez profit.

Comme nous vivons dans un monde de processus, vous n'êtes jamais "le même", pas même depuis que vous êtes arrivés ici. Vous vieillissez un petit peu, etc. Vous n'êtes pas le même. La plupart d'entre vous ont probablement des amoureux(ses). Votre amoureux(se) du lundi n'est pas le(la) même que celui(celle) du mardi. Il(elle) n'est pas non plus le(la) même le matin que le soir. Notre mal de dents du lundi n'est pas le même que celui du mardi. Il en va de même pour le bonheur. Quand vous utilisez une date, vous gagnez beaucoup de sagesse. Je me souviens d'un cas pathétique que j'étais en train d'extensionnaliser. Le travail se faisait sur le personnel d'une école et il y avait de très jeunes filles dans la classe. Bien, j'ai organisé des séminaires pour les filles et des entretiens privés pour quelques-unes d'entre elles. L'une d'entre elles souffrait de ce que l'on pourrait appeler un "complexe d'infériorité". Et quand j'ai parlé de ce complexe d'infériorité, j'ai demandé: "N'aimeriez-vous pas être aussi sûre de vous, etc., que moi je le suis de moi ?" Elle a répondu qu'elle aimerait bien. J'ai ensuite posé la question suivante: "Que pensez-vous qu'il se passerait si je ne datais pas en permanence mes déclarations ? Ce que je dis aujourd'hui, je le dis aujourd'hui et je ne légifère pas à propos de demain. Demain, il se peut que je doive changer d'avis. Si je ne *datais pas mes déclarations,* ne serais-je pas un parfait crétin ?" Parce que pour une sécurité illimitée, ce n'est que par l'utilisation de dates que nous pouvons parler en toute sécurité et sans dogmatisme. Je serais un parfait crétin si je n'utilisais pas de dates. Les dates abolissent donc le dogmatisme. Ce que je dis aujourd'hui peut être correct, pour demain je ne sais pas. Le dogmatisme et l'absolutisme sont abolis en permanence par l'utilisation de dates. Si vous faites une déclaration avec une grande sécurité et si vous la datez, vous n'avez pas de "législation cosmique" pour demain. Si j'avais fait une déclaration que votre robe soit rouge et que j'avais fait cette déclaration sur votre robe pour tous les temps à venir, je serais un "imbécile". Regardez notre deuxième prémisse, "*pas tout*". En utilisant des dates, nous abolissons le dogmatisme. Faites une déclaration aussi forte que vous le souhaitez, mais *datez-la* et vous aurez peut-être raison.

Permettez-moi d'attirer votre attention sur un autre problème, celui du "et cetera". Chaque mot doit être indicé. Chaise_1 n'est pas la même que Chaise_2, etc.; chaque chose doit être indicée, datée, et chaque fois que vous faites une déclaration, ajoutez un "et cetera" et ainsi vous serez conscient que vous n'avez pas déclaré "tout" [N.D.T.: tous les individus] ou "tous les aspects" [N.D.T.: d'un individu donné x_1]. Voyez la prémisse "*pas tout*". Elle se connecte directement à la prémisse "*n'est pas*".

Ces trois premiers procédés extensionnels sont ce que j'appelle des *procédés de travail* et les quatrième et cinquième, les guillemets et les traits d'union, des *procédés de sécurité*. Dans notre vieux langage, que nous ne pouvons pas changer facilement, il est extrêmement difficile d'éviter les termes élémentalistiques. C'est pourquoi nous devons utiliser des *guillemets*. Ainsi, lorsque vous parlez et que vous utilisez des termes tels que "esprit", vous devez utiliser des guillemets. Il s'agit de méthodes pour la vraie pratique. Quand vous utilisez des termes comme "esprit" entre guillemets, vous utilisez des *procédés de sécurité*. Quand vous utilisez des termes élémentalistiques pour des raisons pratiques, utilisez-les en votre for intérieur avec des guillemets. Ou si vous en parlez, parlez-en entre guillemets. Ne spéculez jamais avec ou sur des termes élémentalistiques, parce que cela ne vaut rien. Supposons que je dise que vos "émotions" sont éveillées. Je n'ai pas hésité à le dire, mais en mon for intérieur, j'ai mis des guillemets. Nous n'avons pas le droit de spéculer sur des termes élémentalistiques. Autrement dit, si vous devez utiliser des termes élémentalistiques, utilisez des guillemets, ainsi vous ne spéculerez pas. Les guillemets éliminent cette spéculation. Lorsque vous parlez à votre interlocuteur, vous allez le troubler si vous utilisez des termes élémentalistiques sans l'avertir de leur caractère non fiable.

Je me demande si vous vous rendez compte, en tant que classe, que sans ces cinq procédés que j'appellerai "notre pacte extensionnel", je ne pourrais pas vous parler du tout, honnêtement. Ce que je vous dirais ne renverrait qu'à des définitions, de fictions verbales, etc., et non à de vraies entités, etc. En toute honnêteté, sans avoir ce *pacte* entre nous, il n'y a aucune chance humaine pour que nous parlions en nous comprenant vraiment. Et, en toute honnêteté, je ne pourrais pas vous parler du tout. Lorsque nous avons ce pacte entre nous, tous les deux avec ces cinq procédés, alors lorsque je dis "canne", cela signifie entre nous "canne$_1$, canne$_2$, etc.". Nous étiquetons des "réalités" et nous nous orientons en fonction de ces "réalités" ! Souvenez-vous que nous passons d'un ancien monde intensionnel à un nouveau monde extensionnel. Cela nécessite un grand changement dans le caractère des orientations, mais ce changement est bénéfique et sane. Comme vous l'entendrez plus loin, vous remarquerez que je ne prêche jamais. Vous ne remarquerez chez moi aucun penchant pour ce qui est de prêcher. Prêcher est inutile. Cependant, dans la vie, des problèmes sans fin apparaissent. Mais par extension, la plupart de ces problèmes disparaissent. Les anciens problèmes s'avèrent souvent être dus à l'*intension* et, lorsque nous devenons *extensionnalisés*, ils disparaissent automatiquement.

Nous disposons ici de quelque chose de précis et solide sur lequel nous pouvons nous appuyer. Nous disposons de procédés opérants et vous devez les appliquer. Je veux vous donner des exemples à partir de situations de vie, comment cela opère. Dans une école, il y avait une institutrice écossaise qui enseignait à ses élèves un jeu de danse en cercle. Une personne est au centre et les autres dansent autour jusqu'à ce que la personne au centre embrasse l'une des autres. Ensuite, la personne embrassée prend la place au centre. Un enfant a embrassé l'enseignante, qui a donc dû entrer dans le cercle. C'était alors son tour d'embrasser l'un des enfants. Elle savait que, quel que soit l'enfant qu'elle embrassait, les autres enfants se sentiraient malheureux. Jouer sur les mécanismes de ce qui rend malheureux chez l'enfant est dangereux car on risque de produire plus tard des névrosés, alors l'institutrice s'est arrêtée et a embrassé automatiquement l'enfant qui se trouvait devant elle. Trois ou quatre autres se sont mis à pleurer parce qu'ils pensaient que la maîtresse ne les "aimait pas". C'est grave, car il s'agit ici du mécanisme de ce qui rend malheureux chez un enfant. Eh bien, l'enseignante m'a fait ce compte-rendu. Elle a indicé $baiser_1$, $baiser_2$, $baiser_3$, etc. et a donné aux enfants une explication en termes de différences. Elle n'a pas crié les indices aux enfants. Elle leur a dit qu'il y avait *différentes* sortes de baisers, et qu'ils seraient tous embrassés avec un baiser affectueux parce que la maîtresse les aimait tous, mais que dans le jeu, le baiser du jeu était automatique pour celui qui s'arrêtait devant elle. Et tout ce qui rendait malheureux a disparu. C'est l'indiciation qui l'a fait. C'est ce qu'a déclaré l'enseignante.

Je vais vous donner un exemple de date maintenant. Lorsque vous avez un petit désagrément, datez-le, car si vous gardez vos rancunes pour toujours, vous ne serez pas une personne heureuse. Mais si vous savez que quelqu'un est en colère, datez cela et n'en tenez pas compte, car il ne sera peut-être pas en colère demain. Après un séminaire, je suis rentré chez moi avec un couple marié. Lorsque nous sommes arrivés dans mon appartement, les ascenseurs ne fonctionnaient pas et nous avons dû monter six étages. Devant ma porte se trouvaient l'escalier et les ascenseurs. Lorsque les gens sont partis à deux heures du matin, ils sont immédiatement dirigés les escaliers, mais je me souvenais de la date. L'ascenseur de midi *n'était pas* celui de deux heures du matin. J'ai essayé les ascenseurs et ils ont fonctionné. Ils ont pris l'ascenseur au lieu de descendre à pied. C'était si simple, mais si important

Aujourd'hui, les troubles parents-enfants envahissent le monde. Imaginez que ce gars soit mon "père", père que je déteste aujourd'hui parce qu'il m'a fait du mal. Je parle ici de mécanismes tragiques. Ces mécanismes ruinent les vies les unes après les autres. Regardez ce qui se passe. Ce type qui est mon "père", en tant qu'*individu,* m'a fait du mal; mais *je* déteste (par extension) $Dupond_1$. Je ne déteste pas tous les "pères". Et je ne deviendrai pas psychotique ou névrosé. Je ne détesterai pas "tous les pères". Je veux que vous compreniez ce point très important. Par exemple, un gars a été blessé dans sa vie, blessure connectée à une balle de golf. Chaque fois qu'il voyait une balle de golf ou qu'il en entendait parler, il était bouleversé et frappé d'incapacité pendant un mois. Il n'arrivait plus à s'ajuster aux balles de golf. Il était ruiné, au bord du suicide. Il s'agit d'un vrai cas. Chaque fois qu'il voyait une balle de golf, il entrait dans un effondrement "mental" complet qui durait longtemps. Il a été guéri par l'extensionnalisation. Le processus consistait à prendre conscience que $balle_1$ n'est pas $balle_2$, n'est pas $balle_3$, etc. Il a fallu trois ou quatre mois de travail régulier pour l'aider, mais c'est ce que l'extensionnalisation a fait. Il n'avait pas besoin de se sentir mal à propos de chaque balle de golf si une $balle_1$ particulière lui avait fait quelque chose. Il a été guéri parce qu'il a été extensionnalisé et qu'une balle intensionnelle était à l'origine de la maladie. Les réactions qu'il avait eues pour une balle, il les ravivait avec toutes les balles. Et par extensionnalisation, il a été guéri. Il s'agit d'un mécanisme standard qui s'applique à tous ces indices et à toutes ces dates, et etc. Vous en saurez plus à ce sujet plus tard.

Comprenez-vous maintenant l'utilisation du pacte extensionnel ? Je veux montrer les traits d'union dans les quelques minutes qui nous restent. Ils doivent être utilisés en permanence pour garantir une nouvelle orientation. Je commencerai par une fiction et nous essaierons de la rendre de plus en plus "réelle"; et je veux que vous fassiez cela dans votre vie. Disons que pour commencer je mets des guillemets au mot "industrie". Il y a là une fiction. Comment pouvons-nous la rendre plus "réelle" ?

En utilisant un indice, $industrie_1$. Puis nous le datons, $industrie_1^{1937}$. À chaque fois, nous nous rapprochons de la “réalité”. Ensuite, nous utilisons un trait d'union, comme dans “$industrie_1^{1937}$-en-activité”. C'est moins une fiction. Ensuite, ajoutons la *demande* de marchandises sous la forme “$industrie_1^{1937}$-en activité-demande de marchandises”. Bien sûr, nous pourrions continuer ainsi indéfiniment, mais si je mets un point, j'ai fait une fiction parfaite. Il faut mettre “*etc.*” à la fin de cette chaîne de facteurs. Lorsque l'utilisation des procédés extensionnels devient habituelle, nous devenons plus larges d'esprit, plus profonds, etc. Vous rassemblez alors davantage de facteurs importants, parce que nous ne sommes pas arrêtés par des facteurs de peu d'importance. Un autre problème d'évaluation.

CINQUIÈME CONFÉRENCE DU SÉMINAIRE

Comme d'habitude, je commencerai ce soir par un bref résumé de ce que nous avons déjà couvert. Toutefois, à partir de maintenant, il ne sera pas nécessaire de prendre en notes tout ce que je dis dans ce résumé. Mais je souhaite que vous saisissiez l'importance de la *prédictibilité.* Lorsque nous traversons un pont, ne ressentons-nous pas en notre for intérieur un sentiment de sécurité, de prédictibilité que ce pont ne s'écroulera pas ? Ne ressentez-vous pas, ici dans ce bâtiment, un sentiment de sécurité, que le toit ne vous tombera pas dessus ? Un sentiment de sécurité: si vous avez la prédictibilité, ne disposerez-vous pas cette sécurité ?

Il existe une branche des mathématiques appelée *théorie de l'invariance*: invariance, signifiant quelque chose qui ne change pas. Nous trouvons de l'invariance dans les affaires humaines et même en mathématiques. Il s'agit de valeurs immuables qui donnent un sentiment de sécurité. Et nous sommes faits ainsi: la sécurité est ce que nous voulons. Vous pouvez voir la connexion entre la théorie mathématique de l'invariance, l'absence de variabilité et votre propre sécurité, tout cela dépend de la prédictibilité. Les facteurs de prédictibilité passent généralement inaperçus, mais ils peuvent être importants dans notre vie privée, nationale et internationale. L'objectif de la science et des mathématiques est la prédictibilité. Par conséquent, si nous pouvons trouver les facteurs de prédictibilité, nous touchons au plus profond des facteurs de la vie et des facteurs par lesquels nos problèmes personnels doivent être résolus.

Lors des conférences précédentes, nous n'avons pas couvert tous ces facteurs dans nos exemples de cartes, mais nous les démêlons un peu et nous nous rapprochons ainsi de la sanité et d'une meilleure civilisation techno-scientifique. Je parle de civilisation techno-scientifique car je ne sais pas si la SG affectera ou non les autres civilisations. Nous devrons attendre et voir. Autrement dit, nous devons investiguer les faits. Ce n'est pas très simple.

Je vous ai parlé, n'est-ce pas, de mon optimisme et de mon pessimisme ? Vous connaissez le sens ordinaire en anglais [français] du mot "optimisme" et du mot "pessimisme". Si vous disiez que je suis pessimiste ou optimiste, cela ne ferait réellement aucune différence, car quel que soit le qualificatif que vous choisissez, de toutes façons ça n'a pas de sens. Certaines personnes me qualifient très souvent d'optimiste incurable. Je voudrais maintenant clarifier les mots "optimisme" et "pessimisme". Cela s'applique de même pour de nombreux autres mots de cette sorte. Si j'avais un foie malade et si j'avais fait le tour du monde en disant "c'est mauvais. C'est mauvais, et c'est mauvais", j'aurais été un pessimiste. Mais je ne l'ai pas fait, car je n'avais pas de foie malade. Mais j'ai regardé autour de moi et, comme j'avais un foie en bonne santé, j'en ai conclu que le monde n'était pas "mauvais", mais simplement *sans espoir*. Mais si nous savons que des problèmes nous attendent, nous pouvons toujours les résoudre. Ainsi, lorsque nous croyons qu'une situation est sans espoir, elle aurait été "mauvaise" selon l'ancien modèle. Mais nous pouvons toujours *résoudre* le *sans espoir* dans le nouveau. Du moment que nous affrontons franchement une situation, une solution apparaît. C'est vrai pour toute l'histoire de la civilisation. Je vais vous donner un exemple mathématique.

Les personnes dites sauvages et les enfants peuvent résoudre des équations du premier ordre. Si vous avez trois pommes et que quelqu'un en prend une, il vous en reste deux. Les nouvelles orientations nécessaires sont aussi claires que cela. La plupart de nos difficultés sont des stupidités de facture humaine. Quand on en arrive aux équations du premier degré, des enfants peuvent les résoudre. Ensuite, une équation du second degré requiert une formation de niveau secondaire, sinon elle est comparativement plus difficile. Il faut une formation secondaire avancée pour les résoudre. Ensuite, pour les équations du troisième et du quatrième degré, nous apprenons à nouveau à les résoudre, bien qu'elles soient plus difficiles. Par la suite, les mathématiciens ont généralisé le fait que toutes les équations pouvaient être résolues de manière algébrique. C'était important, car nous avions besoin de résoudre ces équations; nous en avions besoin dans nos affaires. C'est alors qu'un jeune homme du nom de Galois, jeune et génie créatif, s'interrogea à ce sujet. Il fut tué en duel pour une histoire d'amour, mais la nuit précédant le duel, il écrivit ce que l'on pourrait appeler un "testament mathématique" dans lequel il prouvait que les équations au-dessus du quatrième degré ne pouvaient pas être résolues algébriquement. Vous vous souvenez que l'hypothèse générale était qu'elles pouvaient être résolues indéfiniment [N.D.T.: quel que soit leur degré]. *Pas tout.* Cet homme a prouvé que les équations au-dessus du quatrième ordre ne peuvent pas être résolues du tout. Et que s'est-il passé ? Parce qu'il était confronté à cette situation, il a immédiatement inventé la Théorie des Groupes, qui permet de résoudre n'importe quelle équation.

Je veux que vous compreniez que, lorsqu'une situation est formulée et que l'on y est confronté, franchement, nous savons toujours [N.D.T.: "toujours" mot inapproprié de A. K. qui nous enseigne le "pas tout", pas "toujours". Ici peut-être "le plus souvent" aurait mieux fait l'affaire. Vous trouverez d'autres situations identiques. Voir mon introduction] comment la résoudre. Mais avant de trouver une solution, nous devons faire face à l'insolubilité des vieilles choses [N.D.T.: du système Aristotélicien]. Il y a une connexion entre cela et la santé. Je veux que vous le compreniez, car il ne s'agit que d'un exemple technique tiré de l'histoire des sciences.

Je ne suis pas malade, j'ai donc soigneusement examiné le monde et je suis arrivé à la croyance que le vieux [N.D.T.: système Aristotélicien] n'était pas résoluble. Nous avons donc trouvé une solution. Il y a une connexion culturelle entre cela et la théorie mathématique des groupes. Maintenant la question "Suis-je un optimiste ou un pessimiste ?" n'a pas de sens. Parce que je commence par le fond du pessimisme en disant que le problème est insoluble et que c'est justement à cause de cela que nous trouvons une solution. La solution devient alors porteuse d'optimisme à son tour. Ceci est simplement de la "masturbation des glandes salivaires". Parlons clairement des faits et ne faisons pas de "bruits".

Nous avons beaucoup de "bruit" aujourd'hui dans les "philosophies". Elles reposent sur de nombreuses questions et "bruits" qui ne signifient rien, et il n'y a rien à savoir à propos de ces questions et de ce bruit. La seule réponse à ces questions est de dire, avec un large accent d'Oxford [N.D.T.: pour nous, de Paris par exemple]: "Chers amis, vous faites du bruit". Si vous clarifiez votre orientation et que vous distinguez les "bruits" des *mots,* de nombreuses difficultés s'éclairciront. Beaucoup d'étudiants commettent des erreurs en traduisant les nouveaux termes [N.D.T.: Ā] dans l'ancien [N.D.T.: Aristotélicien], car ils ne parviennent pas à se rendre compte que *vous devez avoir un élément connu dans la structure* et que les nouveaux termes [N.D.T.: Ā] impliquent de nouvelles suppositions structurelles absentes de l'ancien [N.D.T.: Aristotélicien] [N.D.T.: chercher à comprendre et à vivre le système Ā à partir de nos réactions sémantiques aristotéliciennes, sans les remplacer au préalable par de nouvelles réactions sémantiques Ā, ne fonctionne pas]. Permettez-moi de vous dire, en connexion avec la gravitation et Einstein, que la structure doit être fondée sur des groupes de formulations structurelles apparentées. Il s'agit de similarité des structures. Il s'agit également d'une relation mathématique. Il s'agit de la connexion entre les mathématiques, les méthodes mathématiques et le langage. Nous nous cachons dans le langage; nous allons chercher la méthode. Par méthode, nous entendons la manière dont les cerveaux humains réagissent aux stimuli du monde. La réponse à cela est un problème de méthode. Il s'agit de la manière dont le cerveau humain réagit aux stimuli. La civilisation techno-scientifique toute entière est confrontée à un désastre. Pourquoi ? Parce que nous vivons dans un vrai monde fait par une science extensionnelle alors que nos orientations linguistiques restent intensionnelles.

Vous savez comment l'automobile, la radio et l'avion ont révolutionné nos vies. Maintenant, vous ne le savez peut-être pas, mais vous ne pouvez pas construire cette voiture, cette radio ou cet avion en vous référant à Euclide ou à Newton. Lorsque l'électricité est entrée en jeu, Euclide et Newton n'étaient plus qualifiés. Autrement dit, les vraies conditions dans lesquelles nous vivons sont déjà influencées par des disciplines *non-newtoniennes* et *non-euclidiennes.* Que cela vous plaise ou non n'a pas d'importance. Vous pouvez construire une maison selon Euclide ou Newton, mais vous ne pouvez pas construire une voiture. Pouvez-vous vivre de façon sane avec Aristote dans des conditions présentant un caractère non-euclidien et non-newtonien ? C'est pourquoi nous avons besoin d'une révision de l'ancienne orientation qui s'adapterait aux nouvelles conditions de vie qui sont déjà construites par des éléments non-euclidiens et non-newtoniens. Cette révision intervient dans le cadre de la SG. Les méthodes sont nouvelles, mais les faits sur lesquels nous fondons nos méthodes ne sont pas nouveaux. Ils n'ont simplement jamais été appliqués. J'en dirai plus à ce sujet dans ma prochaine conférence.

Je voudrais maintenant passer à une sorte d'analyse sommaire du fonctionnement du système nerveux. Je n'aurais pas pu le faire auparavant parce que, sans les procédés extensionnels, il est humainement impossible de parler du système nerveux de manière sensée. Je ne fais pas de "bla-bla" à ce sujet comme nous le faisons par ailleurs, mais j'essaie de parler de manière sensée. Je vous suggère très sérieusement de lire et même d'acheter le livre d'Alexis Carrel, *L'homme cet inconnu* [N.D.T: Alexis Carrel (1873-1944): chirurgien et biologiste français, prix Nobel 1912, auteur de L'homme, cet inconnu (1935). Ses travaux sur la chirurgie vasculaire et la culture cellulaire sont majeurs; certaines de ses idées eugénistes sont aujourd'hui controversées. Alexis Carrel a développé des idées eugénistes dans les années 1930, une époque où ce type de pensée était relativement répandu dans certains milieux scientifiques et sociaux. Il évoquait la sélection humaine et la nécessité de promouvoir certains traits considérés comme "supérieurs" pour le bien de la société. Sa valeur scientifique en chirurgie et biologie expérimentale reste intacte et fondamentale. Le problème est strictement lié à ses idées sociales et eugénistes, pas à ses découvertes techniques]. Je vous conseille vivement, à toute la classe, de le lire et, si vous le pouvez, de l'acheter. Carrel est un médecin mondialement connu. Lauréat du Prix Nobel, etc., l'un des plus grands hommes que nous ayons. Il s'agit d'un livre qui fera date. On pourrait dire que *je* calomnie la médecine, car je n'ai pas l'autorité nécessaire pour parler ainsi. Mais Carrel l'a fait, et il leur donne une leçon. Il leur dit d'abord que ce que je considère comme un fait avéré, est valide. Certes, il ne tient pas compte des questions linguistiques. Il ignore parfaitement l'environnement sémantique. Ce qu'il appelle "schématas" [N.D.T.: au sens de Carrel, modèles ou constructions explicatives; aujourd'hui on parlerait de "schémas" en psychologie ou linguistique], nous l'appelons ici *fictions verbales,* mais nous protestons tous deux contre les mêmes choses. Essayez d'imaginer les vrais faits. Les rhumes que vous avez ne sont pas une seule chose et chacun d'entre vous n'a pas cette seule chose. Ce sont des choses individuelles qui s'appliquent à l'ensemble. Ils ne sont pas les mêmes. Mais lorsque vous parlez de certaines affections, par exemple un rhume, en termes de définitions intensionnelles, vous parlez d'une fiction. Un homme dit primitif a un rhume ordinaire, il est emmené dans un hôpital de civilisation techno-scientifique et il meurt. Ce n'est pas le rhume qui l'a tué. Non, il s'agit plutôt de la peur de conditions inconnues. C'est l'environnement sémantique d'un homme dit primitif dans un hôpital de civilisation techno-scientifique qui l'a tué. Vous devriez être plus ou moins familiarisés avec l'importance de l'environnement sémantique et de l'évaluation. Vous devez vous rendre compte que la majorité des problèmes sexuels n'ont rien à voir avec l'aspect anatomique. C'est dans la tête. Environnement sémantique, et environnement linguistique que Carrel ignore, alors qu'il appelle de ses vœux la "science de l'homme", que cette ignorance rend impossible.

Mais si nous négligeons l'environnement sémantique et linguistique, nous ne pouvons pas construire une science de l'homme. Souvenons-nous que ce que nous faisons, c'est désinfecter notre cerveau en réalisant les possibilités naturelles qui sont en nous. Tout ce que nous pouvons faire, c'est éliminer les fictions vicieuses. Plus tard, vous comprendrez mieux comment cela se fait. La difficulté est très fondamentale, une difficulté avec laquelle vous devrez lutter pour la résoudre.

Ce soir, je voudrais vous parler du système nerveux. La difficulté ici est appelée *canalisation* en termes neurologiques. Il existe d'autres noms, tels que "Bahnung" (chemin de fer), et un autre, la loi de facilitation. Il s'agit d'un aspect neurologique général qui s'applique aussi bien à nous qu'aux animaux. Nous considérons les fibres dans notre système nerveux, disons que la fibre A est là, que nous avons une impulsion A' qui passe par cette fibre A, et qu'une autre impulsion X' devrait passer par la fibre X. Mais ce n'est pas le cas. Elle passera par la fibre A car la *plus fréquentée*. C'est une caractéristique générale du système nerveux. C'est ce que nous appelons la "canalisation", la "facilitation" ou le "Bahnung". C'est un fait fondamental du fonctionnement du système nerveux. Notre capacité à former des habitudes, à apprendre, etc., dépend du fait que nous pouvons entraîner certaines fibres à recevoir les impulsions de préférence à d'autres fibres. Si certaines fibres entraînées n'avaient pas la préférence pour transmettre les impulsions, cela entraverait l'éducation. Autrement dit, cette caractéristique de la canalisation est le fondement neurologique de l'éducation et de la formation des habitudes.

CANALISATION

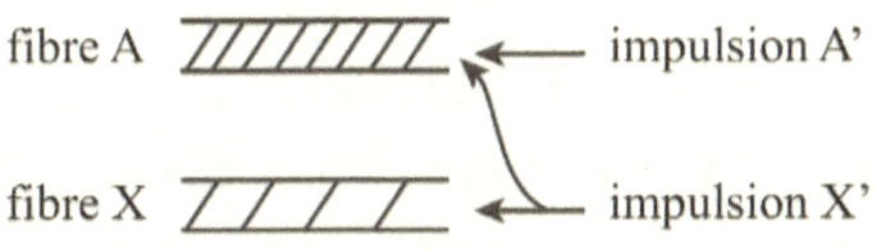

C'est pourquoi il est difficile d'acquérir des orientations et des habitudes extensionnelles, parce que nous sommes canalisés dans l'ancien mode de fonctionnement [N.D.T.: Aristotélicien]. Cela nous ramène au système nerveux. C'est là qu'intervient la grande difficulté. Nous sommes éduqués depuis l'enfance à l'intensionalisme, il s'agit donc d'un problème neuro-sémantique que vous aurez tous à surmonter. Vous devrez surmonter l'ancienne canalisation. J'ai personnellement subi trois recanalisations. J'ai été éduqué par le bon vieil Aristote et Euclide, et le bon vieux Newton. Puis j'ai commencé à m'intéresser aux systèmes non-euclidiens et non-newtoniens (Einstein, etc.) et j'ai finalement formulé un système non-aristotélicien.

Lorsque vous prenez un manuel de géométrie euclidienne, celle qui vous est tous familière, peu importe où vous regardez, la fin ou le début, vous vous retrouvez chez vous. Mais lorsque vous prenez un manuel de géométrie non-euclidienne, le début vous semblera tout à fait innocent, mais il ne vous sera pas familier très longtemps. Je pourrais tout aussi bien vous l'expliquer. Vous devriez connaître les principes non-euclidiens.

Dans toutes les géométries métriques, nous avons besoin de lignes qui ne se rencontrent jamais. Nous devons les avoir. Parce que nous en avons besoin, nous les avons faites. Nous les appelons "parallèles". C'est là qu'arrive un certain point à propos de ces parallèles qui est intéressant. Nous avons besoin de ces lignes qui ne se rencontrent jamais. Il nous faut les avoir. Nous ne pouvons pas avoir de géométrie sans elles. Mais alors Euclide, en établissant sa géométrie, a défini ces "parallèles" non seulement comme ne se rencontrant pas, mais il a posé une autre condition à ces lignes, à savoir qu'elles devaient être à *égale distance l'une de l'autre*. Cependant, même à l'époque d'Euclide, cette affaire d'égale distance a été remise en question. Les gens ne se sentaient pas à l'aise avec ces parallèles. Les mathématiciens savaient déjà à l'époque d'Euclide qu'il pouvait y avoir des lignes qui ne se rencontraient jamais et qui n'étaient pourtant pas à égale distance. Mais Euclide avait dit égale distance. Cela a gêné les mathématiciens pendant plus de 2 000 ans, et finalement trois hommes, tous à la même époque, ont remis en question ce principe. Ils se sont simplement dit: "Ne discutons pas, produisons une géométrie où les lignes ne se rencontrent jamais et ne sont pourtant pas à égale distance." Et on leur a dit qu'ils étaient des imbéciles. Leurs travaux ont été publiés sous le nom de géométries non-euclidiennes où les lignes parallèles ne se rencontrent jamais, mais on ne dit pas qu'elles sont à égale distance. Vous avez remarqué toutes les belles courbes dont sont faites les choses qui nous entourent. Vous avez vu certains vieux immeubles d'habitation qui sont faits de lignes parallèles euclidiennes si droites qu'elles sont en quelque sorte repoussantes.

Aujourd'hui, comme résultat de ce principe non-euclidien, nous croyons qu'il n'y a pas de lignes droites dans le monde. Autrefois, nos cercles ou nos courbes étaient la limite constituée de petits bouts de lignes "droites". Lorsque l'on disposait d'un grand nombre de petites lignes, on obtenait finalement une courbe. Autrement dit, à l'époque d'Euclide, une courbe était constituée de bouts de lignes droites. Aujourd'hui, nous partons du principe qu'il en va différemment. Si nous prenons un cercle de très petit rayon, il est très incurvé. Si l'on prend un rayon plus grand, la courbe est plus plate. Enfin, si l'on prend la limite d'un cercle de rayon infini, on obtient ce que l'on appelle une ligne droite. Autrefois, on fabriquait des courbes à partir de petits bouts de lignes droites. Aujourd'hui, les lignes droites ne sont rien d'autre que la limite d'une courbe de rayon infini. Ce n'est qu'une inversion, mais l'orientation est différente.

Ce que je veux que vous compreniez, c'est la révision complète de l'orientation que nous poursuivons, en mathématiques et dans la vie. Il y a une grande différence entre soit nous faisions une courbe à partir de bouts de lignes droites ou soit nous faisons aujourd'hui des lignes droites comme cas limite d'une courbe au rayon de courbure infini. C'est important pour vous tous. C'est l'inverse de tout, un renversement complet. C'est très important. Il a été démontré par le comportement et par des vrais faits que la distance égale n'est pas nécessaire, et les non-euclidiens ont aboli cette simple hypothèse en produisant une vraie géométrie où ce postulat est évacué, et pourtant, ils ont produit une géométrie auto-consistante. Aujourd'hui, vous constaterez en outre que rien d'électrique ne suit Euclide ou Newton. Et n'oubliez pas que nous ne sommes rien d'autre que des structures électriques. Quand vous regardez un manuel de géométrie non-euclidienne, les deux premières pages vous sembleront familières, mais croyez-moi, la troisième et la quatrième page seront complètement nouvelles. Vous êtes perdus. Vous n'êtes pas du tout familier avec ce texte à cause de votre ancienne canalisation.

Il s'avère qu'Euclide n'est pas *similaire en structure* au monde, car nous ne connaissons pas de lignes droites et nous n'avons pas de lignes d'égale distance dans le monde aujourd'hui. Aujourd'hui, nous n'avons affaire qu'à des courbes. Chez Euclide, avec ses lignes droites qui n'existent pas, il n'y a pas ici de similarité de structure au monde tel que nous le connaissons. Les géométries non-euclidiennes de la science d'aujourd'hui sont toutes fondées sur des courbes et leurs valeurs limites que l'on peut appeler lignes droites, comme vous voulez. Ce "comme vous voulez" est un point important. Tous les "faits" ne sont juste que des "comme vous voulez". Les "faits" demeurent, mais ils peuvent être interprétés différemment. Ainsi, nous pouvons dire que la nouvelle géométrie est fondée sur des courbes et non sur des lignes droites. Nous ne parlons pas de lignes droites. Nous parlons de la ligne la plus courte (géodésique), que nous pouvons alors supposer "droite", mais nous ne parlons pas de lignes droites.

Euclide, en tant que formulation, n'était pas similaire en structure aux faits tels que nous les connaissons. Ceci est empirique. La géométrie d'Euclide n'est pas similaire en structure aux faits du monde. Au niveau des principes, elle n'est pas similaire et nous devons l'abandonner en principe. Je vous montrerai plus tard que la mécanique de Newton n'est pas non plus similaire en structure au monde. Le séminaire entier mettra en exergue que les anciennes croyances intensionnelles ne sont pas similaires en structure aux faits. Je n'aborderai pas Newton ce soir, mais plus tard. Je ne veux traiter que le système nerveux ce soir.

Carrel de nouveau critique la science et les hommes médecine [N.D.T.: En anglais, medicine man, qui désigne littéralement un sorcier-guérisseur dans les cultures amérindiennes. A.K. refuse de dire medical men (les médecins modernes), et dit medicine men pour les rabaisser au rang de sorciers primitifs] (je ne les appellerai pas médecins) parce qu'ils s'occupent de schémas verbaux qu'ils s'illusionnent renvoyer à du vrai. Ils ont affaire à des "organes", mais dans l'être vivant, nous n'avons que des unités fonctionnelles. Et nous ne pouvons pas les séparer. Si je sépare le système nerveux, anatomiquement, je ne parle pas de façon sensée, je fais du bruit. Je fais du bruit parce qu'on ne peut pas vraiment les séparer, car ils sont tous connectés *fonctionnellement*. Il n'existe pas une chose telle qu'un "*cortex*" séparé de la fonction, même à un instant donné chez $Dupond_1$. À un instant donné, chez une personne donnée, la fonction peut être localisée, mais comment pouvons-nous parler dans de telles conditions sans procédés extensionnels ? Toutes les parties du système nerveux sont interconnectées fonctionnellement. Nous ne pouvons pas parler d'une telle situation sans indicer et dater. À un *instant* donné, chez un individu donné, vous pouvez dire quelque chose de valable, mais nous ne pouvons pas parler intensionnellement à son propos. Rappelez-vous que ce que je vais dire maintenant sur le système nerveux est une connaissance élémentaire, mais la façon dont je vais l'exprimer est fondamentalement erronée parce que je parlerai, comme nous devons le faire, en termes élémentalistiques qui ne tiennent pas compte de la fonction et de la coupe transversale instantanée dans un individu donné. Ce que je vais dire est fondamentalement faux, mais *partiellement vrai*. Mais si nous respectons le pacte extensionnel, nous pourrons parler de manière sensée et avoir un aperçu de situations très complexes. Je vais donc parler à l'ancienne manière [N.D.T.: selon le système Aristotélicien]. Entretemps, nous devons connaître et respecter notre pacte extensionnel pour rester en sécurité, afin de ne pas trop nous égarer. Rappelez-vous que tout ce que je dis n'est qu'approximatif, selon l'instant où je parle, à propos d'un individu donné.

Une partie du système nerveux peut reprendre le travail d'une autre. Nous pouvons parler de ces sujets exclusivement en utilisant des indices et des dates. Un chirurgien peut vous dire qu'il peut mettre hors circuit votre petit doigt. Aujourd'hui, il peut le faire, demain il ne le fera peut-être pas, et sa déclaration est en principe incorrecte. La fonction du système nerveux *est* largement *interchangeable* [N.D.T.: on parle aujourd'hui[2025] de plasticité cérébrale]. Un autre nerf peut faire fonctionner le doigt demain. Aujourd'hui, nous greffons des fils dans le cerveau et nous étudions les ondes cérébrales. Elles sont différentes selon les différents instants, et les différents sexes et chaque individu. L'ancien système [N.D.T.: Aristotélicien] était fondé sur de la généralisation, des schémas verbaux, etc., mais le nouveau [N.D.T.: Ā] prend en compte l'individualité quadri-dimensionnelle. En quatre dimensions, nous n'avons que des individus et tout est différent. Autrefois, nous n'y prêtions pas attention, mais les faits demeurent.

Vient ensuite ce que nous appelons le "cortex", la couche supérieure du cerveau, et nous, les humains, en possédons plus que n'importe quel autre être. La partie à peu près centrale du cerveau s'appelle le thalamus et elle est directement connectée au monde extérieur par les "sens", largement connectés aux "émotions", à la "douleur-plaisir", etc. J'utilise des guillemets pour tout cela. Et souvenez-vous que ce que je dis est faux parce que je parle en parties, alors que le tout fonctionne comme un *tout*. Nous devons utiliser ce pacte extensionnel entre nous pour que je ne vous induise pas en erreur. Les parties interagissent en permanence de manière fonctionnelle, mais je dois parler comme si ce n'était pas le cas.

Chaque partie du système nerveux est en connexion fonctionnelle permanente avec, par exemple, une autre partie. Or, les centres linguistiques se trouvent dans le "cortex". Il existe une interaction permanente entre le fonctionnement du "cortex" et le fonctionnement des autres parties du cerveau, en particulier le "thalamus". La question est maintenant de savoir quelle est l'importance relative de l'interaction entre le "cortex" et le "thalamus". Pour commencer, nous savons que l'œil n'est pas un organe dit "sensoriel". L'embryologie nous montre que le cerveau se développe et fait sortir l'œil de lui-même. Autrement dit, l'œil est une vraie partie du cerveau. C'est la partie extérieure du cerveau. C'est pourquoi les connaissances et les orientations visuelles sont les formes les plus importantes de nos orientations. C'est pourquoi "tous" les instruments de la science dépendent de l'œil. On ne peut faire confiance à rien d'autre qu'à l'œil. Parce que l'œil fait partie du cerveau, l'un des avantages de la SG est que nous formulons tout en fonction de l'œil. J'ai commencé par les cartes, car nous traitons alors directement avec le cerveau par l'intermédiaire de l'œil.

Plus tard, vous verrez que les animaux sont davantage à "prédominance-mentale-auditive" qu'à "prédominance-mentale-visuelle", et vous verrez que "prédominance-mentale-auditive" intensionnelle n'est pas le degré le plus élevé de l'intelligence ou de l'orientation humaine. Un gars intensionnel est manifestement à "prédominance-mentale-auditive" et non à "prédominance-mentale-visuelle". Le gars extensionnel sera à

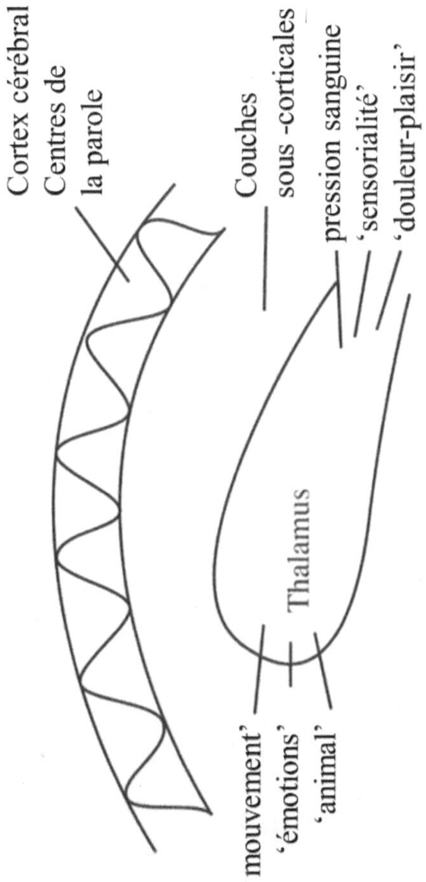
Cortex cérébral
Centres de
la parole
Couches
sous -corticales
pression sanguine
'sensorialité'
'douleur-plaisir'
Thalamus
mouvement'
'émotions'
'animal'

"prédominance-mentale-visuelle". Vous pouvez voir jusqu'où va cette distinction. C'est ainsi que l'on passe de l'ancienne ère intensionnelle animalistique à "prédominance-mentale-auditive" à la nouvelle civilisation qui sera à "prédominance-mentale-visuelle" et donc extensionnelle. Le problème principal est de produire de nouveaux moyens et méthodes extensionnels pour une telle visualisation, ce que nous essayons de faire en SG.

SIXIÈME CONFÉRENCE DU SÉMINAIRE

Tout d'abord, j'aimerais que vous accordiez davantage d'importance à cette matière. Ces choses n'ont de valeur que pour vous; je ne peux pas vivre votre vie à votre place, vous devez le faire vous-même. C'est pourquoi vous devez approprier cette matière par vous-même. Je voudrais vous gronder de ne pas traiter votre vie et votre cerveau mieux que vous ne le faites. Vous allez chez le dentiste pour vos dents, alors pourquoi ne vous occupez-vous pas de votre cerveau et de votre vie ? Vous devez vous occuper de votre cerveau; il ne fonctionnera pas tout seul. N'imaginez pas non plus que le présent système éducatif soit satisfaisant. Il est criminel, pas satisfaisant. Votre corps enseignant, ici à Olivet, essaie de faire de son mieux dans le cadre de l'"ancien" [N.D.T.: Aristotélicien] système. L'éducation augmente la dementia praecox [N.D.T.: démence précoce, trouble des fonctions cognitives avant l'âge de 65 ans] en Amérique sous l'égide du système actuel de présentation. Sans les fondamentaux de ce que je vous dis, qui relèvent des mathématiques et de la physique, il ne peut y avoir de sanité. C'est pourquoi la SG est si importante. Aujourd'hui, le système éducatif regarde les mathématiques et la physique et dit qu'elles sont assez bonnes mais qu'elles ne sont pas très intéressantes. Mais si vous vivez encore dans le vieux [N.D.T.: système Aristotélicien], vous êtes bons pour l'hôpital. Lorsque vos reins sont malades, vous consultez un spécialiste et vous vous en occupez. Votre cerveau n'est pas moins important. Pourquoi alors ne pas lui accorder plus d'attention ? Les mathématiques et la physique sont les bases sur lesquelles vous devez vous former. Vous devez accorder plus d'attention à l'importance basique de ces méthodes physico-mathématiques. C'est la partie criminelle de l'éducation moderne. Les mathématiques et la physique sont négligées et de plus en plus repoussées. Sans une meilleure assise en mathématiques et en physique, le problème de la détérioration neurologique de la population des États-Unis d'Amérique [N.D.T.: plus globalement des civilisations technologiquement avancées] ne pourra pas être résolu.

Ce dont je vais parler ce soir traitera de cette question. Il s'agira de cette situation telle que dans les faits. N'oubliez pas que tout ce que je dis est une question de faits. Investiguez, examinez les faits, ne vous laissez pas aveugler par de fausses fictions.

Lorsque vous deviendrez extensionnalisés, vous vivrez sur une planète entièrement différente. Vous serez dans un monde différent du reste des gens. Vraiment ! Vous serez donc mis à l'écart des autres. Mais il y a une compensation: vous pouvez comprendre l'autre, mais l'autre ne peut pas vous comprendre.

Rappelez-vous notre pacte extensionnel. Lorsque je dis quelque chose, vous devez l'indicer. Vous devez le faire pour le limiter au contexte dans lequel je l'ai dit. Mes déclarations, et toutes les déclarations, ne sont que du verbiage sans valeur lorsqu'elles sont sorties de leur contexte, sorties de l'"environnement" dans lequel elles ont été prononcées et rendues opérantes. En indiçant les déclarations, et pas seulement les mots, vous êtes préparés à cette situation. Pour vous donner un exemple, je vais vous présenter une théorie extensionnelle du bonheur. Cette théorie est en quelque sorte aboutie car elle repose *uniquement* sur des clarifications extensionnelles. Je peux ajouter que le diagramme du bonheur, que je vais vous montrer, a une grande valeur psychothérapeutique et est maintenant utilisé par certains psychiatres avec leurs patients. Souvenez-vous que les guillemets sont également utilisés pour couvrir les "faits" dans leur contexte. Les "faits" en eux-mêmes ne signifient rien, mais ce n'est que dans un contexte qu'ils ont de la valeur. Les "faits" dans un contexte, c'est-à-dire une situation, etc., ont de la valeur.

Une combinaison de relations qui s'applique à ce que nous disons constitue le contexte d'un "fait" et lui donne un sens ou une valeur. L'interrelation des relations dans un contexte donne à un "fait" sa valeur. Si vous ne tenez pas compte de ces relations du contexte, les "faits" ne signifient rien (aucune valeur). Nous avons donc ici un certain nombre de faits entre guillemets, et c'est alors que se pose le problème de l'évaluation, individuelle ou celle qui nous a été donnée, qui s'avère en fin de compte impliquer une attente fondée sur certaines normes de valeurs. C'est encore la formule du bonheur. N'oubliez pas que cette analyse n'est possible que par extension. Par intension, vous ne pourriez pas le faire.

Il s'agit déjà d'une application de la méthode extensionnelle. Voici maintenant nos attentes. Voici quelques "faits", n'importe quel type de "faits" ("F"). J'appelle la nouvelle attente$_2$ (A_2). Souvenez-vous que cette analyse ne peut être effectuée que par *extension,* et non par *intension.* Maintenant, vous vous attendez, par rapport aux faits de la vie, disons, à "rien" (minimum). C'est-à-dire, on vous dit de vous attendre au minimum. Qu'allons-nous *trouver* dans la vraie *vie* ? Vous trouverez les faits meilleurs que ce à quoi vous vous attendiez. Rappelez-vous qu'on vous a appris à vous attendre au minimum. Vous trouverez que les *faits de la vie* sont en vrai meilleurs parce que vous ne vous attendiez à rien. Vos réactions ou évaluations seraient alors "les faits sont *meilleurs* que ce à quoi je m'attendais", ce qui réagira sur vous, sur votre être vivant, vous encourageant, etc., à vivre plus heureux. Je dis que je m'attends à cinq étudiants et que j'en trouve soixante-quinze. J'ai obtenu plus que ce à quoi je m'attendais. L'intérêt est meilleur. Les faits sont meilleurs que ce à quoi je m'attendais. Et alors je suis heureux. J'ai envie de m'investir encore davantage dans le monde où je m'attends à cinq élèves et où j'en trouve soixante-quinze. Cela s'applique à chacun d'entre vous, à chaque étape de la vie. Si vous vous attendez, disons à "rien", dans la vraie vie, en vous heurtant aux faits, en subissant l'impact de l'environnement, vous trouverez les faits meilleurs que ce à quoi vous vous attendiez. Vous serez encouragés. Vous ne serez pas cynique, vous ne serez pas amer, etc. La vie sera alors plus heureuse pour vous comme le protoplasme vivant réagissant à l'impact de l'environnement. Attendez le minimum. C'est l'attente$_2$ (A_2). Il s'agit de la nouvelle attente infini-valuée fondée sur la probabilité maximale.

En découvrant que les faits sont *meilleurs* que ce à quoi vous vous attendiez, vous serez joyeux, plein d'espoir, porté par l'envie de viser quelque chose de meilleur dans votre vie parce que vous vous *attendiez* au minimum, et vous serez convaincu que vous pouvez obtenir le maximum et que vous réussirez très probablement.

Or, l'ancienne façon de faire ruine souvent les gens et n'apporte que malheur, névrose et même psychose. Attente$_1$: s'attend à trop. Si vous vous attendez à trop, ou au maximum, les "faits" vous apparaîtront pires. Dans le vieux système, nous avons été éduqués à nous *attendre à trop*. Nos parents, nos éducateurs, etc. s'attendent à trop. Ils nous pompent la vie à force de nous harceler, et finissent par faire de nous des névrosés ou des psychotiques. C'est là qu'intervient l'impact de l'environnement. Comme vous le voyez, je ne change pas du tout les "faits" sur le diagramme. Disons que je m'attends à obtenir la présence de cinq cents étudiants et que j'en obtiens soixante-quinze. Je n'obtiens pas ce à quoi je m'attendais et je serai malheureux. Lorsque vous vous attendez à trop, vous trouvez les faits pires. Nous devenons alors cyniques, frustrés, amers, etc. et que sais-je encore. Donc vous voyez, que vous attendiez peu ou trop, vous pouvez voir ce que cela signifie pour un être vivant. Lorsque vous pouvez évaluer la vie, en sachant que personne n'a le droit d'attendre trop, alors nous serons tous mieux lotis dans nos vies et nous en serons donc plus heureux.

THÉORIE EXTENSIONNELLE DU BONHEUR

en tant que partie des environnements neuro-sémantiques et neuro-linguistiques

Anciennes attentes intensionnelles (A_1) fondées sur la "certitude" aristotélicienne deux-valuée, les orientations deux-valuées:

Nouvelles attentes extensionnelles (A_2) fondées sur la probabilité maximale, l'orientation infini-valuée, etc:

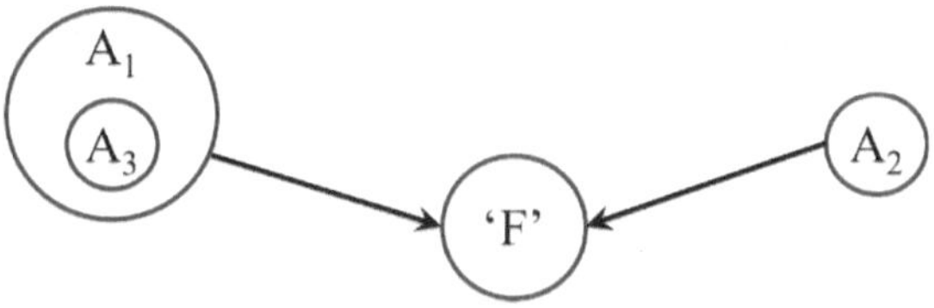

"Attente maximale" (A_1). La vraie vie et l'impact des "faits" montreront que les "faits" sont *pires* que les résultats attendus. Déception dans la vie, [N.D.T.: ce qui rend] cynique, amer, frustré, etc., [N.D.T.: provoque] un manque d'intérêt pour la vie, des attitudes asociales, souvent hostiles, du désespoir, de l'amertume, etc., fondées sur des malentendus, de fausses connaissances, etc., des relations familiales lancinantes de remarques, craintives, souvent haineuses, etc. Des orientations de vie sans espoir, frustrées, etc.;

ETC.

"Attente minimale" (A_2). Sans souffrance ni punition, la vraie vie et l'impact des "faits" montreront que les "faits" sont *meilleurs* que les résultats attendus. Intérêt pour la vie, curiosité constructive, espoir, gaieté fondée sur la compréhension, etc.;

ETC.

Au bout du compte, bonheur tranquille, civilisé, et donc ajustement et sanité;

ETC.

Attentes minimales" (A_3). Après beaucoup de souffrances et de punitions inutiles, verbiage similaire à celui de (A_2), l'être vivant Dupond$_1$ est amer, cynique, hostile, antisocial, revanchard, non constructif, frustré, etc., souvent névrosé ou psychotique, malheureux, pas de possibilité d'ajustement et de sanité;

ETC.

Si je m'attendais à trop, serais-je déçu ? Mais si je connais la difficulté, alors je ne suis pas déçu. Je suis très sérieux à ce sujet. Ne nous attendez pas à trop dans la vie. Si vous prenez ce que je dis à son niveau, j'accomplirai beaucoup. Mais si vous en attendez trop, ma réponse est la deuxième prémisse, pas tout. Voici maintenant le point crucial de la vie, de la vie extensionnelle: cette nouvelle attente vient par extension sans en prendre plein la figure. C'est une méthode qui vous apprend à être heureux sans en prendre plein la figure. Il s'agit donc d'une méthode de valeur. Le bénéfice via une théorie générale de l'évaluation est la santé "mentale" sans en prendre plein la figure. Lorsque vous êtes préparés à affronter les difficultés de la vie grâce à des méthodes d'évaluation, vous pouvez être heureux sans en prendre plein la figure.

Lorsque vous vous attendez à trop comme nous sommes formés à le faire dans la vie, vous trouverez les faits pires. Vous êtes cynique. C'est là toute la différence. Lorsque vous vous attendez à trop et que vous en prenez plein la figure, vient alors ce que j'appelle l'attente$_3$, qui consiste à ne rien attendre après en avoir pris plein la figure. Quand la vie vous a piétinés et que vous en avez pris plein la figure, vous en arrivez à n'attendre plus rien. Mais c'est après en avoir pris plein la figure. C'est là toute la différence. Il s'agit de n'attendre rien sans en avoir pris la figure, d'être préparé à l'impact de l'environnement et donc d'éviter les chocs, ou d'arriver à la conclusion de n'attendre rien après en avoir pris plein la figure. Voici une analyse extensionnelle d'une situation très importante. Elle permet d'aider les inadaptations; elle permet d'obtenir la sanité.

Je veux que vous remarquiez ici que je dis les mêmes mots, mais qu'ils ont une valeur différente dans un contexte différent, "avant ou après en avoir pris plein la figure". Cela nous ramène à l'autre point dans ce même exemple. N'attendre rien dans l'attente$_2$ et l'attente$_3$. Ce sont les mêmes mots, mais ils ne signifient pas la même chose. Vous avez un point de vue totalement différent avec les mêmes mots. Je vous donne cet exemple pour montrer que les mots intensionnels, lorsqu'ils sont pris par extension, signifient quelque chose d'entièrement différent. Ne tenez pas compte des faits et vivez selon l'intension et vous serez bien malheureux - mais la même personne sera bien contente de n'attendre rien des orientations extensionnelles. Nous n'aurions pas pu couvrir la même chose par l'intension que par l'extension. Souvenez-vous que la voie du malheur est celle qui relève de l'ancien mode de fonctionnement. Ne soyez pas cyniques comme l'est la jeunesse américaine. La jeunesse américaine est gâtée de bas en haut. Les parents, les enseignants et les prédicateurs vous éduquent tous dans le mode intensionnel. Rendez la vie de vos enfants plus heureuse; préparez-les aux difficultés qu'ils rencontreront dans la vie. L'éducation doit aussi le faire. C'est l'une des grandes ruptures entre l'ancien et le nouveau [N.D.T.: système].

L'ancienne certitude et l'ancienne sécurité aristotéliciennes allaient de pair avec une attente trop intensionnelle. La nouvelle certitude et la nouvelle sécurité non-aristotéliciennes vont de pair avec la probabilité maximale, mathématique de prédictibilité. Probabilité maximale de prédictibilité. Il s'agit d'une orientation infini-valuée, au lieu de l'ancienne certitude deux-valuée. Nous arrivons à cette nouvelle orientation dans laquelle l'orientation deux-valuée n'est qu'un cas particulier; "ou bien ou bien", "bon-mauvais", "oui-non", c'est l'orientation deux-valuée. Je peux demander à n'importe lequel d'entre vous: "Êtes-vous tout 'bon' ?" "Êtes-vous tout 'mauvais' ?" Si à cette question "bon ou mauvais", vous avez répondu par "bon", vous vous trompez. Si vous avez répondu "mauvais", vous vous trompez également. C'est l'entière difficulté de l'orientation deux-valuée. Il y a cent ans, on m'aurait brûlé sur le bûcher pour avoir dit cela [N.D.T.: Hyperbole de Korzybski qui exagère volontairement pour produire un effet dramatique et marquer les esprits; depuis 1837, plus personne ne passe au bûcher pour ses idées, ou alors sur un bûcher symbolique !]. Vous voyez que la date d'orientation fait une différence.

Revenons maintenant au système nerveux. Vous avez une tête et à l'intérieur de celle-ci se trouve un cerveau. Nous et les animaux avons tous une utilité pour la tête, au-delà de l'usage de tenir nos chapeaux. Demandez à votre biologiste de vous en dire plus sur l'amibe que je ne vous en dirai ici. Mais mon exemple nous met face à face avec certaines des difficultés de l'ancien langage intensionnel, difficultés qui peuvent être surmontées dans le nouveau langage, mais pas dans l'ancien. En d'autres termes, nous ne pouvons même pas être intelligents selon l'ancien mode de fonctionnement.

Lorsqu'un petit animal passe devant l'amibe, celle-ci se gonfle en un cou et forme une sorte de bouche temporaire qui enveloppe l'animal, le digère, puis s'ouvre et élimine le reste. Mais on ne peut pas parler d'organisation neurologique "intelligente". L'amibe n'a pas d'organes et pas de système nerveux, et pourtant elle agit "intelligemment". Mais son comportement était adéquat pour l'amibe. Vous ne seriez pas ici s'il n'y avait pas eu d'amibe. Vous n'auriez pas de cerveau si, dans ce protoplasme, il n'y avait pas eu de possibilités de comportement neuro-musculo-intelligent. Que se passe-t-il ensuite ? Lorsqu'une proie s'approche, l'amibe déclenche une extension protoplasmique en sorte de jambe temporaire [N.D.T.: scientifiquement: un pseudopode], suit la proie et l'avale. Il s'agit également d'un comportement neuro-musculaire-intelligent, mais souvenez-vous que l'amibe n'a ni système nerveux, ni système musculaire, *ni cerveau.*

Voici un autre exemple. Savez-vous comment peut se comporter une racine de courge ? Voici les faits. Si vous prenez un plant de courge et que vous le cultivez dans un récipient qui peut être tourné, si vous prenez cette racine et que vous la suspendez en travers, elle s'effondrera en dix minutes. En neuf minutes, elle ne s'effondre pas. Placez ensuite cette racine à des périodes de neuf minutes dans toutes les directions et faites cela vingt ou trente fois. Après plusieurs jours de périodes de neuf minutes, la racine de courge s'agite. La racine a appris la leçon. Nous avons entraîné la racine. Véritablement, nous avons entraîné une racine.

J'appelle le cerveau la "callosité cosmique" parce qu'il a été produit par l'impact de l'environnement [N.D.T.: Comme une peau qui s'épaissit en une callosité en réaction à des chocs répétés, A. K. présente métaphoriquement comme une "callosité", développée au cours de l'évolution Darwinienne comme conséquence des chocs prolongés de nos organismes avec le réel. Il l'explique plus loin]. Il s'agit réellement de notre système nerveux. L'amibe n'a pas de nerfs ni de cerveau, mais lorsqu'il lui est nécessaire de se déplacer, il y a une terminaison tête qui se forme. L'impact de l'environnement est à une terminaison, et cela forme la terminaison tête. Et peu à peu, nous obtenons ce que le professeur Child appelle des "gradients dynamiques" de degrés de sensitivité. C'est ainsi que les têtes sont apparues. La terminaison tête devient de plus en plus sensitive et davantage réactive en raison de facteurs métaboliques et d'autres facteurs de l'évolution. C'est l'origine du système nerveux. Vous savez comment vos callosités sur vos pieds sont faites par l'impact de l'environnement ? Le système nerveux a été fait à partir d'une amibe par l'impact de l'environnement et nous-mêmes découlons de cela. Aujourd'hui, cet impact de l'environnement a été modifié, mais nous sommes toujours confrontés au nouvel impact de l'environnement. Aujourd'hui encore, l'impact de l'environnement est changé, l'environnement est changé, et nous ne sommes pas prêts nerveusement. En conséquence, les dépressions nerveuses sont plus courantes en Amérique qu'en Europe. Nous ne sommes pas prêts à faire face à ce nouvel impact de l'environnement, aussi cet impact entraîne une défaillance dans le système nerveux. Des expériences ont été menées sur des animaux inférieurs, en particulier des animaux marins, dont le système nerveux a été coupé. Mais même avec le système nerveux coupé, ils réagissent de la même manière qu'avant, seulement un *peu plus lentement.* Il s'agit d'une condition générale. L'élément temps entre à l'intérieur du système nerveux, et ils ont découvert que le rôle principal du système nerveux est d'accélérer les réactions. C'est là qu'intervient la sensitivité du système nerveux. Cela va des animaux les plus inférieurs aux plus élevés, et jusqu'à nous. C'est pourquoi notre civilisation techno-scientifique avance si vite, car nos "callosités cosmiques" ont l'action la plus accélérée de toutes. C'est pourquoi nous progressons. Nous pouvons accumuler des accomplissements que les animaux ne peuvent pas accomplir, et pourtant une partie de notre cerveau reste inutilisée. Une grande partie du cortex n'est pas utilisée.

Mais voici qu'arrive la tragédie dans tout cela. Sous l'impact de l'environnement, le caractère du métabolisme du protoplasme a changé. À l'origine accidentel, cela est devenu ensuite canalisé et une tête a commencé à apparaître. Cette accélération de la réponse et de l'action a commencé à devenir structuré et canalisé, et une tête s'est formée, jusqu'à Olivet, vous et moi. Lorsqu'on dit que nous descendons du singe, les faits montrent que nous ne sommes pas descendus assez loin. Le monde est fait d'individus. Il est admis qu'il peut apparaître un mutant dans nos familles, n'est-ce pas ? Ce sont des occurrences biologiques inévitables. Un jour, un singe quelconque a eu un mutant dans sa lignée - c'est ainsi que sont venus nos ancêtres. De mutant en mutant, on en est arrivés à Einstein, à vous, et à moi. Tout cela, ce sont des caractéristiques individuelles.

Vous vous souvenez d'une grande symphonie, d'un concert, mais vous ne vous rendez pas compte de l'individualité de chaque instrument et de chaque musicien. Cela s'applique n'importe où, y compris dans la vie. Cela vaut partout, y compris pour la vie elle-même. Chacun porte en lui toutes ses caractéristiques, en permanence, mais parfois elles s'éteignent, car les conditions ne permettent pas leur survie. Quand une chenille grimpe au sommet d'un arbre et mange des feuilles pour se transformer ensuite en papillon, l'ancien mode de fonctionnement appelait cela "la sagesse divine".

Dans le nouveau mode de fonctionnement, nous appelons *héliotropisme positif* cette tendance de la chenille et l'expliquons par une réponse chimique à la présence de la lumière. Dans une expérience, nous avons placé les racines d'une plante vers le haut et les feuilles sur le sol. Mais la "sagesse divine" de la chenille l'a poussée à continuer à grimper, et elle est morte de faim. Elle avait les feuilles devant elle sur le sol, mais elle a grimpé et est morte. Elle a été forcée de répondre à la lumière et a donc grimpé. Maintenant, il existe probablement des chenilles qui naissent héliotropiques négatives. Elles ne survivent pas. Et il en existe probablement qui ne sont ni héliotropiques négatives ni positives. C'est là où l'environnement entre en jeu. Vous pouvez comprendre maintenant pourquoi l'impact de l'environnement est la cause que certaines caractéristiques persistent et d'autres disparaissent. Il y a des conditions dans lesquelles nous pouvons survivre et d'autres dans lesquelles nous ne le pouvons pas. Nous pouvons nous ajuster à certaines, mais pas à d'autres. La vie est tellement complexe en ces temps modernes que nous ne pouvons pas nous y ajuster avec nos anciennes orientations. C'est pourquoi nous nous effondrons. Pouvez-vous voir l'ajustement *intensionnel* total que vous pouvez faire ? Vous n'êtes pas en contact avec la "réalité" via l'intension. Vous êtes plus proche de la "réalité" via l'extension et vous avez de meilleures chances de survivre. Il n'y a donc pas autant de différence entre nous et les ajustements de survie des chenilles. C'est l'application de l'impact de l'environnement et c'est l'ajustement que nous devons faire pour nous-mêmes par extension, et non par des orientations intensionnelles.

Nous travaillons sur une nécessité culturelle, pas seulement une mode passagère. Il ne s'agit pas d'une fantaisie personnelle, mais d'une nécessité culturelle sur laquelle dépend tout notre ajustement. Vous pouvez vous rendre compte à quel point l'impact de l'environnement nous a transformés à travers un changement de métabolisme, à travers des réactions chimiques, à travers des facteurs "temps" et la sensitivité, tout ce qui est connecté à cela. La tête a émergé à travers l'impact de l'environnement. Vous comprenez la blague de la "callosité cosmique" à travers l'impact de l'environnement ? Maintenant, je vous disais que chez les animaux inférieurs, lorsque nous coupons le système nerveux, aucun changement fondamental ne se produit dans leurs réactions.

Maintenant, nous pouvons prendre un ver, construire un labyrinthe en T et placer à l'une des extrémités du labyrinthe un pont électrique (E) avec du papier de verre (S) devant. Lorsque vous prenez ce ver de terre

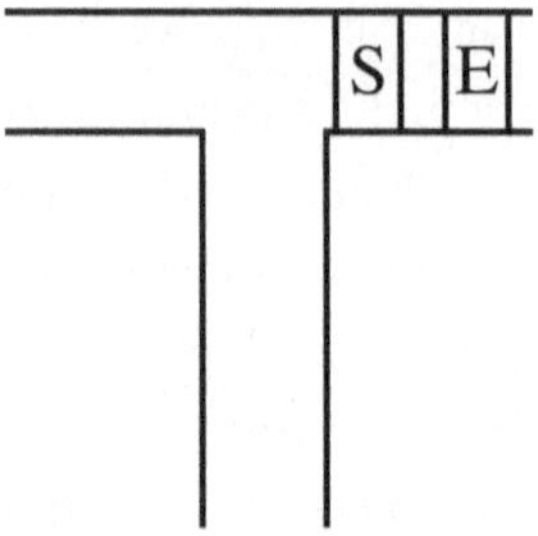

et que vous le faites avancer, il reçoit un avertissement clair au contact du papier de verre (S) avant d'atteindre le pont électrique (E) et de recevoir un choc électrique. Mais lorsqu'il touche celui-ci, il recule rapidement. Et peut-être que si vous le relancez, après quelques essais, il ira dans la direction opposée et ne recevra pas de choc. En environ quatre-vingts leçons, il ira uniquement dans cette direction. Il aura appris. Ensuite, coupez-lui la tête. Et après que sa tête ait été coupée, vous vous attendriez à ce que tout son apprentissage disparaisse. Mais essayez quand même. Il ira sans tête dans la "bonne" direction. Cela lui prendra un peu plus de temps, mais il se souviendra toujours de sa leçon.

Autrement dit, le système nerveux et le cerveau ne font *qu'accélérer* "l'intelligence". Le cerveau joue le rôle d'un dispositif d'accélération. Lorsque cela arrive jusqu'à nous, avec des systèmes nerveux élaborés, des complexités apparaissent. Vous savez, nous avons un thalamus qui est "en contact direct avec notre environnement", entre guillemets, car il ne peut être divisé du reste. Nous avons ici le cortex, qui régule le thalamus et où se trouvent les centres linguistiques. Nous avons environ six cas recensés d'enfants nés sans cortex. Sans cortex, ils n'étaient pas aptes à vivre. Ils n'étaient qu'un morceau de chair vivant, rien de plus. Lorsque j'ai écrit mon livre [N.D.T.: Science and Sanity en 1933], nous ne connaissions qu'un seul garçon dans ce cas. Au bout d'un an, ce garçon a commencé à pleurer en permanence jusqu'à sa mort à l'âge de trois ans. Pleurer est principalement une action thalamique, donc après l'âge d'un an, le thalamus a commencé à fonctionner de manière excessive car il n'y avait pas de cortex pour le contrôler. Avant cela, il n'y avait aucun besoin pour cette action régulatrice particulière du thalamus par le cortex. Le thalamus est en contact direct avec le monde, il est donc surstimulé. Les stimuli qui parviennent au cortex passent par le thalamus. Toute vie est connectée au thalamus, qui est surstimulé et surmené, et ne peut supporter longtemps les stimulations de plus en plus nombreuses que nous rencontrons dans la vie quotidienne.

Pour le bien de notre sanité, nous devons prêter attention à la protection du thalamus. Nous n'aurions pas pu survivre sans un organe protecteur tel que le cortex. C'est le rôle du cortex, particulièrement dans la vie moderne. Maintenant, comme les centres linguistiques se trouvent dans le cortex, nous pouvons imaginer des facteurs sémantiques et linguistiques qui, au lieu d'éliminer cette surstimulation du thalamus, provoquent une condition où le cortex produit plus de stimulation vers le thalamus. Le cortex contribue alors à la surstimulation et augmente ainsi le malajustement.

Nous devrions avoir des conditions sémantiques et linguistiques telles que le cortex atténue, ralentit et régule le thalamus. Le centre de l'environnement intensionnel ou extensionnel se trouve dans le thalamus ou le cortex. Approximativement dans le cortex. Maintenant, comme l'environnement sémantique intensionnel et extensionnel est largement cortical, l'entraînement intensionnel du cortex ne protège pas notre thalamus. Et, lorsque nous introduisons l'extension, alors le cortex commence à protéger le thalamus. Vous comprenez pourquoi l'extension joue un rôle neurologique, en aidant à contrôler la surstimulation du thalamus, qui, dans les faits, est surstimulé. C'est très important.

SEPTIÈME CONFÉRENCE DU SÉMINAIRE

Nous commencerons à nouveau par un résumé de ce que nous avons couvert. Nous vivons souvent autant par des représentations des “faits” que par les “faits” eux-mêmes. Avant que nous puissions agir, nous devons avoir une forme de représentation dans notre cerveau. Avant de pouvoir vous asseoir sur une chaise, vous devez avoir une forme de représentation de cette chaise dans votre cerveau et votre système nerveux. Vous agissez en fonction de ces représentations dans votre système nerveux. Et si elles ne sont pas similaires en structure à la vraie vie, vos réactions ne seront pas appropriées aux conditions de vie. Vous ne pouvez alors pas être un citoyen humain utile et à succès, car vous ne serez pas heureux. Vous devriez voir la grande importance, dans la vraie vie, d'avoir des orientations similaires en structure aux faits de vie. Maintenant, généralisons nos trois prémisses.

Généralisons notre première prémisse. Nous obtenons alors: qu'une forme de représentation qui se déroule dans nos têtes *n'est pas* le fait extérieur. La chaise sur laquelle vous êtes assis *n'est pas* l'image que vous avez dans votre tête de cette chaise. Elles ne sont seulement “les mêmes” que dans le mot. Et elles ne sont que des abstractions approximatives et individuelles de faits. Si vous êtes “mentalement” malade, peut-être que cette chaise sur laquelle vous êtes assis vous apparaîtra être un couteau.

Votre forme de représentation est entièrement non-similaire en structure aux faits. Si vous étiez "mentalement" malade, vous auriez peut-être peur de vous asseoir sur la chaise, car pour vous, c'est un couteau. Mais elle n'a pas réellement changé. C'est là toute la portée de cette idée; c'est là où interviennent science et sanité.

Représenter des "faits" comme des "faits" et disposer d'un *langage-carte* qui corresponde aux "faits" sont équivalents l'un l'autre. C'est là le secret tout entier de l'"insanité" et de la sanité. Notre monde n'est pas encore régi par cela, c'est pourquoi nous avons un monde si malheureux. Cela nous a conduits à la *loi de la non-identité.* Il n'y a pas d'"identité" dans ce monde, mais l'entièreté des anciennes orientations sont fondées sur l'"identité". L'insanité est fondée sur des identifications, identifications dans un monde où il n'y a pas d'*identité.* Vous trouverez dans la vie quotidienne une liste sans fin de problèmes graves causés par des identifications ou des évaluations inappropriées.

Avez-vous déjà réfléchi à des termes tels que "oui" et "non", "bon" et "mauvais", "vrai" et "faux", etc. ? "Oui" a une signification par intension, par définition. Mais supposons que vous disiez: "Oui, je veux une cigarette". Cette cigarette est le vrai contenu extensionnel de ce "oui". C'est le contenu de vie d'un "oui" extensionnel. "Oui, je veux un verre d'eau". L'eau est alors le contenu extensionnel de ce "oui_2". Extensionnellement, ils sont différents, mais intensionnellement, ils sont "identiques". L'ancien "oui" était intensionnel, mais ce que j'ai reçu et dont j'ai fait l'expérience était extensionnel. Et ils ne sont pas extensionnellement "les mêmes" oui(s). Nous pouvons les distinguer par les procédés extensionnels "oui_1" et "oui_2", etc. Cela s'applique très souvent dans la vie. De nombreux problèmes humains dépendent du "oui" et du "non". Et similairement pour les faits "vrai" et "faux", etc. Beaucoup de problématiques, des questions humaines, dépendent de ces termes. Tous ces termes sont *multiordinaux,* comme vous le verrez plus tard, et ils ont différentes significations selon les niveaux d'abstraction [N.D.T.: auquel on les utilise]. Autrement dit, je ne sais pas de quoi nous parlons quand nous parlons sans indice. "Insanité" n'est qu'un malajustement aux "faits" et à la "réalité", et là encore, "fait" et "réalité" représentent des termes multiordinaux.

Vous ne pouvez pas dire quelque chose à propos d'un "fait" sans prendre en considération son *contexte* et il y a autant de "faits" qu'il y a de contextes. Le langage peut être élémentalistique ou non-élémentalistique. C'est un "fait" *dans ce contexte.* Nous ne pouvons donc pas traiter des "faits" et nous ne pouvons pas éviter de les confondre *sans indice.* Nous ne pouvons pas espérer garder tous ces "faits" bien différenciés les uns des autres sans utiliser tous les procédés extensionnels. C'est ainsi que l'auto-réflexivité entre en jeu. Ainsi, nous pouvons parler *à propos* de "faits", *à propos* de "faits", *à propos* de faits, ils ne sont pas *les mêmes* sans prendre quelque considération au contexte. Nous devons les distinguer rigoureusement. Par conséquent, si nous utilisons les procédés extensionnels, nous serons automatiquement dans le camp de la sécurité.

Il y a un bon exemple de cela dans une question qu'un ami m'a posée. Il était psychiatre et, après avoir travaillé avec lui pendant sept ans, il m'a posé une vraie question pour la première fois. Il m'a demandé:

"Est-ce que je "copie" les animaux dans mes réactions stomacales ?"

"Est-ce que je copie les animaux dans mes réactions nerveuses ?"

"Si vous répondez 'oui', cela ne fera aucun sens pour moi."

C'est ce qu'il m'a demandé après sept ans de travail, et c'est une bonne question. Voici maintenant la question que je souhaite vous poser: La question qu'il m'a posée est-elle *extensionnelle* ou *intensionnelle* ? *Intensionnelle* parce que vous *ne pouvez pas séparer l'estomac des réactions nerveuses*. Nous n'avons ici qu'*une* seule définition de "copiage" et, par définition, nous n'avons qu'*un* seul "copiage". Mais qu'en est-il des faits extensionnels, combien de "copiages" avons-nous extensionnellement ? Dans ce contexte, deux. Nous abolissons alors la difficulté grâce aux indices. Nous avons alors copiage$_1$ et copiage$_2$. Et le problème n'existe plus. Le problème est éliminé, juste par les indices. Extensionnellement, ils *ne sont pas le même* "copiage". Investiguons. Si nous investiguions, nous trouverions que nous ne "copions" pas les animaux dans leurs réactions stomacales, ce qui, si nous le faisions, serait souhaitable car nous n'aurions pas d'"indigestion nerveuse". Qu'en est-il du copiage des animaux dans leurs réactions nerveuses (copiage$_2$) ? Ce n'est pas le même "copiage". L'indiciation extensionnelle de "copiage" intensionnel résout le problème.

Si nous avons des indices, etc. (les procédés extensionnels), dans notre tête, nous ne serons pas confus. Tout cela s'applique à vous et à n'importe quelle autre personne.

Je vais maintenant vous montrer un scandale verbalistique. L'histoire d'Achille et de la tortue, vous en souvenez-vous ? La tortue était un animal très lent et Achille était très rapide. Évidemment, Achille peut dépasser la tortue. Cependant, je vais vous montrer verbalement que verbalistiquement et intensionnellement, c'est le contraire qu'il faut *attendre*. Il s'agit d'un scandale verbalistique vieux de 2 500 ans. On l'appelle "Paradoxe de Zénon", que vous connaissez peut-être. Achille est placé un peu derrière la Tortue parce qu'il est beaucoup plus rapide qu'elle. D'abord, il faudrait qu'Achille divise par deux la distance qui le sépare de la tortue pour pouvoir la dépasser. Puis il devrait ensuite diviser cette distance restante par deux, puis diviser cette distance restante par deux, puis diviser cette distance restante par deux, etc., et il ne pourrait jamais dépasser la Tortue. Pourtant, un enfant sait extensionnellement qu'il n'en est rien. Voilà les dangers de ce qui sort de la bouche - les émissions linguistiques et sémantiques. Les plus grands hommes du monde ont essayé de résoudre ce paradoxe verbal et ont échoué. Vous pouvez voir les dangers de ce simple scandale linguistique, et dans votre vie il y a des dangers comme celui-ci.

Lorsque vous rencontrez un tel problème, vous pouvez automatiquement le résoudre par des procédés extensionnels. Le problème de la sanité et de "insanité", par exemple. Le problème clé est celui de l'ajustement aux "faits" et à la "réalité". C'est le principal problème de la psychiatrie. Sanité et "insanité" ne sont qu'un problème d'ajustement aux "faits" et à la "réalité". Rappelez-vous cela.

Dans une société psychiatrique dont j'étais membre, une vieille dame, psychiatre depuis trente ans, a présenté un article tout à fait inadéquat. Un jeune et brillant psychiatre a critiqué l'article de manière assez désobligeante. La vieille psychiatre a fondu en larmes et s'est écriée:

"Mon Dieu, j'aimerais que quelqu'un me dise ce qu'est un *fait* et ce qu'est une *réalité*".

Quelle est la réponse, s'il y en a une ? Rappelez-vous, sa question était de savoir ce qu'étaient un "fait" et une "réalité". La solution est que, dans l'abstrait, "fait" et "réalité" n'ont *aucune signification*. "Fait" et "réalité", étant des termes *multiordinaux*, n'ont de sens que dans un contexte et par conséquent que s'ils comportent un indice. Il s'agit d'un sujet d'une grande portée. Vous trouverez tout cela développé dans mon livre [N.D.T.: *Science and* Sanity^{1933} en anglais, *Science et Sanité*^{2024} traduction en français] à l'index des termes, fin d'ouvrage, sous la rubrique *Multiordinalité*. Les termes les plus importants dont nous disposons sont multiordinaux et n'ont uniquement de signification que dans un contexte. Vous comprenez maintenant pourquoi nous devons avoir des indices, des dates, etc.

J'ai parlé du garçon qui n'avait pas de cortex mais un thalamus. Aujourd'hui, un poisson n'a pas de cortex mais un thalamus. Ce poisson est *ajusté*. Il vit et nage dans l'eau. Ce garçon n'était pas ajusté pour autant. Ainsi, "thalamus_1" n'est pas "thalamus_2", etc. Ils doivent également être indicés.

Nous approfondissons un peu plus ce soir les problèmes de similarité de structure. Nous devrions investiguer les faits de ce monde avant de pouvoir parler davantage de la similarité de structure. C'est tout simplement raisonnable. Il y a plus de trente ans, Rutherford a produit une théorie empirique du processus *dynamique* de la "matière". Dix ans plus tard, Bohr nous a présenté une théorie électronique de la "matière" en 1913. Puis, en 1926, de Broglie et d'autres ont produit la théorie ondulatoire de la "matière", qui est acceptée par la physique parce qu'elle peut prédire des faits qui se produisent. Il y a donc plus de trente ans, nous avons perdu la notion de ce que l'on appelle la "matière solide". La "matière" est devenue un processus d'un essaim d'électrons, un jazz fou d'"électrons", de "protons" et "que sais-je encore".

Je n'entrerai pas dans les détails de cette théorie électronique pour la simple raison que l'essentiel pour nous n'est pas dans l'exacte théorie. La rupture radicale avec l'ancien système est tout ce qui nous intéresse ici, à savoir le caractère dynamique de la "matière". La matière est supposée être constituée d'un noyau positif d'électricité (P), comme le montre le schéma suivant, autour duquel circulent des électrons négatifs (E). La trajectoire de ces électrons a d'abord été représentée par un cercle, puis par une ellipse et maintenant par une théorie ondulatoire, mais cela n'a pas d'importance ici. D'une théorie solide et statique de la "matière", nous passons à une théorie dynamique des processus. C'est là que se situe la

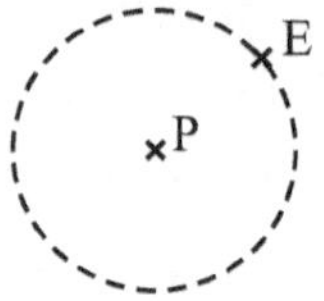

différence cruciale par rapport à l'ancien système. Dans la science moderne, ce qui était négatif devient positif. Il est *positif* que les résultats négatifs demeurent, à savoir que l'ancien est impossible et que la théorie positive de 1937 importe finalement assez peu.

Vous avez déjà vu de l'or. Avez-vous déjà vu du vif-argent [N.D.T.: du mercure] ? Ils sont différents. Ils sont chimiquement différents. Mais la différence dynamique n'est qu'un [proton] de moins. [N.D.T.: le noyau du mercure, Hg, possède 80 protons, celui de l'or, Au, 79 protons. Cette différence de protons affecte leurs propriétés physiques. Par exemple, à température ambiante, l'or est un métal solide tandis que le mercure est un métal liquide. Etc.]. Cet unique [proton] modifie l'ensemble de l'aspect chimique. L'altération de la structure dynamique modifie donc la structure chimique et, par conséquent, la "perception sensorielle". Supposons que j'aie cette table devant moi et que je m'appuie dessus. Elle est solide. Selon la théorie dynamique, c'est une table de processus électroniques qui me soutient. Elle est faite d'électrons en mouvement, mais je ne la traverse pas. La table selon la théorie solide et la théorie dynamique sont différentes. Mais la table est "la même" à toutes fins pratiques. Cependant, ce n'est pas la même table selon la théorie statique et la théorie dynamique. C'est là la grande différence.

Ici, j'ai un ventilateur à *quatre pales*, lorsque je le fais tourner, vous voyez un disque. Mais il n'y a pas de disque. C'est notre système nerveux qui produit ce disque. Tout cela est un fait fondamental. Non seulement du monde, mais aussi un fait fondamental du système nerveux (ou de la caméra): que nous voyons un disque là où il n'y a pas de disque, mais seulement des pales en rotation. De la même façon, vous voyez la solidité d'un objet là où il n'y a pas d'objet, mais seulement des processus électroniques en rotation. Nous nous voyons les uns les autres comme des "disques", alors que nous ne sommes que des "lames en rotation" d'électricité. Voici ce qui se passe alors. Vous et moi, et n'importe qui d'autres, ne sommes que des "lames en rotation". Vous devez être de fond en comble convaincus du *caractère processus de la nature*. Si vous ne l'êtes pas, regardez une de vos photos d'il y a quelques années et vous serez convaincus que nous sommes des processus dynamiques changeants.

On peut ajouter à ce processus d'orientation le fer, l'or, et n'importe quoi d'autre. Chaque chose s'avère être un processus dynamique selon les découvertes les plus récentes. Ce n'est pas très différent de vous et moi, sauf que nous sommes plus complexes qu'un morceau de fer. Il faut une fonction et de l'énergie pour être du fer. Pas grand-chose d'autre.

Nous en sommes encore au niveau anthropomorphique "objectique", qui est constitué par le système nerveux et n'existe pas de manière indépendante dans la nature. Ce disque n'était que dans nos têtes. Il en va de même pour tout le reste. Ce qui se trouve à l'extérieur de nos têtes ne sont que des processus dynamiques et des *stimuli dynamiques* qui, dans nos têtes, produisent l'"objet". Cette table n'est pas plus "solide" qu'elle n'est un processus dynamique, que moi, avec mon système nerveux, j'abstrais, reconnais et envers lequel je réagis comme je le fais. Il existe un livre de Max Born, *The Restless Universe* [N.D.T.: publié en 1935, non traduit en français. Le titre pourrait être "L'univers en perpétuel mouvement"]. C'est un très bon livre sur ce sujet; vous devriez tous le lire.

Ici, je veux vous montrer quelques énergies fondamentales de la nature. Avant d'aborder ce sujet, permettez-moi de dire que "temps" (je viens de remarquer qu'il nous reste peu de temps ce soir), "temps" n'existe que dans nos têtes. Il n'y a pas de "temps" dans ce monde en dehors de nous. Nous avons des horloges et vous comparez des processus et des processus, mais il n'y a pas de "temps". Dans la nature, il n'y a que des temps avec un "s". Ils sont seulement résumés sous forme de battements, un résumé des vibrations en chacun de nous.

Lorsque nous abordons des questions *fondamentales,* nous ne demandons pas "pourquoi". Il n'y a pas de "pourquoi", c'est de l'ancien matériel. Demander "pourquoi" est stupide, dans les deux sens. Lorsqu'il s'agit de faits *fondamentaux* de la nature, il faut considérer les choses comme allant de soi. Voici deux petites boules de bois recouvertes de peinture aluminium. Elles sont supposées être non chargées électriquement. Comme tout ce qui existe dans ce monde est chargé électriquement, elles ont de l'électricité, mais elle est neutralisée. Si nous testions ceci sous l'angle de l'électricité, nous constaterions qu'elle est neutre, "non électrifiée". Voici maintenant une tige de verre que je frotte sur une fourrure. Cette fourrure contient ce qu'on appelle de l'électricité positive, et j'électrise la tige en la frottant sur la fourrure. Lorsque j'approche cette tige chargée positivement de l'une de ces boules, l'électricité neutre de la boule se divise, l'électricité négative est attirée et la boule est attirée par la tige. Ensuite, lorsque je mets en contact la tige avec la boule et que j'élimine l'électricité négative qui attirait la boule, la boule reste positive et s'éloigne. Vous voyez, d'abord attirée, puis repoussée. Ces deux boules sont maintenant électrifiées et la tige les repousse. La loi veut que le *pareil* repousse le *pareil.* La boule est électriquement positive et la tige de verre est électriquement positive, donc elles se repoussent. Si nous prenons un morceau de caoutchouc dur, il produit à nouveau un autre type d'électricité qui attirera les boules chargées positivement. L'autre repousse finalement les deux boules. Il s'agit là d'énergies fondamentales dans la nature. L'électricité pareille repousse la pareille et attire la différente. Est-ce bien compris ? Vous l'avez vu dans la façon dont ces deux petites boules ont été manipulées.

C'est exactement ce qui se passe dans notre système nerveux. C'est là toute l'importance de ceci. Vous avez parfois eu une petite goutte sur le bout de votre nez. Une forme d'énergie la retenait. Avant qu'une goutte d'eau ne tombe d'un robinet, quelque chose la retenait. C'est ce que nous appelons l'*énergie de surface.* Il ne s'agit pas de savoir pourquoi, mais simplement d'appeler les choses par leur nom. Nous pouvons mesurer cette "énergie de surface" en pesant la goutte lorsqu'elle tombe enfin. Nous mesurons ainsi l'énergie qui maintient la goutte ensemble. En règle générale, cette énergie est faible, mais elle dépend de la surface. Si vous prenez une petite boulette, de la taille d'un petit pois, et que vous la pulvérisez, vous pouvez la rendre si fine qu'elle couvrirait 0.2 hectare de terrain. La surface serait alors grande, et s'il existe une entité telle que l'*énergie de surface,* l'énergie de surface de la boulette pulvérisée serait grande. Si nous avons de très petites particules, extrêmement petites, en suspension dans un milieu approprié, les interactions d'énergie commencent et, tôt ou tard, la vie apparaît. La suspension de petites particules dans un milieu approprié est dite "colloïdale" et son étude conduit aux théories des *colloïdes.*

Regardez la fumée de ma cigarette. Elle est composée d'infimes particules de carbone en suspension dans l'air. Et les nuages sont des particules d'eau en suspension dans l'air. Tout cela, ce sont des colloïdes. N'importe quelles particules de quelque chose en suspension dans un autre milieu sont appelées colloïdes. La séparation entre deux de ces particules est de deux types. Chaque particule est électrisée par le même type d'électricité, quelle qu'elle soit. Elles se repoussent donc l'une l'autre. L'énergie de surface attire. Ces énergies opposées constituent en gros l'entièreté des colloïdes. Ainsi, les colloïdes, en tant que particules, ne sont jamais au repos. Ils ne sont jamais statiques; il y a continuellement un jeu de répulsion et d'attraction.

Il y a maintenant une goutte de verre fondu qui tombe dans de l'eau froide. Elle ressemble à une poire avec une longue queue. C'est ce qu'on appelle la "Larme de Verre" de Prince Rupert. (Démonstration). Lorsque le verre fondu se fige, de formidables énergies de surface se développent. Cet équilibre durerait indéfiniment en soi, mais d'un point de vue dynamique, vous pouvez imaginer qu'il ne fait que maintenir les particules ensemble. Si vous ne perturbez rien, il restera, mais si vous perturbez et arrachez une petite partie de la queue, il explosera. En cassant la petite queue, on perturbe l'équilibre, la chose entière explose et *c'est dangereux* pour les yeux. *Ne jouez pas avec ces gouttes tout seul.* Je vais casser une extrémité de cette queue, *vous écouterez l'explosion et je vous montrerai la poudre qui en résulte.* Je ferai cela dans ma main pour éviter que le verre ne vole dans nos yeux.

La chose entière explose simplement en cassant une petite partie de la queue. Vous pouvez ainsi voir la signification de l'énergie de surface et du rôle puissant qu'elle joue. Et souvenez-vous que toute vie est colloïdale. C'est un point essentiel. Nous commençons notre vie avec une structure colloïdale très dispersée, et la mort n'est rien d'autre qu'une coagulation lorsque les particules se rassemblent finalement. Et en permanence, nous coagulons de plus en plus. Je ne dis pas mourir, mais coaguler.

Voici un blanc d'œuf (démonstration). Vous savez, un blanc d'œuf ordinaire. Si nous y ajoutons de l'alcool, il coagulera. Essayez vous-même. Lorsque vous ajoutez l'alcool, vous verrez de petits filaments se former, puis le tout commence à coaguler. Il finit par ressembler à un "œuf à la coque". Je veux que vous visualisiez en permanence ces expériences. Elles sont fondamentales pour la compréhension des colloïdes. Nous y reviendrons plus tard. Ces questions sont fondamentales; elles incluent la vie, et rappelez-vous que vos colloïdes sont *affectés* par des *environnements sémantiques et linguistiques*. Mais nous y reviendrons plus tard.

HUITIÈME CONFÉRENCE DU SÉMINAIRE

Je parlais de la structure du langage et, pour la première fois dans l'histoire, nous disposons des *exemples* de ce qui est signifié par structure du langage. Cela n'avait jamais été fait auparavant. C'est là qu'interviennent la structure et les termes élémentalistiques et non-élémentalistiques. Et c'est très important. C'est à partir de ces éléments que notre travail s'est développé. Nous courons de grands dangers en identifiant nos ressentis avec nos mots qui ne sont pas similaires en structure aux faits. Dans certains de mes cours, je prépare à l'avance une démonstration avec une élève pour qu'elle laisse tomber une boîte d'allumettes que je lui remets, puis je fais semblant de me mettre en colère contre elle, de la gronder et enfin de la gifler au visage. Tout cela a été convenu à l'avance avec l'élève. Sur une classe de soixante-dix élèves, soixante-cinq environ frissonneront devant ce que j'ai fait. Mais c'est un frisson illégitime. Vous ne vous rendez pas compte de la gravité de ce que je vous dis. Les personnes qui frissonnent le font parce qu'elles sont incapables de retarder leur réaction; leur "jugement" implique une réaction réflexe immédiate. Maintenant, l'explication verbale de mon acte peut être ceci ou cela, et bien d'autres choses encore, jusqu'à ce qu'on en arrive finalement à ce que tout cela n'était qu'une expérience scientifique, ce qui était le cas. Ces personnes n'avaient aucune raison de frissonner et d'avoir un signal animalistique, d'avoir des réactions réflexes (intensionnelles), alors qu'il y a tant d'explications possibles. Elles ont sauté hâtivement aux conclusions immédiatement traduites en une réaction organique. La réaction est une explication; elles sont allées au-delà de ce qu'elles pouvaient voir. C'est très important. Nous connaissons ce "sauter hâtivement aux conclusions", nous devons l'appeler comme ça. Il s'agit d'une *réaction non-différée,* qui est *animalistique.* Lorsque nous avons une *réaction différée,* nous avons le temps d'y réfléchir et elle sera légitime. Quand vous vous orientez vous-mêmes en termes d'indices, de dates, etc., vous avez *automatiquement* des *réactions différées.* Ce que les personnes ont vu, elles l'ont vu, mais certaines d'entre elles vont "réfléchir" davantage [N.D.T.: depuis les travaux du psychologue Daniel Kahneman, lauréat en 2002 du prix Nobel d'économie, réactions différées et procédés extensionnels semblent activer le Système2]. Il s'agit d'une *réaction générale* et c'est ici que l'*extensionnalisation* joue le rôle le plus important.

Nous commençons par des cartes, des tables, des chaises, etc., mais l'importance de nos prémisses réside non pas dans les chaises, mais dans la façon de gérer une réaction différée. Nous essayons d'éviter qu'un "jugement" trop rapide ne soit traduit sans être différé en une réponse organique, qui est en général une réaction injustifiée. Maintenant, celui qui n'a pas frissonné mais a attendu de voir ce qui allait se passer ensuite, a eu une réaction différée équilibrée et s'est épargné un choc douloureux et peut-être dommageable. La personne qui n'a pas frissonné a alors eu des réactions différées plus équilibrées qui lui ont permis d'atteindre un bonheur maximal dans la vie. Cela s'applique à la vie en général. Dans mon livre *Science et Sanité,* je tente d'investiguer s'il existe des facteurs scientifiques qui mènent à la sanité et à une vie meilleure ou qui conduisent à l'"insanité". J'aimerais que vous accordiez davantage d'importance aux problèmes de sanité et d'"insanité". Il y a très peu de personnes dans ce monde qui sont parfaitement ajustées à la vie. Leur malajustement est principalement dû à des orientations intensionnelles et à leurs conséquences, des doctrines intensionnelles incontestablement néfastes. Dans une large mesure, ces dangers disparaissent avec la *Sémantique*

Générale. Les questions de malajustement sont graduelles. Vous comprendrez mieux cela lorsque je reviendrai sur les fondements colloïdaux de la vie.

Il existe des degrés de malajustement, et on pourrait dire que cette classe est presque normale. Mais nous ne sommes pas tout à fait "normaux". Ainsi pour introduire un meilleur ajustement et un meilleur équilibre dans notre vie quotidienne, nationale et internationale, à travers nos réactions, nous avons besoin d'extensionnalisation. Vous verrez plus tard dans la soirée comment les colloïdes entrent en jeu. Lorsque la vie commence à s'empiler sur nous, plus nous sommes malajustés, plus tôt nous nous effondrons. L'éducation devrait nous apporter la sanité, une véritable éducation, fondée sur les résultats que la science nous donne. Une bonne école devrait nous éduquer aux facteurs neuro-linguistiques et neuro-sémantiques nécessaires pour nous rendre aptes à mener une vie plus heureuse et plus sane.

Voici la psychiatrie. Je parle de psychiatrie pour la simple raison que si quelqu'un vous analyse ici ce soir, vous êtes *supposément* normaux. Mais nous sommes très complexes; chez chacun d'entre nous, il est impossible d'observer les mécanismes à l'œuvre dans une simplicité relative. Lorsque nous traitons des patients en psychiatrie, nous traitons des mécanismes simplifiés et parfois isolés. Nous séparons celui-ci du reste et l'examinons, nous pouvons l'observer en action; en d'autres mots, nous apprenons des données *structurelles* sur le fonctionnement de certains mécanismes, dont les résultats deviennent généraux. Chacun de nous possède des mécanismes similaires à ceux des "insanes", sauf que ce n'est qu'une question de degré. La psychiatrie a progressé beaucoup plus rapidement que la "psychologie" parce qu'elle ne s'occupe que d'un seul mécanisme à la fois. Il y a un problème que j'aimerais approfondir un peu. Il s'agit de l'infantilisme. Nous pouvons être adulte sur le plan chronologique, mais nos réactions peuvent être celles d'un enfant. C'est ce qu'on appelle l'infantilisme. C'est à dire, nous évaluons comme un enfant. Regardez dans vos propres vies et dans celles de vos entourages et voyez en quoi certaines évaluations des adultes diffèrent de celles de personnes infantiles et à quel point elles sont souvent similaires. Supposons que je réprimande quelqu'un pour ne pas avoir pris de notes et qu'il fasse une scène et se mette à pleurer. C'est infantile. Si l'infantilisme est trop marqué, cela peut devenir une démence précoce. Dans la démence précoce, l'infantilisme se manifeste de manière colloïdale dans l'organisme. La démence précoce est aujourd'hui une telle menace pour les États-Unis que des investigations nationales spéciales sont en cours pour déterminer la cause de cette terrible maladie. Et tout cela est étroitement connecté à l'infantilisme. L'infantilisme s'accompagne de divers troubles sexuels. Masturbation, homosexualité [N.D.T.: homosexualité retirée du DMS, en 1973, et en 1990, l'Organisation Mondiale de la Santé a supprimé l'homosexualité en tant que telle de la Classification Internationale des Maladies (CIM-10). Elle est considérée aujourd'hui comme une variation normale de la sexualité humaine], impuissance, frigidité, etc., autant de facteurs qui rendent le mariage et la vie très malheureux. Si vous épousez une telle personne infantile, vous croyez avoir affaire à un individu responsable, alors que vous devez composer avec un enfant irresponsable, souvent amoral. Vous n'avez aucune prédictibilité, la vie devient une agonie d'incertitudes, d'inquiétudes, de peurs, de ne pas savoir quel tour l'enfant va jouer, etc. Peut-être commencez-vous à comprendre la signification de notre travail.

Ces derniers temps, la psychiatrie commence à s'intéresser de plus en plus à "l'inconscient". Les êtres humains se distinguent des animaux par le degré de leur conscience. Cette conscience régit nos vies. Par exemple, j'avais un étudiant très brillant, un universitaire, qui avait consulté plusieurs psychiatres, avait été jugé incurable et qui, outre d'autres troubles, présentait des symptômes d'"épilepsie", de perte de conscience et que sais-je encore. Après avoir travaillé avec lui dans mes séminaires conjointement avec un psychiatre qui applique la SG et dont il était le patient, cet étudiant est maintenant de retour à l'université, supposément guéri, ou du moins en grande amélioration. Voici l'explication telle que je la vois. L'épilepsie est connectée à une certaine activité cérébrale ($épilepsie_2$) et à une certaine maladie du cerveau ($épilepsie_1$). Nous en savons très peu à ce sujet. Mais l'$épilepsie_1$ est connectée à une certaine maladie du cerveau la plupart du temps, et celle-ci est généralement incurable. En analysant l'"épilepsie" de ce gars, bien qu'il ait eu des "crises", etc., il ne m'a pas donné l'impression que cette épilepsie$_1$ était authentique, et j'en suis venu à croire qu'il ne souffrait pas d'"épilepsie" non-indicée, parce qu'il avait simplement des "crises". Il *ne* perdait *pas* conscience, il était simplement sur-absorbé. Ce n'était pas une perte de conscience. C'était une sur-absorption. Essayez vous-même. Lorsque vous "pensez" intensément, vous devenez tendu. Généralement, la sur-absorption est connectée à une forme légère d'épilepsie, comme l'a démontré le docteur Rosett (*Archives of Neurology and Psychiatry*, avril 1929). Et dans ce cas, j'ai utilisé les données du docteur Rosett, indicées "épilepsie$_1$", "épilepsie$_2$", etc., et je lui ai dit qu'il était seulement sur-absorbé et qu'il ne s'agissait pas d'"épilepsie$_1$" mais d'"épilepsie$_2$". Et cela a disparu. La compréhension, la conscience des mécanismes, a aidé à résoudre une difficulté, et c'est le cas dans neuf cas sur dix.

Laissez-moi vous donner un autre exemple. Les Britanniques ont lancé ce qu'on appelle l'anthropologie. Ils ont recueilli des données sur les peuples dits primitifs. Les données étaient assez correctes, mais leurs interprétations n'étaient pas correctes. À ces peuples dits primitifs qu'ils avaient découverts, ils ont attribué des caractéristiques propres à l'homme de bas niveau issu de civilisation techno-scientifique. C'est la même erreur que de considérer un nourrisson comme un "petit homme". Vous savez qu'un nourrisson n'est pas un petit homme, mais qu'il a ses propres caractéristiques. Vous ne pouvez donc pas juger les peuples dits primitifs comme des humains imparfaits de civilisation techno-scientifique. Vous devez placer ledit primitif au niveau dudit primitif et ne pas le juger selon les normes de la civilisation techno-scientifique. Les écoles françaises et polonaises d'anthropologie ont corrigé cette erreur et ont replacé lesdits primitifs à leur niveau dit primitif. Aujourd'hui, nous traitons les primitifs scientifiquement à leur niveau, mais aujourd'hui nous n'avons pas encore étudié l'humain de civilisation techno-scientifique *au niveau de l'humain de civilisation techno-scientifique.* C'est très compliqué, mais pour la première fois, en SG, nous traitons les humains de civilisation techno-scientifique sur le niveau des humains de civilisation techno-scientifique, et cela se fonde sur la conscience d'*abstraire* de ce qui se passe à l'extérieur et à l'intérieur de notre peau. Lorsque cet "épileptique" devint conscient du mécanisme de son état, son "épilepsie" non-indicée a disparu. En plaçant l'être humain de civilisation techno-scientifique au niveau de l'être humain de civilisation techno-scientifique, nous fondons les réactions neuro-sémantiques et neuro-linguistiques sur la similarité de structure, et les rendons ainsi extensionnelles, ce qui est le début de la solution, puis tous les détails connus se connectent entre eux pour former une entièreté harmonieuse.

C'est là que les mathématiques entrent en jeu. Le grand mathématicien Sylvester a dit: "Les mathématiques découvrent les similarités parmi les différences et les différences parmi les similarités." Réfléchissez-y. C'est très important. Lorsque nous n'avons que des orientations définitionnelles intensionnelles, nous nous fions aux similarités en négligeant les différences. Mais les faits de la vie incluent toujours des différences. Ne vous mariez pas avec une définition, sinon vous devrez aller à Reno [N.D.T.: ville du divorce facile, voir la quatrième conférence, p53]. Vous devrez *vivre* avec un homme ou une femme Dupond, pas avec la définition, et les différences par rapport aux définitions deviennent impératives. Vous avez une "chaise", qui n'est qu'une étiquette pour une définition par similarités. Mais si vous avez "chaise$_1$", vous avez des similarités dans la "chaise" (définition) et des *différences rendues conscientes par l'indice*. L'ancienne éducation échoue parce que l'enseignement intensionnel se fait par similarités alors que chaque individu est différent. Observez, s'il vous plait, le mode de fonctionnement que j'enseigne. Je suis conscient tout le temps de vos *différences*. Voyez-vous que je vous observe tout le temps ? Je vous regarde pour voir si vous répondez correctement à nos progrès. Je ne veux pas que quiconque en tant qu'individu passe à côté des points de progression. Cette *conscience* des *différences* affecte la vie et affecte les professions. Vous tirez très peu de l'attitude intensionnelle standard qui se fonde sur les similarités. Cela ne fonctionne pas, sauf dans les cas les plus simples.

Je vais vous dire maintenant comment intervient la coordination générale par extension. J'étais en voyage en mer et dans ma cabine, il y avait une table à cartes et une chaise branlante. J'avais un invité qui m'a demandé à quoi servait le Structurel Différentiel. Je lui ai expliqué, en utilisant la définition de "chaise" et la vraie chaise$_1$, la *différence* entre l'orientation selon ma définition de "chaise" et l'orientation selon les réalités, chaise$_1$. Je lui expliquais cette chaise$_1$ et je l'ai prise pour la lui montrer. Quand je l'ai prise, la chaise était si branlante qu'elle était prête à tomber en morceaux, mais je ne le savais pas. Puis j'ai dit que si je m'asseyais sur la *définition intensionnelle* et qu'il y avait un problème avec la chaise réelle, je m'effondrerais. Puis, je lui ai de nouveau expliqué, tout en continuant à secouer la chaise, que j'étais une personne avec une orientation extensionnelle et que lorsqu'on me demande de m'asseoir, je me dis à moi-même: cela signifie chaise$_1$, chaise$_2$, etc. Alors j'ai secoué cette chaise un peu plus. J'ai dit: "Je ne m'assois donc pas sur une définition de "chaise", mais sur cette chaise$_1$ individuelle que je tiens dans ma main". Puis je me suis assis avec beaucoup d'énergie sur cette chaise, qui était si branlante qu'elle s'est effondrée. Ma chaise$_1$ extensionnelle s'est complètement disloquée. Mais je ne suis pas tombé. L'orientation extensionnelle m'a donné de la coordination. Vous voyez, c'est ce que cela signifie. J'étais à environ 15 cm du sol, mais je ne suis pas tombé. J'étais assez surpris moi-même, mais la raison était cette conscience que nous avons affaire à un individu unique auquel on ne peut pas faire aveuglément confiance. Nous nous orientons uniquement par des définitions ou par intension. Nous faisons aveuglément confiance. Je tiens à souligner que, par extension, nous perfectionnons notre *conscience* en étant *conscients* des dissemblances ou des dissimilarités, autant que des similarités.

On en arrive alors au problème de l'*enseignabilité,* c'est-à-dire ce qui peut être enseigné. J'introduis ici les différences comme un facteur fondamental pourtant négligé. Les différences sont des facteurs de similarité de structure. Il est donc important d'avoir une discipline qui puisse nous enseigner ce qu'il faut savoir de manière générale au sujet des différences. Vous ne pouvez pas imaginer quelque chose de plus important que de se former/entraîner à la similarité de structure incluant les différences. Dans l'ancien mode de fonctionnement, nous n'avons aucune méthode pour enseigner et former/entraîner aux différences en général. Je ne peux pas vous *former/entraîner* aux différences en général en dehors d'un cas particulier où je vous montre les différences particulières. Mais seulement dans des cas *particuliers*. Dans l'ancien mode de fonctionnement, nous étions impuissants à former/entraîner de *manière générale* aux différences. Nous pouvons cependant vous former/entraîner de manière générale aux différences, et nous pouvons vous rendre conscients des différences en général par l'utilisation des *procédés extensionnels*. L'ancien mode de fonctionnement formait/entraînait aux différences dans des cas particuliers, mais le nouveau mode de fonctionnement forme/entraîne de manière générale, par extension et non-identité. Grâce à cette généralité, nous passons de l'intension à l'extension. Je sais que la plupart d'entre vous ne sont pas conscients de la valeur extensionnelle des méthodes mathématiques. Avez-vous entendu parler de Newton et Leibnitz ? Tous deux, indépendamment l'un de l'autre, ont produit le calcul différentiel. Très peu de mathématiciens se rendent compte que leur plus grand achèvement a été la formulation d'une *théorie générale* en mathématiques. Pendant plus de deux mille ans, les mathématiciens ont différencié et intégré [N.D.T.: au sens de calcul différentiel et intégral] dans des cas particuliers, mais cela n'était pas *enseignable*. C'est là tout le problème. C'est là toute la difficulté. Le fait est que nous pouvons vous montrer la différenciation particulière, mais nous ne pouvons pas l'enseigner de manière générale. Newton et Leibnitz ont rendu la différenciation *enseignable*. Je tiens à ce que cela soit clair. C'est là la valeur historique des théories générales: elles deviennent enseignables.

La vie est faite de similarités et de différences. Les différences, en attendant, sont souvent beaucoup plus importantes que les similarités. Prenons un exemple tiré de la vie. Si vous prenez deux personnes d'ici et que vous les mariez sur la seule base d'une définition, elles ne seront pas heureuses, car elles ont des différences individuelles qui ne sont pas prises en compte dans la définition. Vous pouvez voir à quel point il est important d'avoir des *méthodes générales* de formation/entraînement aux différences. Cela n'existe pas dans les orientations intensionnelles, mais existe dans les orientations extensionnelles.

La névrose et la psychose se mettent en place souvent lorsqu'un père ou une mère fait du mal à un enfant et, comme l'enfant déteste le "père" intensionnel, qui est général, il déteste tous les pères et devient névrosé. Mais supposons qu'il soit extensionnalisé. Je vais lui ajouter des indices. Il détestera $Dupond_1$, et non tous les pères, et ne deviendra pas névrosé, etc. Dans de très nombreux cas, mes étudiants sont très malajustés aux difficultés relevant de leurs père et mère, et je leur ai dit d'arrêter d'utiliser ces termes et de les appeler $Dupond_1$, etc. Et dans de nombreux cas, ces difficultés ont été résolues. Cela s'applique également à "mère". "Mère" est un terme intensionnel, mais extensionnellement, la "mère" n'est que "la femme qui m'a enfanté(e)". C'est extensionnel. Mais alors vous ne détesterez pas toutes les "mères", si vous ne détestez que "la femme qui vous a enfanté(e)". C'est le point de vue extensionnel, parce que les faits sont ceci: "elle vous enfanté(e)". L'ancienne intension cache la difficulté dans l'inconscient, ce qui nous cause des ravages. Mais par extension, nous faisons se déplacer ces difficultés cachées de l'inconscient vers le conscient, car nous sommes conscients que les faits ne sont pas seulement similaires, mais aussi différents. Je traiterai encore ce sujet plus en détail dans la prochaine conférence.

Je vous disais que nous ajustons nos orientations à la révolution catégorique et au changement profond de notre vision du monde qui ont eu lieu au cours des trente-cinq dernières années, en raison du caractère dynamique de la "matière", que j'ai essayé de vous expliquer précédemment. Je vous ai montré ce disque constitué de lames rotatives — il s'agissait en réalité de lames rotatives, non d'un disque. Ce disque n'existait pas vraiment. C'est votre système nerveux qui l'a fabriqué à l'intérieur de vos têtes. Cela s'applique à toute "matière". Tout ce que vous *voyez* est une construction nerveuse que vous avez élaborée. C'est un *processus*. Tout ce que vous *voyez* est constitué d'électrons en rotation. Ce que vous ressentez n'est pas ce que vous voyez. Il s'avère que tout ce que nous pouvons voir n'est seulement qu'un stimulus pour notre système nerveux et que, par conséquent, l'"objet" que nous voyons n'a de "réalité" qu'à l'intérieur de nous, bien que l'image électronique extérieure ait une réalité indépendante. Ceci est important parce que les anciennes théories sont intenables. Peu importe quels sont les détails des nouvelles théories, ce qui importe, c'est que les anciennes théories sont intenables. Il s'agit là d'une *connaissance positive*. Et cela est destiné à changer notre orientation, passant des *anciennes orientations aristotéliciennes statiques intensionnelles deux-valuées* à une *orientation processus* non-aristotélicienne dynamique infini-valuée. Cela est lourd de conséquences. Nous sommes en train de nous effondrer sur le plan civilisationnel parce que nous *vivons* selon les découvertes de la science extensionnelle moderne, mais nous conservons dans nos têtes des systèmes intensionnels d'origine primitive, non-similaires au monde extérieur et à notre système nerveux. Nos orientations ne conviennent pas aux choses qui régissent nos vies. C'est nouveau.

Je veux expliquer cette orientation deux-valuée. Prenons la première. Soit l'objet B touche A, soit il ne le touche pas. Il s'agit d'une orientation deux-valuée. "Soit... soit", "oui ou non", "bon ou mauvais", "aimer ou détester", etc., tout cela relève du *deux-valué*. Elle a été formulée par Aristote comme la loi du "tiers exclu". A est B ou non-B, il touche ou ne touche pas. Nous appelons cela une orientation deux-valuée. Remarquez les *deux* valeurs. Une troisième est impossible selon cette formulation verbale, contredite par l'expérience de vie. Si la théorie du processus dynamique de "matière" est correcte, comme elle l'est, démontrée par d'innombrables données, alors ces deux objets, A et B, n'existent pas en dehors de votre tête. Pensez toujours à l'exemple du disque. Vous pouvez voir le parallèle entre la construction nerveuse des disques et l'orientation deux-valuée. Cela s'applique à tous les objets. Ce qui existe pour de vrai en dehors de notre tête, ce sont des processus électroniques, des structures électriques, qui changent continuellement. L'électricité s'avère donc être la "brique de construction" du monde et de nous-mêmes. Maintenant, si tout est un processus, un jazz rayonnant d'électrons (en nombre infini), nous ne pouvons pas dire que le *processus* C touche ou ne touche pas le *processus*

D. Ils auraient un nombre infini de degrés de toucher. Vous voyez donc que nous devons passer des orientations aristotéliciennes deux-valuées aux orientations non-aristotéliciennes infini-valuées.

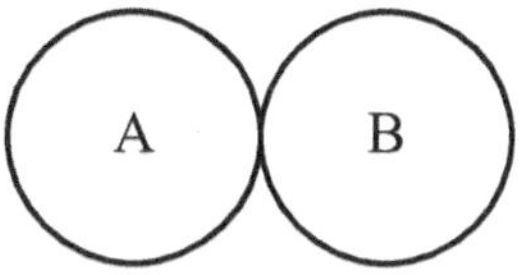

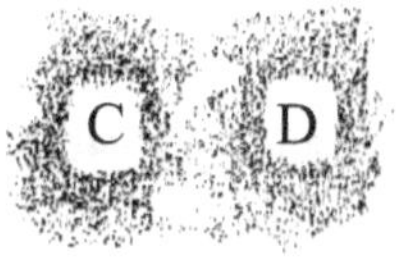

Vous vous rendez tous compte de l'importance dans la vie de l'automobile, de l'avion et de la radio. Vous connaissez bien les noms d'Euclide et de Newton. Maintenant, l'électricité et le générateur électrique ne suivent pas les théories d'Euclide et de Newton. Ainsi, nos *vraies vies extensionnelles* sont vécues dans des conditions non-euclidiennes et non-newtoniennes, mais nos orientations restent désespérément celles du vieux système. Cela s'applique aux orientations aristotéliciennes deux-valuées, avec lesquelles nous pouvons organiser une table pour dîner, mais pas préserver la *sanité - personnelle, nationale et internationale.* Ainsi, l'extensionnalisation représente une étape culturellement nécessaire à laquelle il n'y a pas d'échappatoire. Consciemment, nous ne pouvons pas revenir en arrière, mais inconsciemment, nous le pouvons. Prenez l'exemple des colloïdes. Vous devez travailler sur cette "conscience d'abstraire". N'oubliez pas cet œuf. Souvenez-vous également de ces deux petites boules qui se repoussaient lorsqu'elles étaient électrifiées, souvenez-vous de cette démonstration sur l'énergie de surface. Maintenant, avec ces très petites particules en suspension dans des milieux appropriés, avec des énergies électriques qui se repoussent et des énergies de surface qui s'attirent, lorsque nous perturbons l'équilibre de ces énergies, des choses commencent à se produire. Souvenez-vous du cas de l'œuf. Le secret de la vie dépend de la flexibilité de cette dispersion ou agglutination appropriée de ces petites particules dans un milieu approprié que nous appelons protoplasme vivant. Prenez cette boîte et cette boîte de conserve. Pourquoi ne s'assemblent-elles pas ? Parce qu'elles sont trop grandes et qu'il n'y a pas de milieu approprié. Lorsque nous nageons, c'est le milieu qui fait la différence. Dans les colloïdes, les particules sont très petites et le milieu est très lourd par rapport à ces particules, ce qui limite considérablement la liberté de mouvement de ces dernières. Cela s'applique au protoplasme. Nous avons également des colloïdes non-vivants: les colloïdes inorganiques. Et vous seriez surpris de voir ce qui se passe même dans ceux-ci. Ceux-ci peuvent reproduire des formes de vie même en l'absence de vie, simplement parce qu'ils sont constitués d'unités colloïdales qui établissent des interactions dynamiques d'énergies fondamentales, comme on en trouve dans le protoplasme vivant. Sur une base colloïdale, nous serons très bientôt en mesure de produire une vie artificielle. Maintenant, deux particules avec des ensembles d'énergies opposées constituent une unité colloïdale. Lorsque nous mettons en interaction ces unités colloïdales, les *groupes se comportent différemment* des *particules* colloïdales, et nous obtenons des *actions* et des réactions *de groupe* qui, bien que non-vivantes, se rapprochent des réactions du protoplasme vivant. Souvenez-vous que la vie est encore plus complexe. Ici, je ne parle que de la plus simple de ces deux énergies, entre seulement deux particules.

Mais, lorsqu'il s'agit de cellules et de fibres, un autre facteur important entre en jeu. Vous savez ce que signifie la polarité. Vous voyez ici que nous n'avions seulement que ces deux énergies, mais si nous avons une fibre composée de cellules colloïdales, nous avons des cloisons et une polarité, avec une charge électrique positive à une extrémité et une charge électrique négative à l'autre extrémité. Un courant électrique traversant la fibre modifiera la polarité de cette fibre. Et si vous faites une expérience colloïdale et que vous avez beaucoup de particules colloïdales dispersées, alors lorsque vous faites passer un courant électrique, elles iront vers les pôles opposés. C'est la polarité qui fonctionne. Ces cellules sont beaucoup plus complexes que ce que j'ai dit. C'est très important.

Et maintenant pouvez-vous voir que si vous êtes deux-valués dans votre tête, vous ne pouvez pas "penser" à la vie où les faits sont colloïdaux et infini-valués ? La “pensée” courante est deux-valuée, mais même les spécialistes ne peuvent pas “penser” de manière colloïdale si leur orientation n’est pas infini-valuée. La vie et les faits sont donc dynamiques, mais le langage est statique. Avec les procédés extensionnels et le vocabulaire infini-valué qui en résulte, notre langage et nos orientations deviennent fluides. Le mouvement, cependant, est assez difficile. Il se fait par étapes infinitésimales, mais si nous fixons une date, nous obtenons une coupe transversale statique de ce processus. Le monde newtonien était à 3 plus 1 dimensions. Trois pour l’espace et une pour le “temps”. Nous ajoutons le mouvement. En quatre dimensions, nous avons également le mouvement, bien qu’il devienne une série statique de positions avec une date. Autrement dit, chaque point de l’espace a une date. Lorsque vous attribuez une date à un point, ce point devient alors statique. Le monde reste dynamique, mais la représentation des faits devient maintenant statique. En quatre dimensions, chaque point a une date. Une supposition générale serait que les électrons devraient être très similaires. Mais en quatre dimensions, tout est différent parce que tout a une date. Nous ne divisons pas du tout espace et temps. Nous avons ce continuum espace-temps avec un trait d’union. Et en quatre dimensions, tout est statique, il n’y a pas de mouvement, mais une série d’évènements statiques extensionnels, pourtant le “mouvement” physique se poursuit toujours. Nous ne pouvons donc pas simplement dire que le monde est dynamique et que le langage est statique. Mais nous pouvons ajuster la représentation sur quatre dimensions et alors nous pouvons représenter le monde comme statique aussi, ou le langage comme dynamique. Ainsi, la flexibilité de notre langage peut être utilisée par extension. Je voudrais aborder un autre problème.

Il existe un instrument appelé psycho-galvanomètre. Des expériences ont été menées dans des hôpitaux et des universités, principalement avec des étudiants, à l’aide de cet appareil pour enregistrer les courants électriques auto-générés. On installe l’étudiant sur une chaise et on lui donne deux fils à tenir, fils qui sont connectés au psycho-galvanomètre. Nous produisons notre propre électricité, et le psycho-galvanomètre est un instrument très sensible. Tout mouvement que nous faisons, "mentalement" ou "physiquement", y est enregistré. D'autres instruments enregistrent les courants électriques dans le cerveau et produisent des graphiques appelés encéphalogrammes des ondes cérébrales. Chaque évènement individuel différent de votre vie produit une onde cérébrale différente. Pour en revenir au psycho-galvanomètre, vous tenez deux fils et je vous dis quelque chose. Vous enregistrez ce que je dis et vous le rapportez verbalement, et il y a une courbe tracée dans le psycho-galvanomètre entre nos réponses électriques organiques et nos réponses verbales, et ceci montre que nos réponses verbales falsifient en grande partie les réponses organiques. Il y a quelques termes qui sont très fortement enregistrés. Un terme est toujours très profondément enregistré chez les gens: "frustration". Nous connaissons l'horreur de la frustration. Si nous vivons dans un monde intensionnel, il faut s'attendre à la frustration. Lorsque nous parlons, lorsque nous attendons trop de bonheur, nous sommes frustrés par les faits. Nous ne voulons pas de frustration, alors passons à autre chose !

Souvenez-vous que notre structure et fonction sont colloïdales, et que les structures colloïdales sont des structures électriques. Autrement dit, nous ne sommes que des amas d'électricité. Chaque mot, chaque action, etc., implique des courants électriques spéciaux que nous enregistrons organiquement autant que verbalement. Chaque mot modifie nos courants électriques, et ceux-ci affectent la coagulation ou la dispersion des colloïdes. "Pensez" à vous-mêmes en termes de jazz colloïdal - des jazz colloïdaux qui se produisent dans notre cerveau. Lorsque nous créons une similarité de structure entre mon jazz colloïdal dynamique et les vôtres, alors nous nous comprenons. Vous pouvez maintenant comprendre pourquoi les gens meurent à cause des *mots*. Une démence précoce est due à une *sur-dispersion des colloïdes*. C'est pourquoi elle est si proche de l'infantilisme. L'éducation est rendue possible par le verbiage et les effets électriques sur la structure des colloïdes. À la naissance, vous avez des colloïdes *dispersés*. La mort est une coagulation. Il n'est pas nécessaire de l'appeler autrement. La maturité est une étape intermédiaire entre ces deux états.

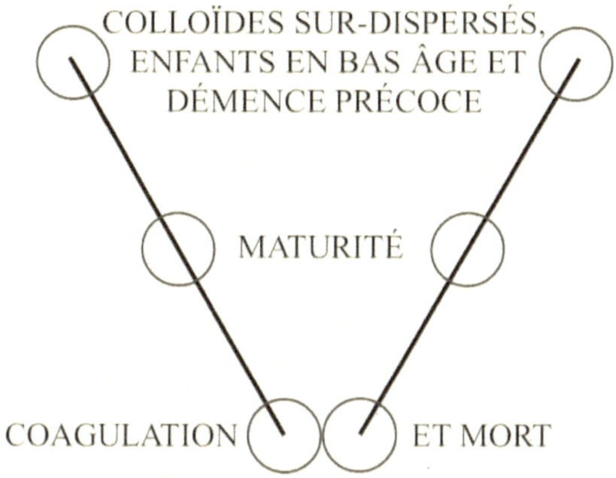

NEUVIÈME CONFÉRENCE DU SÉMINAIRE

Merci beaucoup, Dr Congdon[5]. Ce fut un plaisir de vous avoir parmi nous ce soir.

Aux États-Unis, les problèmes de l'infantilisme et de la démence précoce sont devenus des problèmes nationaux et une menace. Les chercheurs de treize centres scientifiques répartis dans différentes régions des États-Unis ont été mobilisés pour la campagne lancée par le Comité National pour l'Hygiène Mentale contre la démence précoce, le trouble "mental" le plus répandu. Cependant, même ces chercheurs ignorent la science moderne et les questions neuro-linguistiques et neuro-sémantiques en jeu. Leurs recherches, bien qu'utiles, ne peuvent avoir une portée suffisante et restent, et resteront, des rapports théoriques sans applications plus larges. Les études et l'expérience en Sémantique Générale semblent jeter un nouvel éclairage sur la démence précoce, en ajoutant l'analyse fondamentale de l'infantilisme comme mécanisme défini de malajustement fondé sur une mauvaise évaluation, etc., etc., terrain préparatoire à la démence précoce, formulé en termes opérants.

[5] Avant la conférence, le Dr C. B. Congdon, du service de santé de l'université de Chicago, a parlé des problèmes de santé "mentale", en particulier de la schizophrénie. Ses remarques ne sont pas incluses ici.

Je vais vous lire les dernières définitions sur la démence précoce, chacune résumant, pour ainsi dire, les données empiriques de nombreuses observations, qui coïncident entièrement avec les observations que nous avons faites en Sémantique Générale.

Qu'est-ce que la démence précoce ?

Définition de James V. May, directeur de l'hôpital d'État de Boston

> La démence précoce est une désorganisation de la personnalité pendant la période de l'adolescence ou de la maturité. Elle se caractérise, de manière générale, par une incoordination des mécanismes mentaux et s'accompagne tôt ou tard d'une détérioration intellectuelle sans base organique définie pouvant être démontrée à ce jour.
>
> Sur le plan psychologique, il s'agit de la réaction d'une personnalité inadéquate aux difficultés de l'environnement. Cette inadéquation n'est pas démontrable sur le plan intellectuel, mais s'exprime par une incapacité à réagir, comme le ferait une personnalité normale et équilibrée, aux difficultés rencontrées au cours de la vie éducative, économique, sexuelle, émotionnelle, domestique ou sociale de l'individu.

Extrait du manuel de Psychiatrie Clinique du Dr Edward A. Strecker et du Dr Franklin G. Ebaugh

> La démence précoce, mystère de la psychiatrie, constitue un défi pour les chercheurs dans tous les domaines de la recherche médicale. Son étiologie est incertaine, sa pathologie inconnue et ses limites cliniques controversées, et pourtant elle représente un problème plus grave que la tuberculose ou le cancer. Les cas hospitaliers de démence précoce sont deux fois plus nombreux que ceux de la tuberculose. Chaque année, pas moins de 30 000 à 40 000 individus (tous cas confondus), peu après l'adolescence ou au début de l'âge adulte, sont victimes de cette terrible maladie. À moins qu'un ajustement ne soit accompli pendant la brève phase initiale, elles sont condamnées à une véritable mort vivante, dépourvues de vie émotionnelle et incapables de participer aux activités et aux affaires normales de la vie. L'importance

de ce groupe de psychoses du point de vue de la santé publique (hygiène mentale) n'a pas besoin d'être soulignée davantage et les mesures préventives sont de la plus haute importance.

La démence précoce, souvent appelée schizophrénie, car elle révèle une séparation fondamentale entre les processus émotionnels, cognitifs et moteurs, est une psychose chronique qui touche principalement les personnes âgées de 20 à 30 ans. Il ne s'agit pas vraiment d'une entité pathologique clairement définie, mais plutôt d'un type de création - une maladaptation. Dans la grande majorité des cas, l'état final est une détérioration qui touche particulièrement l'humeur et les réactions affectives.

Adolf Meyer a formulé une description constructive lorsqu'il a décrit la personnalité dite "renfermée". La tendance à s'isoler et à se retirer de la réalité, qui se manifeste généralement pendant l'enfance, est la caractéristique distinctive de la personnalité sur laquelle la démence précoce s'implante si facilement.

Extrait d'un article intitulé "Dementia Praecox, A Simplified Formulation" (Démence précoce, une formulation simplifiée) du Dr R. G. Hoskins, publié dans le *Journal of the American Medical Association,* le 11 avril 1931.

La démence précoce est un trouble qui se caractérise par son apparition précoce dans la vie et qui persiste pendant de nombreuses années. En termes de perte économique totale, elle coûte environ un million de dollars par jour rien qu'aux États-Unis. Son coût en termes de souffrance humaine est incalculable.

Les principales caractéristiques de ce trouble sont connues depuis les débuts de l'histoire de la médecine. Pourquoi alors, à cette ère des progrès médicaux, la compréhension de ses causes et de son traitement est-elle si lamentablement à la traîne ? La raison principale en est sans doute le fatalisme pur et simple, une attitude tout à fait indigne de la médecine du XXème siècle. Plus important, et découlant dans une large mesure de cette attitude fataliste, il y a une grande part de simple négligence. Le fardeau des soins de simple prise en charge est si lourd que seules des ressources très limitées ont été consacrées à la recherche dans ce domaine. Dans la pratique, l'une des principales raisons de l'absence de pro-

> grès est l'absence d'une formulation compréhensible pour tout un chacun, à l'exception des psychiatres de formation. Pour le médecin généraliste, les familles des patients, les infirmières et les aides-soignants des hôpitaux psychiatriques, entre les mains desquels repose en grande partie le bien-être des patients, la nature de ce trouble reste largement mystérieuse.
>
> En termes concis, on peut dire que la démence précoce est une réaction défensive chez un être humain sensible face à un sentiment d'échec personnel. Elle résulte de l'incapacité à répondre à ses propres exigences personnelles. Elle s'accompagne généralement d'un sentiment d'isolement. Elle peut prendre la forme d'une panique, d'une acceptation désespérée (perte d'espoir), d'une attitude évasive, avec projection et délires de grandeur, ou d'une simple acceptation de l'infériorité. Une perte intolérable du respect de soi est fondamentale dans la psychose.

Dans beaucoup de cas d''insanité", il existe une rationalité partielle, mais celle-ci ne peut être considérée comme fiable dans la plupart des cas. Il y a un cas de démence précoce que je n'oublierai pas facilement. Il s'agissait d'un jeune soldat. Il avait toujours été un bon soldat, mais il avait développé certaines caractéristiques indésirables. Il quittait le groupe en plein rassemblement militaire pour se rendre à la caserne et s'endormir, etc. Il a été puni et traduit en cour martiale, mais il a développé tellement d'habitudes étranges qu'ils l'ont finalement envoyé à l'hôpital St. Elizabeth pour observation. J'ai passé deux heures avec lui et il se comportait de manière parfaitement "normale", alors qu'il était en réalité presque un cadavre. Un cadavre a autant de vie que ce gars. Il n'avait aucune trace de réponse affective. Il fallait voir une personne comme lui pour comprendre ce qu'est l'absence totale de ressentis. Et trois mois plus tard, il était complètement détruit. Voilà l'absence de ressentis dont parlait le Dr Congdon, la "mort vivante" telle que la définissent les manuels.

Pour en revenir aux colloïdes, l'arrière-plan colloïdal de la vie est complètement établi [N.D.T.: en 1937 peut-être, mais cette notion a disparu en 2025]. Je me souviens d'un autre patient, qui était enfermé depuis vingt ans. Il avait obtenu une liberté conditionnelle et se promenait autour de la pelouse.

J'ai étudié cet homme - il se comportait plutôt bien. Nous pourrions dire "plutôt normalement", dans l'hôpital. Souvenez-vous des guillemets. Et puis, après vingt ans, il a eu la chance de mourir. Et, lorsqu'ils ont pratiqué l'autopsie, ils ont découvert qu'il *n'*avait *pas de "cerveau"* au sens ordinaire du terme. La cavité était remplie d'un "liquide purulent". Il n'y avait pratiquement pas de "cerveau" au sens ordinaire du terme. Maintenant, comment se fait-il qu'une personne puisse réagir "tout à fait normalement" dans des conditions limitées, les limitations d'un asile ? Comment peut-il vivre ? Du point de vue colloïdal, nous pouvons expliquer cela sur la base que l'organisme réagit comme-un-tout. Le fonctionnement du système nerveux, ainsi que celui du corps entier, dépendent des colloïdes. Et donc, bien que d'un point de vue physiologique, selon l'ancien mode de fonctionnement, on puisse dire que l'homme n'avait pas de "cerveau", d'un point de vue colloïdal, cette cavité était pleine, ce qui lui permettait d'avoir plutôt des "réactions normales". Aujourd'hui, nous nous rendons compte que nous devons réviser toutes nos sciences et utiliser, franchement, des méthodes extensionnelles.

Par exemple, il n'existe pas de chimie colloïdale; tout relève de la physique colloïdale. Aujourd'hui, cette révision est en cours, mais elle n'est ni achevée ni coordonnée. Vous rendez-vous compte qu'aujourd'hui, notre médecine n'est qu'une science vétérinaire glorifiée en raison de l'ignorance médicale en matière de psychiatrie ? Je connais bien les chevaux et ils sont assez comme nous sur le plan organique; mais alors pourquoi ont-ils si peu de maladies et celles-ci sont-elles si simples ? La réponse est que les facteurs neuro-colloïdaux, l'environnement sémantique, l'environnement cérébral, l'environnement linguistique, etc. affectent notre structure colloïdale. La fraction de centimètre supplémentaire de cortex chez l'être humain n'est pas une explication satisfaisante [N.D.T.: le cortex humain varie en épaisseur selon les régions du cerveau, avec environ 2,5 à 4,5 mm d'épaisseur moyenne.]. Souvent, des opérations majeures sont pratiquées alors que le patient n'est malade que dans sa tête. Cela s'explique par le fait que les médecins ignorent ou négligent la psychiatrie. Depuis les travaux colloïdaux de Burridge, les sciences médicales doivent être révisées, car leurs formulations *ne* sont *pas similaires* en structure aux faits.

Il ne suffit pas de se reposer derrière les problématiques linguistiques et le langage. Nous devons les *ressentir* comme des orientations directes, des évaluations, etc., juste comme le docteur Congdon a dit que nous devions le faire. Je vais vous donner un exemple. Par exemple, pour le verbe "être", nous avons quatre "est" différents:

"est"	un verbe auxiliaire
"est"	d'existence
"est"	de prédication (N.D.T.: prédication: action de prédiquer, énoncé par lequel on attribue un prédicat à un sujet)
"est"	d'identité

Exemples:

Le premier serait: "Il *est* en train de pleuvoir".
Le deuxième: "Je *suis* "[6].
Le troisième: "Une rose *est* rouge".
Et enfin, le "est" d'identité: "La rose *est* une fleur".

Nous avons quatre "*est*" entièrement différents et pourtant nous n'avons qu'un seul mot pour les désigner. C'est pourquoi nous commettons erreur sur erreur. Les "est" de *prédication* au niveau de la "sensorialité" et le "est" *d'identité sont toujours, invariablement, faux quant aux faits.* Lorsque je dis "la rose *est* rouge", le langage *n'*est *pas similaire aux faits,* il falsifie les faits. Le "rouge" est dans nos têtes, dans nos systèmes nerveux, et nous avons dit que le "rouge" était dans la rose. Ne voyez-vous pas là une falsification - une déclaration fausse quant aux faits ? Dans la rose, nous ne trouvons que des vibrations électromagnétiques, pas du "rouge".

---

6 Bien que "je suis" apparaisse fréquemment comme exemple du "est" d'existence, peut-être que "Il existe un principe de droit qui stipule..." serait un exemple plus utile. [HJM]

Cela s'applique à toutes les perceptions "sensorielles". Je dis: "La rose *est* rouge". Ce n'est pas correct. Vous ne pouvez pas dire que le sucre "est" sucré. Tout est dans nos têtes, rappelez-vous, et non dans la rose ou le sucre. Par conséquent, lorsque nous disons que "le sucré" "est" dans le sucre, c'est faux.

Qu'en est-il du 'est' d'identité ? "Une rose *est* une fleur" Les caractéristiques d'une fleur ne sont pas "identiques" à celles de $rose_1$. Cette déclaration est donc fausse quant aux faits. Cette identification de quatre "est" totalement différents conduit à des tragédies humaines. Ces deux dernières utilisations sont *toujours fausses quant aux faits* au niveau de la "sensorialité", et sans les procédés extensionnels, nous n'avons aucun moyen de les distinguer en parlant, car ils sont orthographiés de la même manière.

Voici un bureau. Vous l'appelez "table":

1) une danse électronique - un processus, puis avec nos systèmes nerveux, nous
2) abstrayons l'"objet" et l'appelons "table". Ensuite, nous avons une sorte d'
3) impression photographique directe sur le cerveau par nos yeux, et nous appelons l'image une "table", et puis nous avons
4) une émission linguistique, une définition, que nous appelons une "table".

Aimeriez-vous que vos connaissances et vos orientations de vie soient fondées sur de telles falsifications, etc. Lorsque nous sommes conscients de ces dangers, ils disparaissent, car nous sommes conscients de ce qui se passe en eux et dans nos organismes, qui réagissent aux stimuli. Il est difficile de traiter dans ce domaine avec des étudiants ou des patients. Souvent, les gens répondent à mes questions, mais leurs mots n'ont pas de ressenti ou de signification. Ils sont comme des perroquets. Il n'y a rien derrière eux, aucune évaluation instinctive, organique des problématiques exposées. La simple verbalisation ne fonctionne pas lorsqu'elle n'affecte pas nos réponses et évaluations organiques, correspondant aux problématiques. En SG, nous traitons les réactions sémantiques en connexion avec ce que nous disons.

Nous ne pouvons pas savoir ce que "malade" signifie tant que nous ne savons pas ce que "en bonne santé" signifie. Les "bribes superficielles de connaissances médicales" sont supposées engendrer l'"insanité". Voyons maintenant, extensionnellement. Nous "savons" beaucoup sur nous-mêmes et nous "savons" que nous "savons" quelque chose. Puis nous trouvons que tout ce que nous "savons" s'avère réellement être un faux savoir. Cela revient à des "bribes d'apprentissage médical". Et il se trouve que tout cela est faux quant aux faits. Je vais vous donner un exemple. Considérerons ce que nous appelons les "glandes sexuelles". Je n'utilise pas ce terme, car c'est un abus de langage; je les appelle par leur nom technique, les gonades. Ce nom s'applique aussi bien aux hommes qu'aux femmes, et les gonades sont des glandes à sécrétion interne dont les 9/10 ont pour fonction de *vitaliser* le corps *entier, le cerveau inclus*, et dont seulement 1/10 a trait au "sexe proprement dit". Il existe des mécanismes appelés "mécanismes hystériques" [N.D.T.: Le terme « hystérie » et ses dérivés (ex : « hysterical neurosis ») ont été supprimés comme catégorie diagnostique explicite dans le Diagnostic and Statistical Manual of Mental Disorders (DSM) à l'occasion de la publication de la 3e édition (DSM-III) en 1980]. Ils sont fondés sur notre capacité à *projeter* des réactions sémantiques sur n'importe quelle partie du corps, des organes, etc. Vous vous souvenez, par exemple, que nous parlions de la projection physiologique de la couleur ou de la douleur. Ainsi, nous avons projeté la douleur de la tête vers le doigt lorsque nous nous sommes pincé le doigt. Ces mécanismes de projection peuvent être utiles. Ce sont des mécanismes de survie au niveau animal. Au niveau humain, nous pouvons cependant rencontrer des difficultés parce que nous avons des mécanismes de projection que nous appelons illusions, délires et hallucinations. Ces mécanismes sont particulièrement présents dans toutes les maladies "mentales". Par conséquent, un animal ne court aucun danger en utilisant son mécanisme de projection, mais un être humain court un grand danger parce qu'il peut surmener les mécanismes et les problèmes commencent. Dans l'hystérie, par exemple, nous pouvons avoir une fausse grossesse avec tous les symptômes présents sauf le bébé. Cela s'applique à certains animaux, les chiens par exemple. Autrement dit, cela montre que les mécanismes de projection hystérique sont des mécanismes très fondamentaux. Nous pouvons avoir toutes sortes de maladies, toutes dues à des mécanismes de projection. Nous devons commencer à les éliminer dans nos têtes pour que les symptômes disparaissent. Ces mécanismes existent en tant que fait, mais dans l'état actuel des choses, nous les utilisons surtout à notre détriment. Il n'y a aucune raison pour que nous ne les utilisions pas de manière constructive puisqu'ils existent et que nous savons qu'ils existent. Et c'est à cela que nous arrivons. Il existe un mécanisme hystérique qui projette les plaies du Christ sur les mains. Ces plaies sont appelées stigmates et ne peuvent pas être soignées par la médecine ordinaire, mais après un *traitement psychiatrique,* les plaies disparaissent parce que les mécanismes colloïdaux sont ici de l'ordre de l'hystérie. Ces projections sont des réactions organiques générales, très puissantes.

Je parlais des gonades, vous vous souvenez, 9/10 de leur fonctionnement vitalise le corps entier, *cerveau inclus,* et seulement environ 1/10 de leur fonctionnement pourrait être qualifié de "sexuel proprement dit". Carrel dit que si les gonades sécrétaient un liquide bleu, le corps entier serait bleu, le cerveau très bleu, et même les os seraient légèrement bleus. Maintenant, les "bribes d'apprentissage médical" engendrent l'"insanité". Il en va de même pour les *fausses connaissances.* Nous sommes directement attentifs de seulement un dixième du fonctionnement des gonades. Mais ce n'est pas nécessairement correct parce que nous le "savons". Souvenez-vous de ces guillemets. Je vais le répéter. Ces faits aident beaucoup de mes étudiants. Cela clarifie beaucoup de leurs problèmes. Nous n'avons pas besoin qu'on nous parle de ce 1/10, car nous en sommes directement conscients, mais nous ne savons toujours rien de ce qu'il en est des 9/10, à moins que la science ne nous le dise. Autrement dit, voici ce qui se passe: souvenez-vous que "quelques bribes d'apprentissage médical" engendrent l'"insanité". À travers de "fausses connaissances" nous évaluons notre 1/10 comme étant 10/10, ce qui conduit à des difficultés sans fin. Maintenant, voici la partie triste. Si, à travers de fausses connaissances, nous évaluons le 1/10 comme étant 10/10 et nous identifions en valeur une petite partie du fonctionnement avec l'entièreté, et nous *projetons* les 9/10 de fausses connaissances sur le 1/10 dont nous sommes conscients, nous désorganisons les deux fonctions parce que cela repose sur de fausses connaissances. Ainsi, les humains doivent "connaître" le fonctionnement de certains de leurs organes *avant* de pouvoir fonctionner correctement. Est-ce clair ? En connexion avec les mécanismes de projection, c'est la raison pour laquelle la neuropsychiatrie doit sous-tendre toute la médecine. Nombre de ces mécanismes ne sont utilisés dans l'ancien mode de fonctionnement que par des personnes hystériques, malades, et dans l'ancien mode de fonctionnement, nous utilisons nombre de ces mécanismes de manière destructrice. Avec l'élimination des fausses connaissances et la conscience des mécanismes, ceux-ci peuvent être utilisés de manière constructive. Dans la pratique, cela fonctionne comme prédit.

Si *nous projetons* les 9/10 sur le 1/10, détournant ainsi l'*énergie* du cerveau, cette projection d'énergie sur le 1/10 entraîne une hyperactivité. Ce n'est pas une bonne répartition de l'énergie. Plus nous devenons conscients de ces mécanismes, plus nous plaçons l'humain de civilisation techno-scientifique au niveau de l'humain de civilisation techno-scientifique. Souvenez-vous de mon analyse du thalamus et de mon explication sur la façon dont il est surstimulé. Maintenant, le rôle du cortex est de réguler et de *protéger* le thalamus. Si notre cortex est plein de *fausses connaissances*, notre cortex ne fonctionne pas correctement - au lieu de protéger, il stimule le thalamus, ce qui entraîne que la civilisation techno-scientifique se détériore rapidement. Nous avons besoin d'un meilleur *contrôle* neurologique, et il n'y a pas de contrôle sauf par le cortex. Donc, l'entraînement du cortex dans le nouveau mode de fonctionnement est une nécessité absolue. C'est une nécessité absolue pour la sanité de la civilisation techno-scientifique, pour freiner les êtres humains *malades* tels que les différents Hitler, etc., qui gouvernent des millions d'êtres humains. Maintenant, comment pouvons-nous faire cela ?

Le cortex a de nombreuses fonctions:

1. Effet dynamogénique. Cela signifie *générant de l'énergie.* En d'autres termes, le cortex énergise, en fin de compte, l'organisme tout entier.
2. Activation différentielle. Cela signifie que certaines impulsions peuvent être contrecarrées par d'autres impulsions. Dans le vieux mode de penser, nous appelions cela "inhibition", mais aujourd'hui, nous n'utilisons plus, ou ne devrions plus utiliser, ce terme ecclésiastique et juridique en neurologie. Il y a aussi d'autres choses.

Nous devons ajouter "etc." ici aussi.

Je vais maintenant vous poser une question difficile. Si le système nerveux fonctionne comme-un-tout, certains de ces aspects ne sont-ils que de la *fiction verbale* ? Ces *aspects* séparés peuvent-ils exister par eux-mêmes ? La réponse est *non.* Ils fonctionnent tous ensemble, mais il y a une chose qui est *fonctionnelle* et qui n'est donc pas une *fiction* dans le cortex, à savoir la fonctionnalité de *différer les réactions.* C'est le rôle propre du cortex. Il ralentit les réactions instinctives, réflexes immédiats de l'animal. La question est maintenant de savoir si nous pouvons introduire une *pleine conditionnalité* dans les réactions des humains et dans quelle mesure les réactions humaines pourraient être rendues *pleinement conditionnelles.* Si nous pouvons stimuler le cortex, nous différons la réaction et nous aidons le reste des fonctions du système nerveux, parce qu'il fonctionne comme-un-tout. Malheureusement, très peu de gens, même parmi les neuropsychiatres, s'en rendent compte. Et le fait est que lorsque nous ressentons des choses, pas seulement des réactions linguistiques, mais nos réactions intérieures directes, nos orientations intérieures sont affectées. Lorsque vous vous êtes entraînés à "penser" *exclusivement* en termes de $Dupond_1$, $Dupond_2$, etc., nous avons automatiquement différé nos réactions. Nous n'allons pas "exploser".

Vous voyez, il y a des sagesses dans cela, des sagesses très anciennes. Quand vous utilisez les procédés extensionnels, vous ne pouvez qu'avoir des réactions différées. Et ici, nous disposons des moyens mécaniques pour stimuler le cortex, parce que nous pouvons *introduire automatiquement des réactions différées.* Lorsque je vous ai expliqué en quoi consistait "ordre", je vous ai dit que le terme "ordre" réunissait les sciences humaines et la physique mathématique, puis j'ai ajouté que grâce à *ordre,* nous pouvions stimuler directement le cortex. Maintenant ici je vous montre comment cela se fait automatiquement.

Il s'agit d'*ordonner les réactions.* Par extension, nous devons *ordonner* nos réactions et introduire automatiquement des réactions différées. Le point principal est celui que le Dr Congdon a essayé de transmettre, et que j'ai également essayé de transmettre. Souvenez-vous que je vous ai dit que le mot *table* recouvre (1) le *processus,* le processus électronique qui est invisible. Il recouvre également (2) l'*objet* table, tel que nos systèmes nerveux l'abstraient ou la créent. Nous avons le seul nom "table" pour (3) l'*impression physique directe* sur le cerveau, qui n'est pas verbale. Nous l'*appelons* une "table". Autrement dit, ce mot ne couvre que notre ressenti à son égard. Nous parlons de nos réactions organismales. Nous avons également (4) une définition verbale: nous appelons "table". Vous pouvez imaginer les difficultés d'une telle situation. En pensant en termes de méthodes extensionnelles, nous éliminons de nombreuses difficultés artificielles. Souvenez-vous que l'utilisation des procédés extensionnels n'est pas uniquement linguistique. Nous nous intéressons davantage à nos *réactions directes* à l'intérieur de nous. Vous devez vous souvenir non seulement d'écouter ce que je dis, mais aussi d'essayer de le visualiser. Intégrez-le en vous. Tout cela vient automatiquement avec l'utilisation des procédés extensionnels. Essayez de les utiliser.

DIXIÈME CONFÉRENCE DU SÉMINAIRE

Comme nous arrivons à la fin des conférences de ce séminaire, je dois vous suggérer certains livres qu'il faut posséder et lire. Oui, certains livres doivent être possédés. Les emprunter à la bibliothèque ne suffit pas. Ces livres doivent être *manipulés,* étudiés et annotés. Et aujourd'hui, avec la révision en cours de la structure de notre langage, seuls quelques livres ne devront pas être révisés. Vous en rendez-vous compte ? Vous devez vous souvenir que la civilisation techno-scientifique fonce droit dans le mur d'un point de vue psychologique. Les prédictions statistiques indiquent que dans 200 ans, il ne restera plus aucun être humain sane de civilisation techno-scientifique. Nous devons faire quelque chose à ce sujet.

Nous ne pouvons pas négliger ces nuages de guerre que des hommes malades comme Hitler produisent. Car nous en paierons le prix en sang et en impôts. Hitler le malade est allé de l'avant parce que nous, "les sanes", sommes restés à l'écart. Mais nous paierons tous pour sa maladie "mentale" qui a balayé une nation, à cause de notre propre aveuglement. Vous ne pensez jamais à la prochaine guerre. Mais vous le devriez. Nous devons utiliser nos "callosités cosmiques".

Maintenant, permettez-moi d'en dire un peu plus sur l'infantilisme. Nous parlions de démence précoce; souvenez-vous qu'elle se fond avec l'infantilisme avancé. L'infantilisme avancé, ou infantilisme aigu, peut être considéré comme le début de la démence précoce. Rappelez-vous le diagramme de dispersion colloïdale. Dans ces deux cas, les colloïdes nerveux sont sur-dispersés. Et c'est pourquoi la démence précoce présente toujours des caractéristiques infantiles et commence parfois par des manifestations marquées d'infantilisme. C'est pourquoi la démence précoce et l'infantilisme sont devenus un problème national aux États-Unis. Nous avons tous un peu d'infantilisme en nous. Ainsi, le "germe" de la démence précoce (infantilisme) est en chacun de nous, mais à des *degrés divers*. Mais vous devez savoir cela, car il n'y a pas d'autre voie pour lutter contre cette condition sans être *conscient des mécanismes*. Alors nous pouvons éviter les dangers. La conscience des mécanismes place l'être humain de civilisation techno-scientifique au niveau de l'être humain de civilisation techno-scientifique. L'une des caractéristiques de l'infantilisme est l'égocentrisme. L'amour de soi, et non l'égoïsme. C'est le côté pathétique. Le monde n'existe pas pour vous seul, et l'égocentrisme ne peut donc jamais être sain. Dans certains cas, pour traiter une personne égocentrique, nous devons lui apprendre à être "égoïste (socialement) sage". J'introduis donc le terme "*égoïste sage*" pour contrer l'égocentrisme.

Laissez-moi vous raconter une histoire. Lors d'un dîner qui m'était dédié à New York, il y avait un Anglais qui était plutôt du genre paranoïaque. Il "savait tout" et m'a dit à quel point c'était stupide de ma part de me soucier de quoi que ce soit, etc. Il m'a asséné la théorie anglo-saxonne de l'*égoïsme*. Oh oui, historiquement, il y en a une, et j'ai écouté tout cela, puis je lui ai finalement dit: "Si vous voulez que je sois *égoïste, je suis égoïste*. Je travaille aussi dur que je le fais parce que, par égoïsme, je ne veux pas vivre dans un monde fait d'hommes *comme vous*".

Vous voyez comment le verbalisme peut être détourné et donner l'impression de mener n'importe où bon lui semble. Cela fait partie du renoncement extensionnel - et tellement nécessaire, à l'intensionalisme. L'enfant en bas âge est égocentrique. Vous pouvez l'*observer* dans la vie. Il en va de même pour les personnes qui agissent comme des enfants en bas âge. Les femmes qui offrent leur sexe comme un enfant en bas âge le ferait avec un diamant inestimable que vous lui auriez mis entre les mains; elles sont aussi des enfants en bas âge. *Évaluation médiocre.* Vous devez savoir cela. Nos grands-mères qualifiaient les prostituées d'"hypersexuelles", mais la majorité des prostituées *n'*ont *pas du tout de relations sexuelles.* Ce sont des enfants, que l'on peut chatouiller, mais ce *ne* sont *pas* des *femmes* avec des pulsions biologiques de reproduction, etc. C'est pourquoi elles se donnent. Et les *femmes* qui ont des relations "sexuelles" et sont contraintes à la prostitution pour des raisons économiques ou autres, restent rarement dans ce domaine. C'est important. Celles qui restent sont infantiles et sont détruites en quelques années.

J'utilise le terme, ou plutôt l'expression, "âge sémantique". Cela signifie la méthode d'évaluation d'un âge donné. Je formais le personnel d'une école et j'avais également une classe *unique* composée de filles âgées de 13, 14 et 15 ans, ainsi qu'une classe de filles âgées de 15, 16 et 17 ans, toutes réunies. Je leur ai donné un cours de Sémantique Générale, et ce cours était accrédité. Puis sont venus les examens. Je vous montre ce que l'*âge fait.* J'ai donné des cours à un niveau adapté aux *plus jeunes* pour cette classe regroupée. Lors des examens, j'ai évalué les copies en fonction de la valeur de leur contenu. Je ne savais pas qui les avait rédigées. Il s'est avéré que toutes les filles plus âgées avaient obtenu un "A" et toutes les plus jeunes un "B", sans exception. L'âge s'était clairement manifesté. Les plus jeunes ont obtenu un "B" et les plus âgées un "A".

Maintenant, vous savez ce qu'est un chronomètre. C'est une montre très précieuse utilisée par les astronomes et dans les observations astronomiques. Maintenant, donnez ce chronomètre à un enfant de trois ans. Il va le prendre et commencer à casser des noix avec. Imaginez maintenant que vous essayez d'*expliquer* à l'enfant [N.D.T.: qu'il ne faut pas faire ça avec un chronomètre ou n'importe quel objet aussi précieux]. Vous n'y parviendrez pas. L'enfant n'aurait pas une évaluation correcte. Mais votre évaluation est adéquate, car vous connaissez la valeur du chronomètre. En parlant d'infantilisme, vous pouvez voir ce que *signifie* l'âge sémantique ou la norme d'évaluation. Vous savez que nous essayons de vous faire avancer vers votre propre âge, tout le temps. "Soyez à la hauteur de votre âge". C'est une bonne expression standard, mise en pratique en Sémantique Générale.

Vous connaissez les réactions d'évaluation standard d'une fille lorsqu'elle a, disons, 12 ans d'âge sémantique. Vous devez évaluer à l'*âge chronologique qui est le vôtre,* car vous n'êtes pas des petites filles. Vous devez y réfléchir. C'est très important pour les relations familiales. Souvenez-vous de ce qui arrive. Vous avez une famille, un "père", une "mère", etc. Si vous avez, disons, 22 ans chronologiquement, vous êtes une jeune "femme adulte" selon les normes chronologiques. Oui, mais si vous avez 12 ou 13 ans selon les *normes d'évaluation,* votre "mère" est probablement inquiète pour vous. Vous devriez savoir ce que vous faites. Vous devriez en savoir davantage et mieux qu'une petite fille de 12 ans. Mais si votre norme d'évaluation est de 12 ans et que vous avez réellement 22 ans, on ne peut pas vous faire confiance, vous ne pouvez pas vous faire confiance. Autrement dit, si vous êtes majeure, si vous êtes une femme adulte, vous devriez savoir ce que vous faites. Votre mère ne s'inquiéterait alors pas pour vous. C'est là le point important. Cela élimine un grand nombre de difficultés. Dans mes séminaires, j'essaie d'accélérer le processus pour que les gens atteignent leur âge chronologique.

C'est une déclaration correcte. Vous comprenez maintenant la question de l'égocentrisme de l'enfant en bas âge. Souvenez-vous que nous faisons la différence entre l'égocentrisme et "l'égoïsme sage". Souvenez-vous que pour être heureux, vous devez vivre dans un monde heureux. C'est être égoïste sage que d'essayer de rendre ce monde aussi heureux que possible. Observez vos amis et voyez dans quelle mesure vous repérez cet égocentrisme. Prenez un enfant en bas âge. Voici la question de la *durée* d'un ressenti. Être capable de ressentir quelque chose, d'avoir un ressenti. Supposons qu'on ait dit à un enfant de ne pas jouer au ballon dans une pièce, mais que l'enfant l'ait fait quand même et ait cassé un vase inestimable. Et puis "maman" arrive, attire l'attention de l'enfant et essaie de le gronder. Elle a le cœur brisé parce que le jeu de l'enfant en bas âge a cassé un vase inestimable. Et l'enfant va pleurer et dire "oh, je suis tellement désolé". Mais cinq minutes plus tard, l'enfant a tout oublié, car l'enfant *n'*a *aucune évaluation* du dommage qu'il a fait. Il est infantile. Et les enfants chronologiquement adultes sont pareils. Ils ruineront une vie sans jamais s'en rendre compte.

Les enfants adultes se font mutuellement du mal de manière irréparable et ils sont "tellement désolés" pendant 15 minutes, mais cinq minutes plus tard, ils ont tout oublié. Dans le mariage, il n'y a rien de plus malheureux que d'être enchaîné à un être aussi infantile. Les normes d'évaluation entrent en jeu, la durée des affects, etc. Les animaux ont des impressions de très courte durée. Les enfants en bas âge un peu plus, mais les adultes devraient avoir des affects durables, etc. Les cas les plus graves et incurables de démence précoce sont ceux des personnes qui n'ont aucun affect ni aucune évaluation. Beaucoup de joies et de peines des personnes atteintes de démence précoce ne durent que quelques minutes. Elles ne nous affectent pas, car elles sont superficielles et infantiles. Et cela s'applique à nous. Si nous sommes supposés être "normaux", entre guillemets, et que nous causons du tort, cela ne devrait pas être oublié la minute d'après. L'absence d'affect, l'absence de sentiment, c'est là où l'horreur entre.

Je dois vous dire, enfin, que si vous ne travaillez pas dur pendant des semaines et des mois, vous ne tirerez jamais le principal bénéfice de la Sémantique Générale. Ce n'est pas si facile. Je simplifie les choses et c'est simple, mais cela nécessite un tout nouveau type de réactions extensionnelles, qui ne peuvent être acquises qu'au prix d'un travail acharné.

Je ne vais pas répéter ce soir. Vous êtes plus ou moins à l'aise avec les points que nous avons couverts. Souvenez-vous des quatre "est(s)". Souvenez-vous que le "est" de *prédication* [N.D.T.: d'attribution] et le "est" d'*identité* sont, par extension, invariablement faux quant aux faits. Souvenez-vous que les faits sont importants. Si vous dites que la canne est noire, cette déclaration est fausse quant aux faits. "La canne me semble noire" est correcte. Les faits ne sont pas changés, mais les implications sont différentes. C'est ce qui est important à ce sujet. La première déclaration implique des informations fausses, la seconde non. Lorsque nous utilisons ces "est(s)", nous classons nos évaluations intérieurement. *Cela implique* une réponse organique. Nous identifions alors quelque chose de vrai à une fiction et nous vivons, par conséquent, dans un monde illusoire. Cela conduit à un malajustement. Cela s'applique également à d'autres mots, comme "pomme". Ce nom s'applique (1) au processus électrochimique qui s'y déroule; (2) il s'applique à l'"objet"; (3) il s'applique aux impressions sur notre cerveau; et (4) finalement à une définition. Ce mot unique couvre quatre choses différentes. Ce n'est pas sain. Nous ne pouvons pas gérer une telle situation. Ne l'oubliez jamais. Souvenez-vous que toutes les impressions "sensorielles" sont *anthropomorphiques.* Dans l'ancien mode de fonctionnement, nous sommes pleins de fausses connaissances. Tout ce que je vous dis ici est de l'ancienne "sagesse", mais qui ne pourrait jamais être appliquée par intension. Les personnes qui veulent résoudre leurs propres problèmes doivent étudier les méthodes extensionnelles. Je ne fais ici qu'esquisser le cours de manière déductive; cependant, vous devez vous tourner vers des sources *inductives,* comme indiqué dans *Science et Sanité.*

Souvenez-vous de l'amibe. Elle a réagi à la proie qui nageait près d'elle, car cette proie produisait des bulles de gaz qui avaient des effets chimiques directs sur l'amibe. Si nous reproduisons artificiellement les bulles de gaz près de l'amibe, elle aura les mêmes réactions et essaiera d'attraper les bulles de gaz. Ce n'est pas une réaction "sage" du point de vue humain. Cette bulle n'avait aucune valeur nutritive pour l'amibe. Il s'agissait d'une réaction physico-chimique. Observez ce type de réactions animalistiques. Vous vous verrez faire similairement tous les jours. D'un point de vue humain, cela témoigne d'une pauvre évaluation. Nous parlons ici des réactions organismales de l'amibe, et nous utiliserons le terme "identification". Nous pourrions dire à propos de ces expériences artificielles que l'organisme de l'amibe a *identifié* et *évalué* une bulle comme étant de la nourriture. Il s'agissait d'une évaluation inappropriée.

Puisque l'identité n'est pas de ce monde, bien qu'il existe égalité, équivalence, etc.; toute identification (lorsque l'amibe a identifié organismalement la nourriture avec la bulle) rend une évaluation correcte impossible. Lorsque nous faisons des *identifications* "en valeur" n'importe quoi avec n'importe quoi, chez les humains, cela est souvent nuisible ou malsain. Au niveau de l'amibe, c'est "naturel", au niveau humain, c'est souvent la cause d'"insanité" et d'autres difficultés humaines. L'identification en valeur dans un monde de non-identité ne peut conduire à un ajustement correct, car nous ne pouvons pas avoir d'évaluation correcte. L'identification de la nourriture avec la bulle n'est pas une évaluation correcte. Souvenez-vous que ces termes sont techniques. Étant techniques, ne traduisez pas ces termes, sinon vous rencontrerez des difficultés. C'est comme en science: abolissez les termes techniques et vous aurez aboli une science.

Passons maintenant aux chiens, des organismes beaucoup plus évolués (plus complexes) que les amibes. Vous connaissez probablement les expériences de Pavlov qui consistent à établir des réactions au signal chez les chiens et à recueillir leur salive, etc. C'est de cette façon que les réflexes conditionnés sont développés et étudiés. Il existe un bon livre sur ce sujet écrit par Pavlov lui-même. En bref, dans ces expériences, on fait sonner une cloche, puis on donne de la nourriture au chien, et cela est répété plusieurs fois. Après un certain nombre d'expériences de ce type, lorsque la cloche sonne, la salive apparaît, qu'il y ait de la nourriture ou non. C'est ce qu'on appelle un *réflexe conditionné.*

Je voudrais ici attirer votre attention sur une tragédie linguistique très grave, une tragédie scientifique et humaine. Vous verrez plus tard que les réactions des chiens et des êtres humains diffèrent en termes de *degré de conditionnalité*. Je parle ici à propos du langage anglais [N.D.T.: idem en français], souvenez-vous. Si vous appelez conditionn***ée*** une telle réaction conditionn***elle***, cette "réaction conditionn***ée***" ne permet pas de degrés de conditionnal***ité***. Mais si vous l'appelez conditionn***elle***, cette "réaction conditionn***elle***" permet des *degrés de conditionnalité*. C'est là que réside la tragédie. Dans le conditionné, nous *n'*avons *pas de degrés*; nous ne pouvons pas faire la distinction entre les réactions humaines et animales. Pavlov appelait ces réactions chez ses chiens des *réactions au signal.* Pavlov, en russe, a des réactions *au signal* et *conditionnelles.* Dans condition***né***, il n'y a pas de degrés possibles. Le terme "conditionn***é***" élimine les degrés de conditionnalité.[7] Ainsi, les réactions des chiens sont identifiées à celles de l'être humain et tout notre travail en SG est rendu impossible. Les réactions humaines doivent avoir un degré élevé, ou plutôt une conditionnalité totale, infini-valuée, et nous devrions avoir des réactions d'évaluation au *symbole,* et non des réactions au signal comme les chiens. Tout ce que j'essaie de faire, c'est de vous former à la pleine conditionnalité de vos réactions sémantiques et de vous faire distinguer entre les réactions au signal et les réactions au symbole.

Bien, revenons aux chiens. D'un point de vue humain, l'évaluation du signal par le chien, lorsqu'il a sécrété de la salive pour la cloche et qu'il n'y avait pas de nourriture, n'était pas une évaluation correcte. Le chien *a identifié organismalement comme l'amibe.* Et la cloche n'est pas de la nourriture. Allons un peu plus loin. Nous, humains, ne devrions pas identifier une cloche ou la vue de quelque chose avec de la nourriture, etc., ce ne serait pas une évaluation symbolique appropriée. Vous savez ce que les petits garçons font aux joueurs de trompette dans la rue. Ils mâchent des citrons devant les joueurs de trompette, qui sécrètent tellement de salive dans leur bouche qu'ils ne peuvent plus jouer de leurs instruments. Cette salive n'est pas nécessaire. Cette réaction n'est pas humaine, elle est d'un degré de conditionnalité trop faible, c'est une réaction au *signal* animale, pas une réaction au *symbole* humaine.

Ce dont nous avons besoin, c'est d'ajustement et d'*évaluation,* plutôt que de réponse organique réflexe. Permettez-moi maintenant de vous donner un autre exemple d'identification en connexion avec l'"insanité". Un patient du Dr Prince était "mentalement" malade et souffrait également du rhume des foins. Un jour, Prince a fait apparaitre à son patient des *roses en papier* depuis derrière un paravent, et ce patient a présenté tous les symptômes du rhume des foins. L'organisme de l'"insane" a identifié la *vue* des roses en papier avec l'effet physico-chimique des roses, car elles se ressemblaient. Il n'y avait aucune raison physico-chimique pour

[7] Note de l'éditeur: voir *Experimental Basis for Neurotic Behavior* de W. H. Gantt, p. xvi, pour l'explication du passage du conditionnel au conditionné. (Paul B. Hoeber, Inc., New York, 1944).

les symptômes organiques du rhume des foins, à part les identifications organismales, de pauvres évaluations, les réactions au signal, etc. Ces faits peuvent vous faire comprendre la grande *différence* entre les réactions au *signal* et les réactions au *symbole*. Les réactions au *signal* chez les animaux impliquent des identifications de l'organisme et donc un manque d'évaluation. Les réactions au *symbole* humaines dépendent de l'évaluation, et non des réflexes animaux. La différence réside dans ce que nos réactions sont *différées*, ce qui permet à notre cortex d'intervenir et d'agir. Et grâce à un entraînement extensionnel aux réactions différées, nous entraînons notre cortex, et lorsque nous nous entraînons à l'extension, nous nous entraînons automatiquement aux réactions différées. C'est un processus très lent. Nous devons y travailler. Travailler sur nous-mêmes. Avec la SG, nous pouvons ajouter des valeurs à la vie, car c'est la science des valeurs dans la vie. Pavlov a parlé de la nécessité d'une gradualité et d'une gradualité dans l'accumulation des connaissances. Il a également dit que nous devons nous fonder sur des faits pour étayer nos connaissances. Il est allé plus loin en affirmant que les faits doivent être à la base de tout ce que nous savons. La modestie était une autre exigence. Et nous devons être "passionnés" dans notre travail.

Je parlais de la construction d'une "science de l'être humain" et de placer l'étude et le traitement de "l'être humain de civilisation techno-scientifique" au niveau de "l'être humain de civilisation techno-scientifique", ce qui n'a jamais été fait auparavant.

La Sémantique Générale, grâce à des méthodes extensionnelles (physico-mathématiques), accomplit cela, exigeant une révision complète des doctrines existantes. Ce qui précède formule un véritable défi que la science moderne doit relever pour prévenir la dégénérescence nerveuse de la civilisation techno-scientifique, dont Carrel nous met en garde.

La justesse de cette accusation peut être illustrée par d'innombrables guillemets tirés de pratiquement toute la littérature "scientifique" existante, mais je ne citerai ici que la déclaration faisant autorité de deux spécialistes. "La qualité de la réponse aux signaux, signes ou symboles...

peut être considérée comme l'expression unique du type le plus élevé de fonction intégrative. Cette qualité, appelée "signalisation" (Pavlov) OU "symbolisation" (A. Meyer), est le dénominateur commun de toutes les réponses *conditionnées*, qui peuvent différer énormément, etc." [*Archives of Neurology and Psychiatry*, mai 1935, p. 1033.]

L'efficacité empirique de la Sémantique Générale dépend, entre autres, de l'*amplification* de la réflexologie *animale* de Pavlov au niveau humain par l'introduction de "degrés de conditionnalité" (voir Science and Sanity, pp. 328, 332-343), (Science et Sanité, pages 305, 308-318) ce qui n'a été remarqué jusqu'à présent que par un seul critique psychiatrique dans l'*Archivio Generale di Neurologia Psichiatria e Psicoanalisi*, n° 1 et 2, vol. XVI, 1935. À l'évidence, les réactions "condition*nées*" constituent une terminologie incorrecte et trompeuse, parce que: (1) n'importe quelle réaction est condition*née* par quelque chose, et (2) les réactions "condition*nées*" *ne peuvent pas avoir de degrés*, ce qui est essentiel pour distinguer les réactions animales des réactions humaines, et dans une large mesure les réactions humaines "sane" des réactions pathologiques.

En SG, nous avons affaire à des individus absolus, $Dupond_1$, $Dupond_2$, etc., et nous devons faire une distinction catégorique entre les réactions réflexes au "signal" animales, de faible conditionnalité, et les réactions au "symbole" humaines qui impliquent "signification", *évaluation*, etc., de *conditionnalité* potentielle pleine, infini-valuée.

Le patient "mentalement" malade de Prince, qui souffrait du rhume des foins et *produisait* une crise à la vue de *roses en papier* (Science and Sanity, p. 128, Science et Sanité pages, 116), illustre ces deux points: (1) le faible degré de conditionnalité de ses réactions, et (2) les "réactions au signal" animalistiques, réflexes ou humaines malades, à la *vue de* roses en papier.

Ainsi, même en 1935, dans des articles sérieux, on attribuait des "symboles" aux chiens, et les réactions de $Dupond_n$ étaient décryptées à travers celles des chiens, et les réactions au "signal" des chiens étaient décryptées à travers celles de $Dupond_n$. En fait, si nous acceptons les termes "conditionné" et "au signal" OU "au symbole", nous rendons impossible le traitement de $Dupond_n$ au niveau de l'être humain de civilisation techno-scientifique. Le terme "conditionné" empêche de prendre en considération les *degrés de conditionnalité* si caractéristiques des réactions *humaines sanes.*

Une telle identification ("OU") de "au signal" avec "au symbole" interprète les réactions humaines au niveau de ce qui se passe chez les chiens, aidant également à interpréter les réactions animales au niveau de ce qui se passe chez les humains, et empêche avec succès la distinction entre "sanité" et "insanité", ainsi que le traitement des humains au niveau humain. Le réflexologue animalier, par le biais d'une "confusion des langages" similaire et en rendant impossible les degrés de conditionnalité, interprète les réactions des chiens chez les humains, rendant ainsi impossible le traitement des humains en tant qu'humains et toute théorie de la sanité. D'autres exemples abondent partout.[8]

---

[8] Résumé de "Neuro-Semantic and Neuro-Linguistic Mechanisms of Extensionalization" par Alfred Korzybski (American Journal of Psychiatry, Vol. 93, No. 1, juillet 1936).

ONZIÈME CONFÉRENCE DU SÉMINAIRE

Je reviens de Chicago et j'ai de très bonnes nouvelles dans le sens où les personnes qui travaillent sur leurs propres problèmes bénéficient de notre travail. Si *elles* ont travaillé, la Sémantique Générale a travaillé.

Les rapports des médecins sont également incroyablement réjouissants. J'ai eu des étudiants, et des médecins ont eu des patients, des hommes et des femmes qui étaient supposés être complètement détruits, mais les méthodes de la SG ont fonctionné. Je ne sais pas comment vous inculquer qu'il n'y a qu'une seule voie pour retrouver la *sanité* dans le "*monde de civilisation techno-scientifique*", c'est celle qui consiste à *devenir conscient des mécanismes*. Il n'y a pas d'autre voie. Dès lors que nous avons résumé les mécanismes de la sanité, que nous en avons pris conscience, nous devrions avoir l'entièreté des choses en main. Et présentement, en 1937, il n'y a pas d'autre méthode. Nous n'avons pas souvent besoin de la psychiatrie, si nous connaissons les *facteurs de sanité*. Présentement, vous êtes pour la plupart des jeunes, assez libres et insouciants. Cela ne restera pas ainsi toute votre vie. De nouvelles responsabilités vous incomberont. Vous devrez les assumer. Mais si vous abordez la vie dans un mode de fonctionnement où vous êtes *conscients* des problèmes qui se posent et en vous en occupant, vous serez récompensés par un bon ajustement. Si vous ne savez pas comment gérer votre vie, vous aurez le bazar, et non le bonheur. Ce n'est pas du verbalisme creux. C'est un résumé statistique des évènements qui se produisent dans la vie de nombreux êtres humains. Vous ne pouvez pas gérer une situation si vous ne savez pas *comment* la gérer. Investiguez les “faits”. Il n'y a rien à croire ou à ne pas croire ici. *Investiguez.*

Si vous n'investiguez pas les “faits”, vous ne serez pas ajustés aux “faits”. Considérant la similarité de structure entre le territoire et la carte, nous devons connaître certaines choses sur le territoire et sur la cartogénèse. Si vous souhaitez savoir quelque chose sur vous, vous devez acquérir certaines connaissances sur votre structure biologique, physiologique, neurologique, etc. Actuellement, ces connaissances ne vous sont pas enseignées à l'école en tant que facteurs de sanité, et on ne vous montre pas non plus comment appliquer les connaissances acquises. Pourtant, on devrait le faire. Souvenez-vous que le but de l'éducation n'est pas de vous bourrer le crâne de “faits” qui n'ont aucune signification pour vous. Pendant la courte période que durent leurs études universitaires, les étudiants peuvent et doivent cependant, acquérir une grande partie de la méthode scientifique, et pas la seule technique des “faits”. Cette technique seule, telle qu'elle est appliquée dans un laboratoire scientifique, ne les aidera pas à traverser la vie, *mais la méthode, oui, le fera.* L'entièreté de la SG dépend de la *méthode* scientifique moderne, non d'une technique spécifique, bien qu'elle développe sa propre technique. Même si, en science, les théories positives peuvent ne pas être sûres, les résultats négatifs des nouvelles théories sont *positifs,* c'est-à-dire qu'ils montrent que les anciennes théories sont impossibles, fausses quant aux faits, sans valeur, etc. Vous ne pouvez pas vous attendre à vous ajuster à la vie moderne, qui est en réalité façonnée par les sciences physico-mathématiques, si par hasard vous ne savez rien de la structure dynamique du monde, ou de la structure *colloïdale* de vous-mêmes, etc. Vous ne pouvez pas vous attendre à savoir quoi que ce soit sur quoi que ce soit si vous n'en savez pas au moins autant - ou plutôt aussi peu. Nous ne pouvons pas nous gérer nous-mêmes et nos vies dans un monde qui est entièrement différent de nos croyances. Nous ne pouvons pas gérer nos vies si nous ne savons rien de nous-mêmes. Le testament d'un âne serait: "Ne fais jamais différemment que ce que tes parents ont fait. Ce qui était assez bon pour le vieil âne est assez bon pour le jeune âne". Pour les humains, cela devrait être: "*Ne fais jamais* comme tes parents ont fait. Fais mieux".

Vivons-nous à l'ère des ânes ou à l'ère des humains modernes ? En tant qu'étudiants à Olivet College, vous ne pouvez pas vous permettre de rester en dehors de la civilisation techno-scientifique. La "connaissance" des "faits" que vous possédez ne vous servira à rien si vous ignorez la méthode ou si vous en avez une vision déformée. Nous ne pouvons pas conserver des normes d'ânes et rester des êtres humains ajustés. Nous ne pouvons pas faire progresser la science si nous conservons les croyances des enfants en bas âge et des ânes. L'éducation doit viser à transformer les enfants en bas âge en êtres humains adultes ajustés. Comme vous allez mener votre propre vie, cela vaut la peine de travailler pendant un certain temps pour bénéficier des avantages des nouvelles méthodes et de l'extensionnalisation.

Il existe une différence fondamentale entre l'ancien [N.D.T.: système A, Aristotélicien] et le nouveau [N.D.T.: système Ā] qui mérite d'être soulignée. Ce que nous *voyons* au sujet de cette "canne" que je tiens n'existe que dans nos têtes. Dans mes mains, je tiens un *processus* électronique qui agit uniquement comme un stimulus pour notre système nerveux, tout en restant utile à d'autres égards. Ce que nous *voyons* est une fiction extérieure, "réelle" uniquement à l'intérieur de nos têtes. Ce que je tiens dans mes mains représente un *processus* dont nous ne voyons pas les détails. La tragédie humaine aujourd'hui est que nous avons des connaissances sans fin, mais que nous ne les appliquons jamais, parce que les nouvelles connaissances ne peuvent être appliquées par les anciennes orientations intensionnelles deux-valuées. C'est là que réside toute l'horreur de la situation, et les éducateurs devraient le savoir. Nous en savons beaucoup, mais nous ne l'*appliquons jamais*. Rendez-vous compte que tout ce que je dis est de la connaissance élémentaire standard, mais *jamais appliquée*.

En SG, nous appliquons ce que nous savons. Les connaissances que j'essaie de vous inculquer ne sont pas nouvelles, elles sont standard et élémentaires. Mais j'essaie de vous montrer comment appliquer ce que nous savons. Le but de l'éducation n'est pas de faire de vous de simples techniciens, mais de faire de vous des êtres humains adultes heureux ajustés. On devrait vous apprendre à appliquer les connaissances que vous avez acquises. Il n'y a pas grand intérêt à enseigner la physique, les mathématiques, etc., s'il n'y a pas d'application, pas d'application *humaine*. Le vieux slogan *infantile* et finalement antisocial "la science pour la science" n'est plus valable. Si nous enseignons les méthodes scientifiques, nous pouvons gérer le reste par nous-mêmes. Nous n'avons pas besoin des seules techniques, mais les méthodes scientifiques sont très importantes pour nous car nous pouvons les appliquer partout. Cela s'applique au programme éducatif futur en entier. Méthode, méthode, méthode, est bien plus important qu'une technique. Dans certains cas isolés, nous avons besoin d'une technique, mais elle ne constitue en rien l'entièreté de la chose. Ce que je souligne ici, c'est un résumé de la *méthode* scientifique physico-mathématique, à appliquer à la vie et à l'existence.

Je passe maintenant à un problème très important que j'appelle l'*Ordre Naturel d'Évaluation*. Que nous le voulions ou non, nous vivons dans ce monde et nous devons nous y ajuster ou périr. Tout simplement parce que nous *y* vivons. L'eau d'Olivet contient du fer. Que cela vous plaise ou non, vous devez vous y ajuster. Je dois manger des sandwichs de temps en temps, et je dois m'ajuster lorsque je constate que le jeune homme qui est supposé me les apporter est parti chez papa et maman et que je n'ai pas de déjeuner. C'est exactement cela l'art de vivre: s'ajuster. Cela s'applique à nous tous ici. L'art de vivre. Ajustez-vous aux circonstances, peu importe si vous avez faim. Voici un type qui est supposé m'apporter mon déjeuner, il est occupé, ou il oublie, ou il quitte la ville. J'ai faim. En attendant, c'est une situation à laquelle il faut faire face. Il n'y a aucune raison pour que j'éprouve de la rancœur envers ce pauvre diable, s'il doit quitter la ville et qu'il ne dit à personne d'autre de m'apporter un sandwich. Souvenez-vous que je suis très sérieux. C'est un vrai exemple. Le fait est que parfois il me néglige, que j'ai vraiment faim, mais je n'ai aucun ressentiment à cause de mon évaluation. Je comprends qu'il doit quitter la ville. L'évaluation implique la compréhension d'une situation et vous pouvez serrer la ceinture sur votre estomac. Notre estomac n'est pas tout. Il existe d'autres types d'évaluations que celles renvoyant à notre estomac. Les questions renvoyant à la nourriture et au confort, etc., ne sont pas aussi importantes que les problèmes d'évaluation en général. Dans ce pays, on accorde plus d'importance au confort physique qu'à tout autre type d'évaluation. C'est assez tragique. Il n'y a pas de "bonheur" humain dans tout cela. Sur le Vieux Continent, nous pouvons mourir de faim, nous pouvons avoir beaucoup d'inconforts, mais nous sommes "plus heureux" que vous ici avec vos estomacs pleins, etc. et si vous voulez faire de meilleurs progrès ici, vous devez accorder moins d'attention à vos estomacs, à vos bains, etc., et davantage à l'évaluation générale du time-binding, aux interrelations. Le manque de nourriture n'est pas la pire chose qui puisse nous arriver. Au niveau humain, il y a des problèmes plus graves que cela. C'est la question de l'éducation, de la *culture* et de la civilisation. Il y a des problèmes plus graves que le simple manque de nourriture. En SG, nous les prenons en considération.

Maintenant, cette canne représente seulement un processus électronique. Ce processus agit comme un stimulus sur notre système nerveux. Le caractère processus est très important. Nous ne voyons pas ce processus, nos yeux abstraient seulement ce "disque" à partir des "lames en rotation". Vous voyez un disque là où il n'y a *aucun disque*. Cette canne *vue* représente également seulement une abstraction physiologique. C'est un élément fondamental de la vie: la vie abstrait à partir de faits de l'environnement. Cela ne fait aucune différence pour ma déambulation, que la canne soit faite d'une danse électronique avec une certaine permanence, ou d'une certaine invariance de fonction, ou d'un "objet solide". Ce caractère processus est ce que nous appelons aujourd'hui la "réalité" donnée par la science. Et cela existe depuis 40 ans, mais n'a jamais été utilisé comme type d'orientation; impossible dans des conditions deux-valuées. En attendant, cela signifie un abandon complet de l'ancien

[N.D.T.: système] et nécessite une orientation infini-valuée. L'ancienne attitude "objectique" n'est pas correcte. Vous ne pouvez pas dépendre de ce que vous voyez. Ce n'est pas "réel", entre guillemets. Qu'est-ce qui alors est "réel" ? Le terme "réel" est un terme formidable. La "réalité" de la "réalité", essayez d'en saisir le sens en anglais [français]. N'oubliez pas qu'en chacun d'entre nous dans cette salle, ainsi qu'en ceux qui sont absents, il y a certains mécanismes qui fonctionnent, et nous devons connaître les rudiments de physiologie avant qu'ils ne commencent à fonctionner correctement. La psychiatrie entière se fonde sur l'ajustement aux "faits", l'ajustement à la "réalité". Ainsi, si nous ne pouvons pas résoudre les problèmes de "faits" et de "réalité", nous ne sommes nulle part. En tant que civilisation techno-scientifique, en tant que civilisation sane, nous sommes nulle part si nous ne pouvons pas saisir la signification de "réalité" ou de "fait". Et l'entièreté de la psychiatrie, l'entièreté de la sanité *dépendent* de l'ajustement aux "faits" et nous devons investiguer comment il est possible de parvenir et aux "faits" et à la "réalité". Souvenez-vous de l'histoire de cette vieille psychiatre qui s'écriait: "Qu'est-ce qu'un fait ?" "Qu'est-ce que la réalité ?" Eh bien, vous le saurez et vous ne pleurerez pas sur de telles conditions, car vous vous rendrez compte des difficultés de "faits" et de "réalités", mais cela reste gérable si on comprend.

Je passe maintenant à l'ordre naturel d'évaluation; c'est le point crucial en SG, et je veux que vous l'assimiliez de fond en comble. Chacun dans cette salle a une évaluation précise, par exemple, des conférences. Cette évaluation est souvent personnelle. Mais nous devons aussi être impersonnels et regarder plusieurs siècles en avant. Juste par exemple, disons que je demande à un étudiant ce qu'il pense des conférences et qu'il répond: "Oh, toute cette étude est inutile". Un autre, cependant, dira que ce travail est important. Nous avons ici des opinions différentes. L'un a dit une chose dans certaines conditions, et l'autre a dit le contraire. Maintenant, qui a raison, et comment vérifier cette opinion ? Nous avons ici un être humain vivant, qui vous donne une série de cours, et les opinions sont "bonnes" et "mauvaises". Qui sera le juge final, et la question est, quelle est la *valeur humaine* de mon travail. Les résultats empiriques et l'histoire décideront, et vous verrez ici que les opinions personnelles n'ont pas d'importance. L'histoire le jugera en fonction des résultats empiriques. Nos opinions personnelles n'ont pas d'importance. J'ai maintenant abordé ici un problème d'évaluation.

Nous devons donc passer à l'évaluation civilisationnelle techno-scientifique. Nous devons considérer l'évaluation civilisationnelle techno-scientifique - que nous appelons "science" - non personnelle. Vous pouvez l'aimer ou ne pas l'aimer, cela ne fait aucune différence. L'histoire montrera si une théorie est valable ou sans valeur. En science, nous jugeons d'après la prédiction vérifiée par les faits. Cette méthode est constructive, même si les résultats ne sont pas définitifs. Il *n*'y a *pas* de *définitif*; et ceci est *définitif*. (Ordres d'abstraction différents) [N.D.T.: "définitif" a des significations et des valeurs de vérité différentes selon le niveau d'abstraction]. Ne dites jamais "jamais" et aussi ne dites jamais "toujours". La "finalité" finale est qu'il *n*'y a *pas* de "finalité", parce que dans la vie telle que nous la connaissons, les choses se produisent à l'encontre de toute forme de prédictibilité. La prédictibilité maximale ne peut pas s'ensuivre de l'ancienne certitude deux-valuée, mais doit suivre la probabilité maximale.

Je vous présente maintenant une nouvelle forme d'évaluation. Il existe des problèmes d'évaluation qui sont fondamentaux dans notre éducation, ce que j'appelle l'*ordre naturel d'évaluation*. C'est le point crucial de toute la SG et de l'extensionnalisation. Ceux qui s'intéressent vraiment à la SG devront beaucoup étudier et s'entraîner. Alors, la SG fonctionnera.

Je vais maintenant parler au sujet des relations. Il existe de nombreux types de relations, et c'est un domaine où les mathématiques et la logique se rejoignent étroitement. Nous ne traiterons ici que d'un type particulier, le plus important pour notre propos. Prenons la relation entre [frères - sœurs].

Maintenant, si A est [frère - sœur] de B, alors B est [frère - sœur] de A. Ce type de relations est appelé relations *symétriques*. En effet, si A est [frère - sœur] de B, alors B est [frère - sœur] de A; Autrement dit, c'est réversible. Un autre type de relations: si A est le père de B, B n'est jamais le père de A. Autrement dit, la relation n'est pas réversible. Ce type de relation est appelé *asymétrique*. Une relation symétrique peut être inversée, mais une relation asymétrique ne peut pas être inversée. J'avance très lentement, car il s'agit d'un problème crucial. J'ai deux filles devant moi. La première comprend mieux, disons, la batterie [N.D.T.: au sens des percussions, tambour] que la deuxième. Cette relation n'est pas réversible. Une relation asymétrique, donc. Les relations mathématiques sont pour la plupart asymétriques. Elles sont fondées sur le principe du *supérieur à ou inférieur à*. Si A est *supérieur* à B, ou si B est *inférieur* à A, B ne peut jamais être supérieur à A. Cela s'applique à toutes les relations asymétriques. Toutes les relations fondées sur "supérieur à" ou "inférieur à" sont asymétriques par définition. Elles ne sont donc pas réversibles. Une relation *symétrique* est réversible. Lorsque vous *évaluez*, vous mettez en jeu des relations *asymétriques* de type "supérieur à" ou "inférieur à". C'est pourquoi les relations asymétriques sont si importantes, car elles sont à la base de toute évaluation et elles sont irréversibles.

Je ne saurais trop insister sur l'importance du fait que les relations asymétriques sont irréversibles, et que toute *évaluation* dépend de telles relations, car si vous préférez que A soit *supérieur* à B, vous ne *pouvez pas* en même temps préférer que B soit supérieur à A. Ainsi, toute évaluation repose sur des relations asymétriques, lesquelles sont par nature irréversibles. L'un des drames majeurs de l'humanité réside précisément dans le fait que nous avons *inversé l'ordre naturel d'évaluation.*

Notre problématique en SG est de revenir à un *ordre naturel d'évaluation* tel que le montre la science moderne. Vous avez vu ces petits morceaux de substance blanche supposés rendre le café sucré. Ce n'est pas du sucre et cela n'a aucune valeur nutritive. Cela a une couleur blanche, cela donne du goût sucré, mais cela n'a aucune valeur nutritive. Ce n'est pas du sucre. Vous avez vu une pomme, mais la pomme que *vous voyez* n'existe que dans votre tête, dans votre système nerveux. Vous devez indicer, dater, etc. la pomme, car dans un mois maintenant, elle sera peut-être pourrie. C'est là que les indices et les dates entrent en jeu. Imaginez que je puisse produire une *"pomme" artificielle* qui aurait l'apparence, le goût et l'odeur d'une pomme, mais qui ne serait pas une pomme. Maintenant, vous avez faim et je vous donne cette "pomme" *artificielle* qui correspondra complètement à votre *définition* d'une pomme, mais votre estomac ne veut pas de cette "pomme". Il veut le processus physico-chimique qui caractérise une pomme "réelle". Souvenez-vous: c'est votre estomac qui décide ici, non votre vue ni votre odorat. Cette "pomme" artificielle ne satisferait pas votre estomac. Il veut un *processus*, pas l'"objet" *qui en a été abstrait*. Dans l'ordre naturel d'évaluation, le processus physico-chimique est donc plus important que l'objet que notre système nerveux en abstrait. Le *processus* est plus important que ce qu'on appelle "l'objet". Autrement dit, ce que nous avons abstrait via nos "sens" *n'est pas* ce dont nous avons besoin ou ce que nous voulons. Nous voulons et avons besoin de nourriture, etc., et non de quelque chose qui ressemble à du sucre, etc.

J'ai parlé d'une pomme parce que c'est plus spectaculaire, mais cette analyse est tout à fait générale et s'applique à n'importe quel cas ou situation. L'ordre naturel d'évaluation devient clair: ce dont nous avons vraiment besoin est le *processus* physico-chimique, et non pas les *abstractions nerveuses* que nous appelons "objet". Ce que vous *voyez* comme une "pomme" ne s'applique qu'à l'"objet". Ce n'est seulement qu'une "perception sensorielle", et non la "réalité" extérieure à notre peau. Même si vous êtes amoureux de quelqu'un, ce qui compte n'est pas l'objet-compagnon, ni l'"humain" tel que nous le *voyons*, mais c'est le processus vivant qui est important. En général, les processus physico-chimiques sont plus importants que ce que nous appelons objets.

Les processus ainsi que l'évaluation impliquent des relations asymétriques.

Nous avons établi un échelon dans la hiérarchie de l'*ordre* naturel. 1) l'*évènement*, la danse électronique ou le processus physico-chimique est plus important que l'abstraction nerveuse que nous avons fabriquée en abstrayant, en résumant, etc., et en construisant neurologiquement l'objet. Ne l'oubliez jamais.

Maintenant, prenons la vie comme elle vient. Vous avez faim, vous voulez une pomme. Je peux vous tromper avec une "pomme" synthétique, mais cela ne satisfera pas votre faim. Ainsi, le processus est plus important que l'objet. Maintenant, je commence à vous parler *à propos* de l'*objet pomme* [N.D.T.: pomme objectique] Cela ne satisfera pas votre faim. Ensuite: 2) l'objet est plus important que les mots. Nous avons dit que le processus *est plus important* que l'objet, maintenant, souvenez-vous qu'une évaluation est une relation asymétrique tout le temps. Si vous avez faim, qu'est-ce qui est le *plus important*: l'*objet pomme* [N.D.T.: la pomme objectique] ou la définition ? Essayez si vous n'êtes pas convaincus.

Comprenez-vous la différence entre descriptions et inférences ? À partir des descriptions, nous tirons des conclusions que nous appelons inférences. Je tiens à vous inculquer que 3) une description est *plus importante* qu'une inférence. Et si nous passons d'inférences d'ordre inférieur à des inférences d'ordre supérieur, et ainsi de suite, chaque inférence d'ordre inférieur est plus proche des faits que les inférences d'ordre supérieur. L'inférence d'ordre inférieur est plus proche des faits que l'inférence d'ordre supérieur. Autrement dit, 4) l'inférence d'ordre inférieur est plus importante, ou plus fiable, que l'inférence d'ordre supérieur.

Nous avons donc ici un *ordre naturel d'évaluation* exact qui, pour la première fois, peut être inculqué à l'aide du Structurel Différentiel via tous les organes "sensoriels" disponibles, à savoir l'ouïe, la vue, le toucher et le "ressenti" kinesthésique, si particulièrement importants dans l'apprentissage. Ainsi,

L'Ordre Naturel d'Évaluation

1) Le processus physico-chimique, électronique, plus important que:
2) L'"objet", une abstraction nerveuse dans le cerveau, plus important que:
3) Les niveaux verbaux ou les descriptions, plus importants et plus fiables que:
4) Les inférences d'ordre inférieur, plus importantes et plus fiables que:
5) Les inférences d'ordre supérieur, etc., etc.

Il faut se souvenir que les descriptions les plus simples et les plus fiables sont formulées dans des langages physico-mathématiques et sont les plus proches des "faits"; les inférences, qui sont déjà des abstractions d'ordre supérieur, s'éloignent des "faits", de sorte que plus les inférences que nous faisons sont d'ordre supérieur, moins elles sont fiables. Cela s'applique à nos *orientations quotidiennes* qui *ne* sont *pas* scientifiques, mais ce n'est pas vrai pour les *sciences exactes* modernes où les données inférentielles deviennent plus importantes que les simples "données sensorielles" primitives, anthropomorphiques et fictives (tant qu'elles concernent le monde extérieur).

Nous avons établi ici un *Ordre Naturel Fondamental d'Évaluation,* fondé sur l'inspection empirique et l'observation des "faits" du vivre et de la *SCIENCE,* qui ne représente rien d'autre qu'une autre forme de RÉACTIONS HUMAINES, et devient ainsi une forme du vivre. C'est là qu'intervient le "time-binding", où l'accumulation de "l'expérience civilisationnelle techno-scientifique" appelée "science" dans la vie *humaine* devient, dans l'ensemble, *plus importante* que les *opinions individuelles personnelles.*

Nous avons établi ici un ordre d'évaluation NATUREL, extra-neuronal, extra-personnel, etc., par l'INSPECTION des "faits" du *vrai vivre,* qui INCLUT la *science,* en tant que "fait" du comportement et des réactions humains. Dans la prochaine conférence, je vous montrerai que nos présentes orientations et nos réactions sémantiques sont fondées sur l'*ordre inverse* de l'*ordre naturel d'évaluation.* Le pire, c'est que notre foyer ainsi que nos méthodes éducatives dans les écoles et les universités nous enseignent/entraînent à adopter cet ordre d'évaluation pathologique *inversé,* dans lequel la sanité devient presque impossible.

Une fois ces problématiques clarifiées, la procédure éducative future est tout à fait claire. Pour des raisons de sanité et d'ajustement, nous devons inverser l'*ordre inversé* qui prévaut actuellement dans l'ORDRE NATUREL D'ÉVALUATION, afin de prévenir les maladies dites "mentales" chez les jeunes et, à terme, de réussir à aider ceux qui en sont déjà atteints, y compris ceux qui souffrent de démence précoce et d'infantilisme.

DOUZIÈME CONFÉRENCE DU SÉMINAIRE

Souvenez-vous que notre ajustement à la vie dépend de la prédictibilité, et que celle-ci dépend de la similarité de structure. Je vous ai montré qu'avec des langages élémentalistiques et des faits non-élémentalistiques, nous ne pouvons pas obtenir cette prédictibilité. Nous allons maintenant investiguer plus loin l'ordre naturel d'évaluation. Nous avons tous une manière particulière d'évaluer les choses et les personnes, par exemple cette école, vos amis, vous-mêmes ou moi. Il s'agit d'une évaluation personnelle. La question est de savoir si elle a une quelconque validité. Nous ne le savons pas, voyons voir. Sans investigation, nous ne pouvons pas dire si votre évaluation est appropriée. Autrement dit, nous devons investiguer s'il existe certains facteurs d'évaluation qui sont plus valides que d'autres. Lorsque nous disons *ordre naturel d'évaluation*, il s'agit de quelque chose qui doit être vérifié. Autrement dit, nous commençons à mieux saisir les facteurs d'évaluation. Si nous y parvenons, nous aurons accompli quelque chose. Je veux que vous vous rendiez compte que nous sommes parvenus à un niveau d'ordre naturel d'évaluation qui peut être vérifié, et que nous disposons alors de quelque chose de solide sur lequel nous appuyer.

Je vais vous montrer ce soir que notre norme d'évaluation quotidienne est l'*inverse de l'ordre naturel d'évaluation.* Et l'ancienne psychothérapie, la "guérison" d'un insane, va dans cette voie parce qu'elle traite également de l'ordre inversé, et tout ce que nous avons à faire est de rétablir l'ordre naturel. Mais cela prend des mois, voire parfois des années. J'ai essayé de vous expliquer lors de la dernière conférence le problème de l'ordre naturel d'évaluation. La constitution physico-chimique d'une pomme artificielle pourrait correspondre à toutes les perceptions et définitions dites "sensorielles", mais cette pomme ne nous conviendrait pas. Et pourtant, toutes les perceptions dites "sensorielles" seraient couvertes. Nous dirions que c'est une "pomme", mais ce n'est pas. La question qui se pose donc à nous, en tant qu'êtres vivants, est de savoir que les processus physico-chimiques, que nous ne voyons pas, sont plus importants que les objets que nous voyons. Autrement dit, la relation asymétrique est plus importante. N'oubliez jamais que les relations asymétriques sont irréversibles, car si vous les inversez, vous vous retrouvez d'emblée dans une situation difficile. Chaque fois que vous dites que A est supérieur à B, B n'est jamais supérieur à A. Vous ne pouvez pas les inverser. Si vous les inversez, vous vous retrouvez en plein bazar. Merci de vous souvenir que certaines des relations les plus importantes au monde sont asymétriques et que nous nous retrouvons en difficulté si nous les inversons. Si nous inversons l'ordre naturel d'évaluation, nous ne sommes pas heureux, ajustés, "intelligents", etc.

Je vais aller lentement, et merci de bien vouloir coopérer avec moi. Il faut prendre cela lentement, c'est très important. En tant que classe, avez-vous déjà pensé que le processus physico-chimique est plus important que l'objet ? Vous est-il déjà venu à l'esprit que cela est d'une telle importance ? Que l'objet n'importe pas mais que le processus physico-chimique, lui, importe ? Comment nous autres évaluons-nous ? Avez-vous déjà entendu parler de l'importance du processus physico-chimique ? Que savez-vous de l'objet ? L'*objet n*'a-t-il *pas* toujours été la *chose la plus importante pour vous* ? Est-ce exact ? Non ! Ne voyez-vous pas l'*ordre inversé* ? Dans *votre évaluation*, l'objet est le *plus important* parce que vous ne savez pas mieux. N'est-ce pas le cas dans la vie ? Et votre amoureux(se), un objet ou un processus ? Est-ce qu'il/elle change de jour en jour ? Si vous vous rendiez compte du caractère processus d'un(e) amoureux(se), seriez-vous si souvent déçu(e) ? Je me demande si vous le voyez ? Dans l'ancien mode de fonctionnement, l'objet était le plus important. Était-ce correct ? Cela ne renverse-t-il pas l'ordre naturel de l'évaluation ? Est-ce bien fondé ?

Je souhaite que vous assimiliez ceci: lorsque vous parlez, par exemple au sujet de votre mal de dents, votre mal de dents tel que vous l'évaluez est indicible. Quoi que vous *disiez,* ne sera pas ou ne couvrira pas votre mal de dents. Vous devez vous rendre compte que lorsqu'il s'agit du "ressenti", ce que vous "ressentez" directement n'est pas ce que vous dites. C'est une chose très difficile à assimiler. Disons que vous m'aimez ou que vous ne m'aimez pas. Disons que j'ai dit quelque chose qui vous révolte et que cela vous met en colère. Cela arrive dans la vie. Ce ressenti direct n'est pas le même que ce que vous dites. Nous identifions tout le temps. Nous identifions le ressenti direct avec le verbalisme. Dans nos ressentis directs, nous identifions le niveau objectique avec ce que nous disons, et c'est là que le vrai problème entre en jeu. Maintenant, en parlant de l'ordre naturel d'évaluation, parlons de votre mal de dents. Je ne veux pas vous rendre malheureux, mais je souhaiterais que chacun d'entre vous ait mal aux dents pour que vous sachiez [N.D.T.: au niveau objectique, par votre organisme-comme-un-tout] de quoi je parle. Ce mal de dents dont vous parlez n'est pas ce que vous ressentez directement. Quand nous exprimons verbalement nos ressentis directs, nous identifions souvent le mal de dents avec les mots. Vous faites des déclarations verbales et vous imaginez que ce sont vos ressentis. C'est très difficile à expliquer. Nous n'identifions pas, ou rarement, le *mot* "table" à cela (pointant du doigt une table objectique). Cela commence par cela, mais ce mal de dents n'est pas si objectique et quand vous parlez de votre mal de dents, vous identifiez les mots avec lui; et les mots *ne* sont *pas* lui. Le ressenti "objectique" est un "mal de dents", mais derrière cela se cache un processus physico-chimique. C'est ce qui se cache derrière cela en tant que facteur "causal" du ressenti objectique d'un mal de dents. Je veux que vous assimiliez tous autant que vous êtes que votre vrai mal de dents a un *caractère objectique,* mais qu'il y a derrière cela un processus physico-chimique qui se déroule. Souvenez-vous, nous parlons au sujet de "faits". J'espère que vous assimilez le problème. Quand je dis quelque chose, vous vous lancez immédiatement en verbalisation, et vous vous mettez en difficulté. Vous criez autour de vous et ensuite vous vous sentez "mieux", entre guillemets. Mais, vous ne faites que verbaliser le ressenti. Nous ne pouvons pas faire de cela le *ressenti* réel. Ainsi vous voyez que quand nous parvenons dans le champ des ressentis personnels directs, nous y allons via des mots et nous négligeons les vrais enjeux. Nous accordons davantage de valeur à la verbalisation des ressentis qu'aux ressentis eux-mêmes. La réponse directe ou le *ressenti* est plus important que ce que vous pouvez dire à son sujet. Vous avez frissonné lorsque j'ai giflé le visage de la fille dans l'expérience de la gifle parce que vous étiez pleins de doctrines verbalistiques, à l'opposé de ce qui se passait réellement. Là où vous frissonnez, quelqu'un d'autre avec un autre ensemble de doctrines ne frissonnerait pas, et les doctrines sont verbales. Maintenant, dans la vie quotidienne, en dehors des tables, des chaises, des pommes, etc., nous identifions toujours nos verbalisations à nos ressentis directs. Et c'est là que réside l'horreur de la chose, car automatiquement, nous n'évaluons pas les ressentis directs, mais leur verbalisation, qui *n'*est *pas* les ressentis.

Autrement dit, quand il s'agit de l'ordre naturel d'évaluation, le ressenti est *plus important* que l'expression verbale à ce sujet. Nous identifions ce que nous *disons* avec ce que nous *ressentons*. Et, ce faisant, nous n'avons aucune réaction différée. Nous accordons davantage d'importance au niveau verbal qu'au niveau objectique, alors que ce qui compte dans la vie, c'est le niveau objectique. C'est l'ordre inverse. Maintenant, donnez une description de n'importe quoi, par exemple cette fille ici, elle porte une robe rouge. Si j'étais daltonien, cette robe pourrait être verte. C'est la partie subjective de la description. Chacun de vous voit les choses différemment. C'est de la subjectivité ! Ce sont des abstractions fabriquées dans votre tête. Maintenant, quand j'ai quelques descriptions, et qu'ensuite je commence à en tirer des inférences, la description de ce qu'on appelle "fait" est plus fiable que l'inférence. Nous avons affaire à une évaluation dans les deux cas, mais la description est plus importante, plus fiable que l'inférence. Maintenant, si vous avez plusieurs ordres d'inférences, une inférence d'ordre inférieur sera plus fiable qu'une inférence d'ordre supérieur. C'est ainsi que s'éventaille en différents niveaux l'ordre naturel d'évaluation. Un niveau est plus important qu'un autre. Je parlais de doctrines verbales de toutes sortes. Elles sont toutes différentes et constituent des inférences d'ordre supérieur. Nous ne réagissons pas aux descriptions, mais plutôt aux inférences en tant que base à des actions directes. Autrement dit, dans la vie privée, les inférences sont plus importantes pour nous que les descriptions. Tout cela est l'inverse de l'ordre naturel, tout à fait le contraire.

En science, nous commençons par des descriptions dans les termes les plus simples. Nous ne faisons pas cela comme orientation de vie. Nous commençons à la crèche en étant gavés de mésinformations. Nos orientations sont guidées par des inférences d'ordre supérieur entièrement non-fiables, car elles découlent de descriptions inexistantes, fictives, etc. Vous pouvez imaginer à quel point ces inférences sont saines. La tragédie de nos vies réside dans le fait que nous vivons selon l'inverse de l'ordre naturel d'évaluation. Nous devons également nous rendre compte du caractère processus de la "matière" et du caractère colloïdal de la vie. Si nous ne le savons pas, et nous n'avons rien à faire à Olivet College. Ce sont des notions élémentaires modernes, et vous devriez le savoir.

Maintenant, je tiens à vous prévenir. Nous avons beaucoup de connaissances que nous *n'appliquons jamais*. Je vais vous dire autre chose. J'ai eu des étudiants, diplômés universitaires, qui en savaient autant que moi en physique et en physiologie, mais ils n'ont jamais appliqué ce qu'ils savaient, et quand je les ai forcés à appliquer ce qu'ils savaient depuis toujours, ils ont explosé. Ils ne pouvaient pas le supporter. Ils ne pouvaient pas supporter l'application de ce qu'ils savaient depuis toujours. Nous ne manquons pas tant que ça de connaissances, après tout. Nous savons beaucoup de choses, mais nous appliquons rarement ce que nous savons. Cela vaut pour toute la vie. Je veux que vous soyez pleinement convaincus et conscients de l'*ordre naturel d'évaluation.* Vous devez l'accepter ou le refuser. Vous n'avez pas d'autre choix. Mais, maintenant, ne vous contentez pas de dire "bla bla bla". Acceptez-le ou refusez-le.

Voici donc, je dis l'ordre naturel d'évaluation. Je dis ici que le processus physico-chimique est plus important que l'objet. Ensuite, l'objet est plus important que la description ou la définition; la description est plus importante que l'inférence; et enfin, les inférences d'ordre supérieur sont moins importantes et moins fiables que les inférences d'ordre inférieur. Nous vivons principalement selon l'inverse de cet ordre. Ne vous considérez pas comme une classe de cols blancs. Pensez au milliard et demi d'êtres humains que vous ne voyez jamais et auxquels vous ne pensez jamais. Ils ont eux aussi besoin de cela. Ils ne savent rien des processus physico-chimiques, des processus colloïdaux, mais ne connaissent seulement que l'objet. La chose la plus importante *pour eux* est l'objet. Mais cela se situe au niveau des singes. Vous ne pouvez pas faire comprendre la SG à un gorille. Vous voyez bien vous-mêmes les difficultés que vous rencontrez pour l'assimiler. Et pourtant, vous êtes des êtres humains civilisés de haut niveau. Vous pouvez imaginer à quel point il serait impossible de faire comprendre tout cela à un gorille. Ce serait impossible. Notre système nerveux a produit la science et il acceptera la science. Notre cerveau la reçoit, mais le gorille n'est pas apte à recevoir la science. Le cerveau de l'humain civilisé techno-scientifique est vraiment différent, dans sa structure colloïdale et sa fonction, des autres cerveaux. J'ai vu des diagrammes montrant la vascularisation, c'est-à-dire les vaisseaux sanguins du cerveau. S'ils avaient pris un grand singe, par exemple un gorille, et que chez lui une partie donnée de son cerveau comportait cinq vaisseaux sanguins, un humain dit primitif, au même endroit de son cerveau, aurait eu beaucoup plus de vaisseaux sanguins. Autrement dit, la nutrition, l'alimentation et l'énergie sont différentes. Si l'on prend un idiot civilisé techno-scientifique, il aura plus de vaisseaux sanguins que l'homme dit primitif au même endroit. Et puis vous prenez un homme civilisé techno-scientifique adulte, qu'on dit "normal", et l'espace entier, le même espace, est littéralement rempli de vaisseaux sanguins. Vous pouvez voir comment la quantité de nourriture que reçoit le système nerveux, comment le contenu énergétique de la productivité varie d'un type à l'autre. C'est pourquoi vous pouvez comprendre, lorsque nous parlons de "l'être humain", à quel point c'est une fiction idiote, alors que les systèmes nerveux sont si différents [N.D.T.: Korzybski exagère ici pour illustrer la variabilité humaine. La science contemporaine confirme que la nutrition, le métabolisme et le mode de vie influencent la vascularisation et le système nerveux, mais elle ne justifie pas l'idée que l'être humain soit une "fiction" ou que tous les individus modernes aient systématiquement plus de vaisseaux sanguins que les humains primitifs].

Ayant couvert l'ordre naturel d'évaluation, passons maintenant à une forme généralisée d'application de ce que nous avons vu dans les cours précédents. Nous avons insisté en long, en large et en travers sur des notions standard, il n'y a rien de nouveau là-dedans; tout ce que j'ai dit est déjà connu. Premièrement, l'organisme fonctionne comme-un-tout. Nous ne pouvons jamais séparer l'organisme, même comme-un-tout, de l'environnement, de quelque forme d'environnement que ce soit. Par conséquent, la formulation "organisme-comme-un-tout" n'est pas suffisante, car elle n'inclut pas l'environnement. C'est pourquoi, en SG, nous insistons sur le traitement non-élémentalistique, qui est plus large que l'affaire d'"organisme-comme-un-tout". Nous nous efforçons de formuler des questions qui incluent l'environnement. À ceux d'entre vous qui s'intéressent aux avancées scientifiques, je recommande à nouveau la lecture de *Topological Psychology*, de Kurt Lewin. Les méthodes topologiques, bien qu'il s'agisse de méthodes mathématiques respectables, n'avaient aucune application jusqu'à ce travail. La topologie est fondée sur les relations entre les parties et les totalités. Vous pouvez lire ce livre sans aucune formation mathématique. Il ne contient aucune technique mathématique orthodoxe, mais vous y apprendrez une méthode générale d'inclusion des parties dans la totalité qui s'applique à tout ce qui est humain et qui a néanmoins une bonne méthode mathématique derrière elle. En termes d'étendue, il s'agit de l'application la plus large à ce jour des mathématiques et des méthodes extensionnelles à la vie humaine. Ce livre brise la glace. Le système nerveux ne fonctionne donc pas seulement comme-un-tout, mais l'environnement externe et *interne* doit également être inclus. [N.D.T.: ce passage a une valeur considérable: ne comprenez pas "comme-un-tout-dans-un-environnement" de façon-élémentalistique comme "organisme-comme-un-tout" + "un environnement", mais bien non-élémentalistiquement comme "toutes les parties incluses dans les totalités"] Et aujourd'hui, nous avons appris quelque chose de plus, qui est fondamental mais caché derrière un verbiage désuet. Le professeur Parker, de Harvard, a montré expérimentalement que les terminaisons nerveuses produisent ce qu'il appelle une sorte d'hormones. Vous savez ce que sont les hormones, des sécrétions provenant de glandes. Ce verbiage complique quelque peu les problématiques nerveuses. Nous ne pouvons pas parler en termes d'hormones ou de sécrétions de glandes à l'extrémité des nerfs. Il faut utiliser un langage anglais [français] correct. Il n'y a pas de glande à l'extrémité d'un nerf. Nous n'avons pas le droit de parler d'hormones à l'extrémité d'un nerf, mais qu'en est-il des colloïdes ? Les nerfs conduisent des courants électriques. À l'extrémité du nerf, il y aurait alors une certaine charge ou plutôt une polarité définie; et si vous avez une polarité et qu'un courant passe dans le nerf, vous obtiendriez une nouvelle configuration colloïdale. Cela agirait un peu comme un processus "chimique". Mais vous ne pouvez pas l'isoler, car il s'arrête dès que vous bloquez le courant, mais à ce moment-là, il peut agir comme un produit chimique, peut-être *comme* une hormone. Il existe des différences subtiles, mais vous pouvez voir à quel point elles deviennent compliquées et dans quelle mesure nous devons les prendre en considération avant de pouvoir nous occuper des problèmes qui se profilent.

Ainsi, arrivant au système nerveux, il faut considérer l'organisme-un-tout. Comme-un-tout dans tous les sens du terme, dans tous les détails importants que nous connaissons. C'est pourquoi vous ne pouvez pas ignorer l'environnement tel qu'il est généralement compris. Air, eau, etc., font tous partie de l'environnement. On ne peut pas non plus échapper à un environnement neuro-linguistique et neuro-sémantique, un aspect qui a été entièrement ignoré. Pouvez-vous vous imaginer un instant sans environnement neuro-sémantique ? Nous ne pouvons pas nous affranchir d'une forme d'évaluation. Notre vie entière est pleine d'évaluations. Nous avons des critères d'évaluation en dépit du fait que nous n'en sommes pas conscients, car nous agissons en fonction d'eux.

D'après l'embryologie (souvenez-vous que tout ce que je dis maintenant est élémentalistique), nous savons que l'œil n'est pas un organe "sensoriel". Chez l'embryon, nous commençons par une petite protubérance qui se trouve dans notre système nerveux; puis nous voyons cette protubérance s'allonger. À partir de cette protubérance, elle s'allonge et devient l'œil. L'œil n'est pas ce qu'on appelle un "organe", mais il s'avère être une partie directe du cerveau. Il n'existe pas de "nerf optique" tel que nous l'appelons. Il n'y a qu'un *tractus optique* qui connecte directement la partie externe du cerveau, c'est-à-dire l'œil, au reste du cerveau. Cela ne s'applique toutefois pas à vos autres organes "sensoriels". C'est l'une des raisons pour lesquelles, dans notre civilisation techno-scientifique, toutes nos sciences ont finalement été placées sous le contrôle de l'œil. Tous nos instruments, quels que soient leur nature, sont conçus pour être contrôlés par l'œil. Même lorsque nous traitons de l'ouïe, nous essayons de placer les instruments sous le contrôle de l'œil. La partie *externe* du cerveau proprement dit, c'est notre œil. C'est pourquoi le meilleur apprentissage se fait par la vue, et c'est pourquoi ce qu'on appelle la "visualisation" est le principal facteur d'ajustement; c'est pourquoi ce qu'on appelle les formes les plus élevées de "pensée" humaine sont la "pensée" visuelle, juste parce que via la visualisation, nous traitons directement avec le cerveau. Il s'avère par exemple que les animaux sont beaucoup plus à "dominante-mentale-auditive" qu'à "dominante-mentale-visuelle". Et nous, qui avons un ordre supérieur d'intelligence, sommes souvent à "dominance-mentale-visuelle". Une personne *extensionnelle* serait à "dominante-mentale-visuelle". Une personne *intensionnelle* serait plutôt à "dominante-mentale-auditive". Par extension, nous formulons tout ce qui concerne l'œil en termes d'ordre, en termes d'inclusion des parties dans une totalité. C'est à dire, nous utilisons des méthodes topologiques. Grâce à des indices et des dates, nous couvrons les processus en termes de séparation, et nous sommes ainsi capables de passer du dynamique au statique et du statique au dynamique. N'oubliez pas que les centres linguistiques sont clairement corticaux. Le cortex, avec ses définitions linguistiques intensionnelles, a des définitions statiques; et le thalamus est dynamique. En attendant, tout ce que je dis est faux, car pour en parler, je dois les séparer, alors qu'ils n'agissent pas séparément. Du moment que vous vous rendez compte que ce que je dis est faux, nous pouvons parvenir à une sorte de compréhension. Est-ce que vous captez ? Si vous prenez ce que je dis au pied de la lettre, je vous induirais en erreur. *L'organisme ne fonctionne pas en parties séparées.* Lorsque nous enseignons aux jeunes, nous devons insister sur le fait que le vieux verbiage ne couvre pas les faits et les falsifie la plupart du temps. C'est là que les procédés extensionnels entrent en jeu. Pour nos besoins ici, nous choisissons de parler en termes de séparation du cortex d'avec le thalamus, mais je dois vous avertir que c'est faux. Et pourtant, une telle orientation permet d'acquérir des connaissances utiles. Les centres linguistiques se trouvent dans le cortex et, par nécessité de l'ancienne intension, ils sont statiques. Nous établissons une définition, que nous utilisons pendant un temps jusqu'à ce que nous la modifiions, elle est donc statique. Maintenant, la vie, tout comme un morceau de fer, est un processus. Bien que le fer soit un processus plus lent que la vie, il n'en demeure pas moins un processus. Certains processus sont beaucoup plus rapides que d'autres. La différence entre tous les processus dans le monde réside uniquement dans leur durée. Tout ce qui existe sous le soleil, tel que nous le connaissons aujourd'hui, est un processus et donc dynamique. Le langage est statique, mais nous disposons aujourd'hui de moyens pour réconcilier le monde dynamique avec le langage statique. Par extension, nous avons les moyens de les réconcilier.

Maintenant, si le langage intensionnel est statique mais que le monde est dynamique, il n'y pas de similarité de structure dans l'ancien mode de fonctionnement. Mais nous avons désormais les moyens de les réconcilier en utilisant les procédés extensionnels et les méthodes quadridimensionnelles. En effet, dès que vous indicez et datez un évènement passager, vous obtenez une coupe transversale quadridimensionnelle qui est statique. C'est quadri-dimensionnel, rappelez-vous. Un processus peut être rendu statique en quatre dimensions. Si vous avez une "chaise" comme définition, celle-ci est statique, mais quand vous exhibez par extension, vous exhibez des choses, $chaise_1$, $chaise_2$, $chaise_3$, etc.; vous avez un nombre quelconque de chaises. Vous avez rendu la "chaise" dynamique - changeante. Nous pouvons alors réajuster la structure du langage statique au monde dynamique. Ces problématiques sont importantes, et les ignorer est tragique. Laissez-moi vous poser une question. Je mets au défi quiconque ici présent, y compris le personnel d'encadrement, de me donner le nom d'un scientifique, de renommée mondiale ou non, qui soit "$scientifique^{1937}$". C'est sérieux. Il n'y en a *aucun*. Même Einstein ne conviendrait pas. Il a accompli un travail formidable, mais il ne connaît rien à la neurologie, à la psychiatrie, à la SG, etc. Il ne peut pas aborder la neurologie selon un mode de penser scientifique. On ne peut donc pas dire qu'il est "$scientifique^{1937}$". Vous, les étudiants ici présents, êtes plus $scientifiques^{1937}$ qu'Einstein lui-même, car vous acquérez les rudiments fondamentaux des méthodes et des "faits" de toutes les branches de la science, et pas seulement d'une seule.

Je suis content que vous ayez aussi bien compris cette affaire statique-dynamique. Souvenez-vous que le thalamus, qui est le centre dynamique de notre organisme, est rempli de réactions dynamiques. Je vais vous donner l'exemple d'un film cinématographique. Dans un film cinématographique, nous avons une scène vivante, lorsqu'il est projeté en trois dimensions plus une. Maintenant, nous arrêtons le mouvement (c'est la coupe transversale statique en quatre dimensions) et vous obtenez des images statiques. Les amours ou les haines qui bougeaient auparavant sont désormais vues dans des coupes transversales statiques. Vous les mélangez ensemble par le mouvement et vous obtenez une affaire vivante, mais vous arrêtez le film et vous n'avez plus que des coupes transversales statiques, des séquences stroboscopiques statiques mesurables.

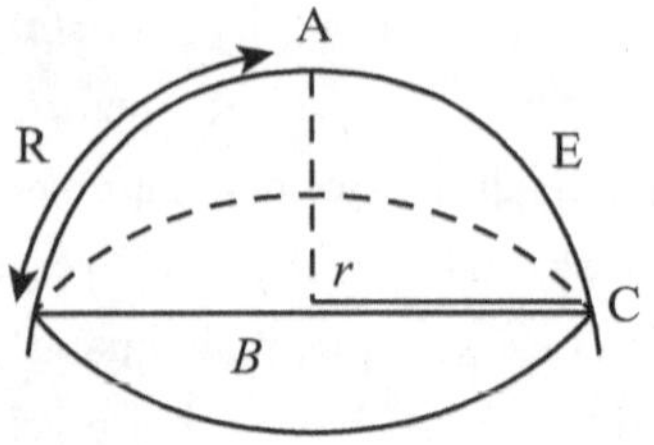

$\pi = 3.1415...\text{etc.}$

$\frac{C}{2R} = \pi = 3.012...\text{etc.}$

Les mesurages dans ce monde sont très importants simplement parce qu'ils sont extensionnels, c'est tout. Et, dans le mesurage, des miracles se produisent, des miracles que vous ne pouviez pas prévoir. Par exemple, imaginez que vous êtes des êtres plats, à deux dimensions. Si vous vous imaginez être des êtres plats, vous diriez que la troisième dimension vous est "hors de portée". Maintenant, je vais vous montrer ce qui se passe. Vous êtes à la surface de la Terre (E): incidemment, la Terre étant courbée, elle est tridimensionnelle, mais vous ne comprenez pas trois dimensions si vous êtes plats, et vous dites légitimement que la troisième dimension vous est "hors de portée". Vous commencez à mesurer et voyez maintenant ce qui se passe. Vous tracez un cercle (C) de rayon (R) sur la surface courbe de la Terre, puis vous mesurez pour de vrai sa circonférence sur cette *surface* courbe. Ensuite, vous mesurez le vrai rayon (R). Vous connaissez certainement le symbole géométrique "pi" (π), n'est-ce pas ? Par le *vrai mesurage* de ce cercle (C) que vous avez tracé et le vrai rayon (R), nous calculons π: il serait *inférieur* à 3,1415, etc., valeur à laquelle π = 3,1415... s'applique à une *surface plate.* Mais ici, vous ne savez pas si vous avez affaire à une surface plate ou non, car vous êtes vous-même bidimensionnel. Vous continuez en mesurant pour de vrai (C) que vous avez dessiné sur la surface de la Terre avec un rayon (R), qui est courbé, et non (r), et en mesurant (R). Si votre mesurage de (R) est plus grand que (r) d'un cercle plat (B), alors votre nouveau π serait inférieur à π = 3,1415... en deux dimensions. Votre être bidimensionnel et plat, grâce à un *vrai mesurage,* découvrirait alors qu'il existe une troisième dimension, car votre ancien "pi" sera plus grand que le nouveau "pi" selon le vrai mesurage de (C) et (R).

Souvenez-vous, il s'agit en quelque sorte d'un "miracle". Grâce au *mesurage* seul, nous avons atteint la notion d'une *nouvelle dimension.* Autrement dit, il y a quelque chose dans le mesurage qui a un pouvoir révélateur extraordinaire. Cela va plus loin que cela, mais il est évident que vos êtres bidimensionnels ont entrevu une troisième dimension grâce au mesurage, même si elle vous est "hors de portée" parce que vous êtes bidimensionnels. Maintenant, le secret réside dans le traitement extensionnel. C'est le secret de tout mesurage, et nous arrivons ici au secret des nombres, à la définition des nombres.

L'ancienne définition des nombres était qu'ils constituaient une "classe de classes". Si vous avez une série de couples, ce n'est pas un "nombre"; si vous dites deux pommes, ce n'est pas non plus un "nombre"; mais quand vous abstrayez à partir de tous les couples et que vous en abstrayez le *nombre deux,* ils appellent cela une "classe de classes", une classe de tous les couples. Maintenant, si vous explorez le monde avec l'ancien "nombre", autrement dit une "classe de classes", vous pourriez tout aussi bien explorer le monde avec le "Saint-Esprit"; car vous obtiendrez des réponses en termes de "classe de classes" ou de "Saint-Esprit" et vous ne saurez rien du monde lorsque vous reviendrez à la raison. Vous n'apprenez pas grand-chose en utilisant de telles définitions. Mais imaginez maintenant que vous traitiez un nombre comme une *relation,* c'est une nouvelle définition sémantique du nombre, et que vous exploriez le monde avec des *relations*: vous obtiendrez des réponses en *termes de relations,* et non de "Saints Esprits". Vous obtiendrez des réponses en termes de relations, et celles-ci deviendront des facteurs de structure. Et la seule chose que nous pouvons connaître, c'est la structure, formulée en termes de relations. Vous commencez à voir l'importance de certaines terminologies. Leur importance pour la construction d'une science et l'exploration de ce monde, et de nous-mêmes.

Nous parlions tout à l'heure de l'œil et du système nerveux, et nous avons dit que l'œil fait partie du cerveau. Vous vous rendez compte maintenant qu'une *relation* quelle qu'elle soit peut être rendue *visuelle* si nous savons comment nous y prendre. Toute relation, de n'importe quel type, peut être formulée pour votre œil en tant que formulation visuelle. Autrement dit, en reformulant d'anciennes notions dans un langage structurel sous forme de faisceaux de relations, statiques ou dynamiques, nous obtenons des formulations qui peuvent être rendues visuelles. Nous avons les moyens d'influencer directement le cortex et le cerveau, parce que nous traitons avec l'œil qui fait lui-même partie du cerveau. D'autres avantages sont que certaines choses qui ne pouvaient être enseignées avec l'ancien mode de fonctionnement peuvent maintenant l'être.

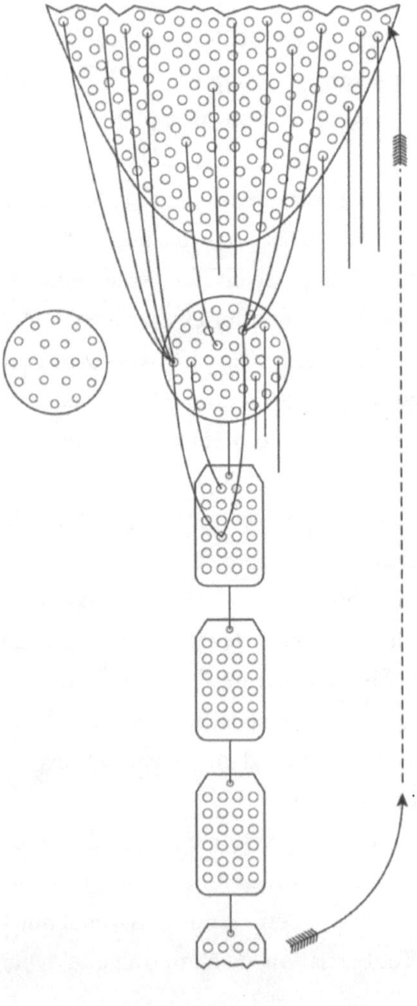

Je vais vous expliquer cela à l'aide de ce diagramme appelé "Structurel Différentiel". Il y a un bon schéma à ce sujet dans mon livre, *Science et Sanité,* et il faut l'étudier. Ce Structurel Différentiel représente ici les différences structurelles et l'ordre naturel d'évaluation. Beaucoup de mes amis pensent que je suis obsédé par ce Structurel Différentiel, mais certains de mes meilleurs étudiants comprennent que pour tirer pleinement parti de l'extensionnalisation, il est impossible de se passer de diagrammes et de tableaux comme celui-ci. C'est un point fondamental de l'extensionnalisation, car elle affecte aussi bien le thalamus que le cortex.

Tout passe par le thalamus, et aussi par l'œil. C'est en cela que réside l'importance de travailler avec des schémas, des diagrammes et des modèles. La parabole au sommet de ce modèle représente un processus, les trous représentent une partie du nombre infini de caractéristiques de ce processus. Dans un processus en changement permanent, un évènement présente un nombre infini de caractéristiques. Il s'agit d'une *représentation statique* d'un *processus dynamique.* Il s'agit d'une coupe transversale statique d'un processus sans fin. En science, après Einstein-Minkowski, l'évènement est une coupe transversale d'un processus quadri-dimensionnel qui est *statique à un instant donné.* Pendant ce temps, le processus physico-chimique se poursuit de manière inchangée. Comme il s'agit d'une représentation statique, nous devons avoir l'évènement ici, et pour le rendre visuel et statique, nous devons lui attribuer un nombre infini de caractéristiques. Ce sont les trous dans le modèle. Maintenant, vous vous souvenez que notre système nerveux abstrait un disque à partir de lames en rotation. Eh bien, voici l'objet, que nous abstrayons de l'évènement. L'objet possède un nombre fini de caractéristiques. Nous n'abstrayons pas toutes les caractéristiques de l'évènement. Ici, dans le diagramme, nous voyons des trous sans ficelles, ainsi que des ficelles *non* connectées à l'objet, "caractéristiques laissées de côté" par nos abstractions. Notre système nerveux construit l'objet, mais nous n'avons jamais abstrait toutes les caractéristiques de l'"objet". Nous avons toujours des caractéristiques laissées de côté. Ensuite, nous étiquetons l'objet comme nous étiquetons une malle, avec une simple étiquette qui n'est qu'un nom ou une définition. Quand nous avons atteint ce niveau d'étiquetage ou d'expression, nous pouvons *parler à propos du parler,* en d'autres termes, nous abstrayons dans des ordres supérieurs, etc. C'est le niveau suivant sur ce diagramme, en dessous de l'objet. Nous voyons alors l'entièreté de la nature de l'ordre naturel d'évaluation, véhiculée par l'œil. (En montrant du doigt le Structurel Différentiel). Ceci est plus important que ceci, et ceci est plus important que ceci, etc. Le sommet du modèle, l'évènement, est plus important que l'objet, l'objet est plus important que la description, la description est plus importante que les inférences d'ordre inférieur et supérieur, etc. C'est là que réside la valeur du Structurel Différentiel. Nous *visualisons* l'*ordre naturel d'évaluation.* Vous ne vous en rendez peut-être pas compte, mais cet ordre d'importance constitue une connaissance bien établie, mais en même temps rarement mis en pratique, à savoir que les mouvements dits kinesthésiques exercent une influence significative sur notre cerveau. C'est pourquoi je vous conseille vivement d'utiliser à présent vos mains; suivez ce conseil, car je veux que vous obteniez des résultats. Vous avez des ordres d'abstraction bien définis, différents niveaux d'abstraction, des inférences verbales scientifiques sur différents niveaux. Quand vous avez affaire à des objets, une chaise, moi ou vous-même, vous devez utiliser vos mains pour ordonnancer vos individus. Ne sentez-vous pas en quoi bouger produit un ordonnancement en vous, $Dupond_1$, $Dupond_2$, etc. [N.D.T.: Faites vraiment le geste: mettez devant vous votre main, paume verticale, et désignez successivement d'un geste chaque individualité (X_1, X_2, X_3...). Vous sentirez qu'un ordre s'établit en vous, au niveau indicible, en similarité de structure. Ce petit mouvement déclenche, organismalement, la réaction sémantique d'extensionnalité] Ce mouvement de main et l'ordonnancement induit par la main affectent le thalamus. Et donc quand vous parlez de $Dupond_1$, $Dupond_2$, etc. bougez vos mains. Cela vous aidera à établir l'ordre de votre évaluation. Ce petit geste subtil fait vraiment effet. Cela vous aidera.

D'abord, je vous ai montré les ordonnancements des individus absolus; voici maintenant l'ordonnancement des ordres d'abstractions. Vous disposez d'une stratification double, quadri-dimensionnelle, et quand vous faites bouger vos mains et donc vous-mêmes dans cette série ordonnée d'abstractions, vous êtes intérieurement prêts à cartogénéser un ajustement fructueux [N.D.T.: Faites vraiment le geste: mettez devant vous votre main, paume horizontale, et déplacez-la verticalement pour situer le niveau d'abstraction que vous évoquez. En changeant de niveau, accompagnez physiquement ce passage. Vous sentirez qu'un ordre s'établit en vous, au niveau indicible, en similarité de structure. Ce petit mouvement déclenche, organismalement, la conscience d'abstraire, et crée la réaction sémantique appropriée]. Vous détenez le secret de la clarté, tout ce qui n'est pas verbal. Il devient organismal et kinesthésique. C'est alors que vous devenez stratifiés en quatre dimensions. Vous avez ajouté de l'acuité à votre cerveau. Vous vous êtes engagés organiquement dans la pensée, au-delà du simple usage de votre "cerveau". Vous commencez alors à vous orienter comme-un-tout, ce qui est non-élémentalistique. Vous atteignez votre meilleur moi parce que vous vous approchez de vous-même via l'œil, l'oreille, le "sens" kinesthésique, etc., tout cela en vous entraînant à l'extension avec le Structurel Différentiel.

Ce n'est pas un effet de mode. C'est, à l'heure actuelle, la seule méthode qui permette d'accéder à ces phénomènes et d'influencer le thalamus. Ce que nous vous transmettons ici, c'est le secret de la "sagesse", etc. Nous avons apporté la connaissance à votre cerveau non seulement par l'oreille, mais aussi par l'œil, le toucher et l'ensemble des "sens" kinesthésiques.

TREIZIÈME CONFÉRENCE DU SÉMINAIRE

Je suis très satisfait des résultats des conférences et des entretiens privés que j'ai eus. Cela signifie que l'extensionnalisation travaille; certaines choses commencent à s'emboîter mentalement. Certains résultats sont très bons. Souvenez-vous que j'ai insisté tout au long de ce séminaire sur la similarité de structure. Mon objectif en insistant dans cette similarité de structure est la prédictibilité. Ceux qui ont suivi le séminaire et participé à des entretiens privés se sont maintenant rendus compte de l'importance capitale de la prédictibilité. Par conséquent, si nous pouvons obtenir certains facteurs de prédictibilité, nous serons mieux armés. Et la prédictibilité dépend de la similarité de structure, qui dépend elle-même de l'ordre multi-dimensionnel. Vous n'avez pas besoin de comprendre parfaitement la multi-dimensionnalité pour l'instant. Un peu suffira. Nous arrivons à la fin du Séminaire, je souhaite donc vous inculquer non seulement des éléments théoriques, mais aussi leur application. Par exemple, les mécanismes extensionnels et comment les appliquer. En passant, ne me considérez pas comme un conférencier s'adressant à des étudiants. Je suis en train de produire un jazz colloïdal nerveux pour essayer de reproduire des jazz colloïdaux similaires dans vos systèmes nerveux. Toute action se fait par contact. Il y a un long chapitre à ce sujet dans mon livre [N.D.T.: Science et Sanité].

Lisez-le. Dans notre nouveau monde, il n'y a pas non plus d'"espace vide". Nous vivons dans un monde de *plénitude.* Cela donne lieu à une orientation tout à fait différente. Nous ne vivons pas dans un monde vide. Nous ne pouvons donc même pas parler d'"isolement" politique. Nos journaux publient les rapports des marchés boursiers de Londres, Paris, New-York, etc., et pourtant nous continuons à parler d'"isolement". Il est temps d'en finir avec cela. Nous ne sommes vraiment pas isolés. Cela s'applique partout. Une découverte est faite quelque part, une découverte importante, et elle nous affecte tous. Ne voyez-vous pas que l'"isolement" n'a pas sa place dans le monde humain ? Cet "isolement" découle de la notion de "vide spatial". Nous ne pouvons plus exister et préserver notre sanité dans de telles conditions. Autrement dit, ce que nous devons faire maintenant, c'est nous approprier les faits scientifiques, les coordonner, en extraire des méthodes et utiliser ces méthodes pour créer de nouvelles orientations.

Puisque c'est l'avant-dernière conférence, si vous ne comprenez pas, demandez-moi de répéter. Vous voyez, si j'avais été un simple verbaliste, un orateur s'adressant à des auditeurs, je n'aurais pas fait ce que j'ai fait. Je ne me serais pas intéressé à vous. J'aurais dit ce que j'avais à dire, vous l'auriez écouté, et c'est tout. C'est l'attitude verbalistique, mais par extension, je m'intéresse à *vous,* à *vos jazz colloïdaux.* Je procède par *contact* avec *mes jazz colloïdaux* et les vôtres. Je ne serais pas satisfait si rien ne se passait. Neurologiquement et colloïdalement, il ne faut pas croire que tout est perdu lorsque vous ne tirez rien de l'orateur. Il est très important que le personnel éducatif ici s'en rende compte. Nous avons des difficultés permanentes entre les enseignants et les étudiants; à savoir, un enseignant a donné son cours du mieux qu'il pouvait. Il a "fait son travail". La question est maintenant de savoir quelle est la réaction de l'étudiant à ce qu'il a entendu. Au départ, c'est individuel, et il ne suffit pas que l'enseignant parle et que l'étudiant écoute. Cela ne fonctionne pas, comme vous le savez. Au cours de votre formation, vous avez reçu des jazz colloïdaux spéciaux dans votre système nerveux, et si vous ne pouvez pas transmettre ce jazz colloïdal à l'étudiant, vous n'avez rien accompli. Ensuite, vous vous plaignez des difficultés de l'éducation parce que vous vous orientez vous-mêmes intensionnellement. Extensionnellement, vous n'êtes pas un enseignant pour un étudiant, vous êtes un jazz colloïdal neurologique transformant les jazz colloïdaux neurologiques de vos étudiants. Si vous n'accomplissez pas cela, vous n'avez rien accompli en tant qu'éducateur. C'est l'une des grandes difficultés de l'éducation et c'est là que l'éducation de masse échoue, car nous avons affaire à des classes où il y a beaucoup d'étudiants. Et puis, nous parlons des étudiants comme s'ils étaient stupides, faibles d'esprit, etc. C'est une erreur, car notre *attitude* est erronée; le fait est que vous, tout comme les étudiants, représentez des jazz colloïdaux, et l'éducation ne fonctionne que dans la mesure où nous, éducateurs, pouvons transposer nos jazz colloïdaux aux jazz colloïdaux des étudiants. Vous avez vu l'attitude colloïdale d'un enseignant extensionnel qui n'avance pas tant que la classe n'a pas compris quelque chose. C'est généralement ce que je fais. Cette méthode extensionnelle devrait être le fondement de toute éducation, car les enseignants doivent alors avoir une attitude extensionnelle non-élémentalistique. Ne voyez-vous pas la différence entre extension et intension ? À ce propos, je voudrais vous montrer une différence assez choquante entre une attitude extensionnelle et une attitude intensionnelle.

Revenons à ce diagramme du bonheur. Dans celui-ci, votre attente devrait être au minimum de la "probabilité maximale". Je vais maintenant vous prouver *verbalement* que j'ai produit une "théorie du bonheur destructrice, criminelle" qui sera destructrice pour la "civilisation", etc. Commençons par l'aborder sous un angle intensionnel. Vous êtes devenus familier de l'expression "masturbation des glandes salivaires". Eh bien, je vais m'y adonner maintenant et je voudrais avoir votre avis. Je veux votre avis pour départager deux opinions différentes. Vous ne pourrez pas trouver de faille dans l'argumentation intensionnelle. Je vais "prouver" que cette théorie est destructrice, puis nous ferons une autre analyse, cette fois-ci *extensionnelle*, qui *renversera* complètement la situation.

Bien, nous partons d'une *attente minimale*, c'est la *nouvelle* orientation. "N'attendre rien". Nous pourrions dire que si nous n'attendons rien, nous ne voudrons rien, nous n'accomplirons rien, etc. C'est un argument *intensionnel,* mais cet argument *verbal* est-il correct ? Vous ne pouvez pas trouver de faille dans cet argument. Il est destructeur, il tue tout simplement. Vous ne voudrez rien, vous ne vous battrez pour rien, vous ne chercherez rien. Remarquez jusqu'où nous pouvons aller avec cela verbalement. C'est la "criminalité" intensionnelle de la théorie du bonheur. Verbalement, par *intension,* vous ne pouvez pas trouver de faille dans un tel argument verbal.

Je vais maintenant vous donner quelques brefs résumés du type de difficultés auxquelles vous serez exposés. Je vous propose des arguments en présentant cet argument *intensionnel,* un argument verbal, que vous ne pouvez pas réfuter verbalement. Par *intension,* vous pouvez condamner verbalement notre théorie du bonheur.

Maintenant, examinons les "faits" extensionnels, sans nous soucier de la masturbation verbale. L'analyse par les "faits", quels que soient les faits, représente une analyse extensionnelle. Analysons maintenant les "faits". En fait (en désignant un étudiant), voici un gars qui peut parfois me priver de nourriture, mais qui m'apporte généralement mes repas. Nous pouvons sourire, mais nous avons affaire à des "faits". Je vous raconte une blague, par exemple, et vous éclatez de rire, parce que d'une manière ou d'une autre, vous en avez fait une analyse *extensionnelle.* Vous avez reconstitué les faits à ce sujet. Dans la blague, les mots ne veulent rien dire, mais le contraste - territoire: les faits; carte: langage - vous a fait rire. Vous avez reconstitué les faits, et le rire provient d'une reconstruction *extensionnelle* des faits *derrière* les mots. Du moment que nous reconstruisons les faits derrière les sons des mots, les orientations de vie commencent. C'est un exemple de différence d'orientation par laquelle, malheureusement, nous ferons une orientation extensionnelle à propos d'une blague, mais nous ne le ferons pas lorsqu'il s'agit de problèmes de vie sérieux. L'une des raisons est que nous en savons si peu sur la vie en général. L'exemple de la blague est facile à reconstruire. Mais la vie n'est pas si simple à réajuster ou à reconstruire.

Je vous ai donc montré le caractère *destructeur* de la théorie extensionnelle du bonheur telle qu'elle est élaborée par l'*analyse intensionnelle*. Voyons maintenant les faits. Voici un être vivant (pointant du doigt un vrai étudiant de l'amphi), souvenez-vous, un être vivant, vibrant de vie, subissant de nombreux *impacts* de son environnement. Nous ne pouvons pas faire autrement sans tomber dans la fiction. Aucun d'entre nous ne peut être soustrait de son environnement et continuer d'exister. Ignorez cela et vous tombez dans la fiction. Un être vivant ne peut être soustrait de son environnement. Aucun d'entre nous ne peut non plus échapper à un environnement sémantique et linguistique. Eh bien, voici l'être vivant. Il est en interaction avec son environnement. Manger, boire, etc., il ne peut y échapper, et cela vaut aussi pour vous, souvenez-vous. Je contemple *cet individu*; vous faites votre analyse sur des *individus*, Dupond_1, Dupond_2, etc. Je garde ce jeune homme ici devant la classe parce que j'ai besoin d'un individu dont je puisse parler. Un individu. Par *intension*, je parle de généralisations, peut-être fausses quant aux faits, car par *intension*, nous forçons les faits à entrer dans des généralisations. Mais par *extension*, nous contemplons des individus, puis nous élaborons nos propres orientations et généralisations hypothétiques. Je vous montre maintenant la théorie *extensionnelle* du bonheur. *Intensionnellement*, je vous ai prouvé sa "criminalité", combien elle est destructrice pour la civilisation, etc. Nous avons des attentes minimales, mais si nous n'attendons rien, nous n'obtiendrons rien, etc. Voyons voir. J'enseigne à ce vrai garçon à attendre le *maximum*, mais si son attente est maximale, il s'attend à avoir de l'eau de bonne qualité ici et il obtient celle-ci bien vraie, il sera déçu. Bien sûr, s'il s'attend à avoir de "l'eau de bonne qualité" et qu'il reçoit cette eau ferrugineuse que j'ai dans ce verre, il sera déçu. Mais s'il s'attend à avoir une sorte de boue dans ce verre et qu'il reçoit cette vraie eau ferrugineuse, il sera *plus que satisfait*. Souvenez-vous qu'il est un fait vivant et qu'il reste un fait. Vous savez, et moi aussi, que l'eau ici n'a pas bon goût. Mais s'il s'*attend* à de l'eau *pure et cristalline*, etc., et qu'il obtient ceci (en montrant), il ne sera pas satisfait de cela (en montrant). Mais s'il est *préparé* à quelque chose de pire, il sera heureux d'avoir cette eau. Ceci n'est pas une blague.

Qu'en est-il des faits ? Je suis *satisfait*, car mes attentes sont encore pires que cette vraie eau. Si mes attentes intérieures, sémantiques, étaient encore pires que l'eau extensionnelle, je ne serais pas mécontent. Maintenant, souvenez-vous que dans les séminaires de SG, nous sommes d'une franchise brutale, et lorsque nous faisons des choses stupides, nous les admettons. Je parlais maintenant de l'attente physique concernant cette eau. Je m'attendais à pire que la vraie eau et cette fois (en buvant), elle n'avait pas si mauvais goût. Je vous montre, dans un être vivant, les astuces sémantiques. C'est une sorte de confession. Mais croyez-moi, si je m'étais attendu à une eau cristalline dans ce verre, j'aurais été très déçu.

Souvenez-vous de l'argument intensionnel selon lequel "les attentes minimales ruinent le bonheur". Dès la naissance, nous ne pouvons échapper à certains enseignements. Nous ne pouvons échapper à l'implication de la *structure* du langage. Imaginez que je vous éduque, ce qui signifie que dès le berceau, je suis censé être votre "papa" ou votre "maman". Supposons simplement cela. Maintenant, je vous éduque dans un langage *élémentalistique*. La structure du langage qui dit que "corps" et "esprit" *peuvent être séparés*, n'est pas correcte du point de vue de la vie. Ainsi, en vous enseignant un langage élémentalistique, je vous enseigne certaines conséquences qui passent inaperçues, mais qui sont fausses quant aux faits. Je vous enseigne une orientation intensionnelle vicieuse via des définitions verbales, selon laquelle les choses *ne* sont *pas* individuelles mais générales. Vous ne pouvez pas éviter les conséquences d'un tel enseignement intensionnel. C'est là que la *structure du langage* entre en jeu. Parce que la *structure du langage comporte* et *implique une structure*. Il est impossible d'enseigner une chose sans en enseigner une autre. Vous le comprendrez plus tard. Supposons que ce garçon soit analphabète, ou que vous le soyez, et que vous restiez analphabète. Je vous enseigne alors une religion qui implique automatiquement des notions de physique, de biologie, etc. Je vous enseigne quelque chose de structurellement défini lorsque je vous enseigne uniquement un langage ayant une certaine structure [N.D.T.: Korzybski insiste sur le fait que le seul fait d'enseigner le langage, sans rien d'autre, transmet déjà une structure, celle intriquée dans le langage lui-même]. Ce que j'essaie de souligner, c'est que vous ne pouvez pas vous empêcher d'apprendre quelque chose lorsqu'on vous enseigne un langage ayant une certaine structure, *juste un langage*. Lorsque je vous enseigne le langage, je vous *enseigne quelque chose derrière le langage*. Lorsque je *ne* vous dis *pas* qu'il y a quatre ou cinq significations à "pomme" derrière le mot "pomme", je vous éduque à la *confusion*, aux *identifications*, alors que je n'étais censé vous donner qu'une leçon de langage. Être éduqué à la crèche à un langage dont la structure est fausse-quant-aux-faits, c'est acquérir de *fausses orientations par le biais d'implications nécessaires*. C'est inévitable. C'est pourquoi je parle d'*environnement sémantique*, car que vous le sachiez ou non, si vous n'enseignez que le langage ordinaire, par la structure même du langage, vous éduquez l'enfant à des orientations fausses-quant-aux-faits. Vous l'éduquez dans de *fausses connaissances*; vous le *préparez au malajustement*. Maintenant, revenons à cette théorie du bonheur.

Je fais cela délibérément afin que vous puissiez voir vraiment les résultats d'une analyse *extensionnelle*. Dans l'analyse *intensionnelle*, la théorie est "défectueuse et destructrice" Voyons maintenant l'évaluation par *extension*. Voici à nouveau le même être vivant. Il vient de naître. Il n'est pas libre de son environnement. Je suis son "papa", disons, et je l'éduque dans un *quelconque langage*. Il ne s'agit pas de ce qu'on appelle une "éducation officielle", nous sommes tous les deux des gens de basse extraction des taudis. Je dois, en fait, l'éduquer dans un *quelconque* langage. Dans l'ancien mode de fonctionnement, je lui enseignerais le langage *vernaculaire*, qui est *élémentalistique* et *intensionnel*. Je lui enseignerais de *fausses connaissances*, le préparant au malajustement et à je ne sais quoi, simplement parce que je lui enseigne automatiquement de fausses connaissances. Car lorsque je lui enseigne un langage à la structure élémentalistique et intensionnelle, je lui enseigne de fausses connaissances. Souvenez-vous qu'il n'y a ni "science" ni "éducation" dans cet enseignement. Il est analphabète, tout comme moi. Nous ne pouvons pas traiter intelligemment de quoi que ce soit par l'intension. Ce fonctionnement automatique est inévitable au niveau le plus bas lorsque nous nous entraînons dans un langage à structure élémentalistique et intensionnel. Ce n'est pas une représentation correcte des faits sans indice, dates, etc. Une telle "éducation" sans aucune forme de "science" peut détruire une vie. Je lui enseigne maintenant une théorie du bonheur des attentes maximales. Ce gars qui se tient là est en train de tripoter son stylo plume. (Continuez à faire ce que vous faisiez, jouez avec ce stylo). Ce n'est vraiment pas grand-chose, mais ce n'est pas la meilleure chose à faire. Ici je m'en prends à lui parce que c'est tellement innocent, mais j'ai des attentes maximales et j'ai le cœur brisé, et je dis: "Regarde ce qu'il fait. Oh ! Mon Dieu !" J'avais des *attentes maximales*. Je vais le mettre à terre et le battre. Je vais être l'une de ces personnes, l'un de ces parents qui en attendent trop. Je vais le harceler. Il en résultera une démence précoce ou une paranoïa, parce qu'il sait par lui-même que je suis idiot de le harceler, mais il ne me le dira pas. Je sais que cet exemple n'a que peu d'importance, mais j'ai une attente maximale, et il est harcelé pour cela. Je construis le malajustement en lui. Rappelez-vous que je montre maintenant la vie telle qu'elle est, sans définition. Il a fait quelque chose que nous faisons tous, mais mes attentes maximales m'ont rendu malheureux et je l'ai harcelé, le rendant malade.

Vous avez maintenant vu ici une illustration de mes attentes maximales. J'ai pris pour cible quelqu'un d'innocent et j'ai gâché sa vie et la mienne. J'ajouterais que, de manière inattendue, chez un grand nombre de parents névrosés, les attentes maximales ont rendu l'enfant névrosé. La plupart des reproches proviennent d'attentes en trop grand nombre. Nous reprocherions tout à tout le monde si nous avions des attentes trop élevées. Revenons maintenant aux *attentes minimales*. Voici le même être vivant; je suis le même et nos relations sont celles de deux êtres vivants. Je lui demande de se lever devant la classe. Je comprends qu'il a des faiblesses, tout comme moi. J'ai des attentes *minimales*. Maintenant, je lui enseigne à avoir des attentes minimales et à évaluer son environnement avec une *probabilité* maximale et donc une certaine *prédictibilité* de nature scientifique. Il se heurtera à des faits extensionnels dans la vie et, en tant qu'être vivant, il aura des réactions intérieures à ces faits. Il trouvera des faits "meilleurs" que ses attentes; ses réactions seront pleines d'espoir, non désespérées; il aura envie de progresser dans la vie; il ne sera pas effrayé par la vie, etc. Tel est l'être vivant, et nous renversons la théorie de l'attente maximale. Par extension, nous sommes toujours "heureux" parce que nous nous réglons sur les faits. Souvenez-vous que si j'avais un foie malade, je trouverais tout "mauvais", simplement parce que mon foie était malade. C'est ainsi que cela fonctionne. Lorsque vous avez des attentes maximales, tout est "mauvais". Maintenant, regardez ce que j'ai fait. J'ai exploré le monde. J'ai traité mes parents de manière extensionnelle. Ma "mère" n'était que "la femme qui m'avait enfanté(e)", rien de plus, et donc, je n'avais pas de problèmes familiaux. Je l'aurais aidée si elle avait eu des problèmes, mais je n'aurais pas eu de "ressentis", d'"émotions", de "fâcheries" à son égard. Souvenez-vous, extensionnellement. C'est le problème avec beaucoup d'entre vous. Vous êtes intensionnels avec votre "papa" et votre "maman". Vous êtes encore infantiles. Lorsque vous vous impliquez personnellement via l'intension, vous rendez misérable votre vie et celle des autres. Mais lorsque vous êtes libres, extensionnels, vous ne rendez pas misérable votre vie. En vous libérant vous-mêmes via l'extension, vous serez à la hauteur de votre âge. Peu d'entre vous dans cette salle sont à la hauteur de leur âge. Vous devez vous rendre compte à quel point la haine peut être fabriquée, juste par cette différence d'attitude. Vos affects, vos ressentis, et vos énergies sont limités, vous n'aurez donc plus d'énergie pour des ressentis positifs si vous ne faites que haïr. Nous appelons "démence précoce" le résultat de ce débordement de haine. Si la haine ne vous envahit pas complètement, mais que vous haïssez, vous pouvez être un bon haineux. Si vous êtes trop attaché, vous risquez d'être infantile. Vous êtes "tout" pour "papa" et "maman". C'est ainsi que les attitudes intensionnelles fabriquent des tragédies dans la vie. Ces tragédies ne sont pas réellement nécessaires. Je vous montre les mécanismes par lesquels le bonheur et le malajustement sont fabriqués. Si nous sommes "malheureux", nous sommes incapables de donner du "bonheur" à notre prochain. Dans les cas graves de problèmes familiaux, je conseille aux étudiants de ne pas utiliser les termes "père" et "mère", mais de les appeler M. Dupond et Mme Dupond. Très souvent, les difficultés disparaissent.

Nous sommes des unités biologiques, $Dupond_1$, $Dupond_2$, $Dupond_3$, etc., et il n'y a alors plus de place pour le ressentiment généralisé, la haine, etc., et nous serons plus aimables, etc.

Une personne sage (je ne me souviens plus qui) a dit un jour: "Beaucoup de problèmes familiaux pourraient être évités si nous pouvions être aussi polis et civilisés avec les membres de notre famille que nous le sommes avec des étrangers". Nous ne le sommes pas parce que nous avons trop d'attentes, etc. Nous disons: "Ce garçon est ma chair, mon sang. Il doit donc se passer quelque chose". Quand cela ne se produit pas, nous avons le cœur brisé. Beaucoup de problèmes sont créés par ce mode de fonctionnement. Je voulais vous transmettre l'analyse extensionnelle. Je prenais $Dupond_1$, $Dupond_2$, $Dupond_3$, etc., et leurs relations en tant qu'êtres vivants, leurs réactions en tant qu'*êtres vivants,* et *non* comme des définitions et des généralisations.

Une telle analyse ne serait pas possible via des définitions et de l'intension. L'analyse extensionnelle des "faits" et des réactions la rend possible. Et ce que j'expliquais est très orthodoxe. Cette analyse est sociale, elle est solide et elle devrait plaire. Elle est extensionnelle. Nous ne nous leurrons pas avec du verbalisme. Nous nous fondons sur des "faits" qui nous concernent en tant qu'individus qui réagissent et agissent. Tout cela prend un caractère différent. J'ai essayé de vous montrer la différence entre une analyse intensionnelle et une analyse extensionnelle. Nous devons renverser l'ancienne approche intensionnelle. Ici, ce sont les individus, et non pas seulement les définitions de "homme" ou de "enfant", qui ont été pris en considération. Un être vivant agit et réagit en tant qu'individu et non en tant que définition intensionnelle. Je voulais vous montrer comment notre ancien type d'analyse a changé grâce à cette modification de méthode.

Nous parlions de la "similarité de structure". Je vous ai dit que l'organisme agit comme-un-tout, que le système nerveux agit et réagit comme-un-tout, que la division nerveuse du cortex et du thalamus est *fonctionnellement fictive,* et que nous ne pouvons pas vraiment les séparer, mais seulement en parler comme si nous le pouvions. La vie directe et le contact direct avec le monde extérieur sont principalement thalamiques, vous vous souvenez de cela ? Maintenant, le problème est que le thalamus, étant en contact direct avec l'impact de l'environnement, est surstimulé. C'est pourquoi nous devenons nerveux et névrosés, parce que nous n'avons pas un cortex correctement entraîné qui régule le thalamus. Il est surstimulé depuis l'enfance. Le contrôle exercé par le cortex est faible lorsque l'enfant est jeune, une surstimulation se produit, et le thalamus est affecté de manière permanente, et des effets organismaux infantiles peuvent devenir permanents. Maintenant, si le système nerveux et l'organisme comme-un-tout fonctionnent comme-un-tout, la meilleure méthode d'enseignement ne serait pas celle qui utilise un *seul* centre nerveux, mais *tous* les centres nerveux *disponibles*. Je voudrais vous présenter aujourd'hui la traduction de nos trois prémisses fondamentales en méthodes disponibles et applicables à d'autres centres nerveux. Je vais vous raconter une histoire assez illustrative et, d'une certaine manière, dramatique, concernant la découverte ou l'invention de cette méthode. [Vers 1922] Je donnais une conférence dans un établissement d'enseignement supérieur prestigieux à New York. Deux scientifiques de renom participaient au même programme que moi. Je savais qu'il était très important que je parvienne à faire passer mon message, et j'étais donc sous une grande tension. J'étais alors considéré comme un "rêveur" et un "idéaliste", encore "non scientifique" selon l'ancien point de vue délirant. Maintenant, je savais que ces hommes étaient intensionnels et métaphysiques et qu'ils s'occupaient de définitions, pas de faits. J'étais très tendu et, pour couronner le tout, un ami m'a joué un tour très méchant. Je n'étais donc pas seulement tendu, mais aussi très perturbé, même visiblement. Je voulais transmettre là-bas ce que je vous transmets maintenant. Je voulais transmettre cela en deux heures à un groupe très critique, mais je ne disposais pas encore de la technique que j'ai maintenant. Je ne disposais pas encore des méthodes sémantiques d'extensionnalisation, etc. Et puis, sous cette pression, j'ai esquissé pour la première fois le Structurel Différentiel, la déclaration visuelle thalamique des prémisses, et je leur ai expliqué la différence entre le *monde humain* et le *monde animal*. Voici le

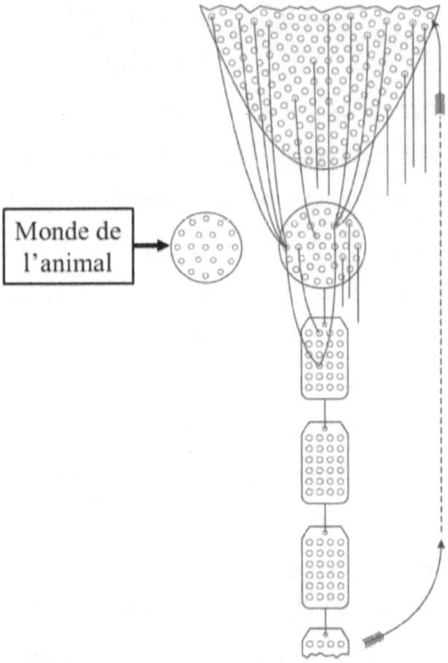

monde de l'animal (A. Korzybski le montre sur le Structurel Différentiel), voyez sur le modèle ici.

Il n'est pas connecté à l'évènement, au processus physico-chimique, parce que Médor ne "sait" pas et *ne peut pas savoir* qu'il n'abstrait seulement qu'à quelques ordres d'abstraction. Il s'agit d'une reproduction saisissante de ce que je leur ai dit. C'était vraiment le tout début de la Sémantique Générale. Le travail créatif naît toujours de cette façon. On "saisit" d'abord, puis on passe sa vie à le verbaliser. Ces trois prémisses d'extension sont toutes négatives au départ, ce qui signifie que, conformément à la science moderne, les formulations négatives, où quelque chose *n'est pas ainsi,* sont beaucoup plus importantes que les *formulations* "positives". *Les théories positives sont hypothétiques.* Les résultats négatifs démontrent qu'une théorie est fausse et les résultats négatifs deviennent alors positifs. Diriez-vous que cette source de lumière est un résultat positif ? Oui ? Je suis désolé, nous nous sommes trompés, ce sont les *électrons négatifs* qui la font fonctionner. Cette affaire du négatif et du positif est bien sûr facultative, mais ce que nous croyions autrefois être positif s'avère être négatif et vice versa. Qu'en pensez-vous ?

Le cerveau humain s'est construit à partir de réactions négatives de "réactions différées". L'animal lui, a une réponse positive immédiate, ou réflexe, et il reste un chien, un chat, une vache, etc. Le cerveau et le cortex se sont construits à partir de réactions différées ("négatives"). C'est là que le renversement intervient. Regardez les prémisses. Elles sont négatives. Et aujourd'hui, dans toute la science moderne, nous savons que les seules théories *positives* dont nous disposons sont *négatives* et que les théories positives ne sont que hypothétiques. Cela signifie non seulement passer d'une orientation anthropomorphique "objectique" [N.D.T.: Ici orientée objet] à une *orientation processus*, ce qui signifie une *révision complète*. Souvenez-vous que dès lors que nous sommes confrontés à un "fait" et à un *mécanisme*, nous pouvons les traiter. Ainsi, en SG, si je n'avais pas douté du doute, je n'aurais pas pu réussir dans mon travail. Je serais peut-être un type plus agréable, mais la raison de mon succès est que j'avais un *doute* de *second ordre*: je *doutais de mon propre doute*.

Nous en arrivons ici à la *multiordinalité* des mécanismes qui sont si opérants. Revenons d'abord aux mécanismes. Le premier est que la carte *n'est pas* le territoire. Je vais maintenant vous parler "comme à des enfants". Mais je vais parler de faits solides, même si c'est "comme à des enfants". (Montrant sur le Structurel Différentiel).

Ceci n'est pas ceci, et ceci sur le diagramme n'est pas ceci, etc. Est-ce que cela vous est transmis par l'œil ? Ne voyez-vous pas que c'est la réfutation du "est" d'identité ? Nous établissons par l'œil, le sens kinesthésique, etc., ce fait, que ceci n'est pas ceci. Vous avez cela dans le livre [N.D.T.: Science et Sanité]. Regardez-le, lisez-le. Autrement dit, à travers tous les "sens" disponibles, nous traduisons ici la première prémisse. Maintenant, la deuxième prémisse est que la carte ne couvre *pas tout* le territoire. Les trous et les fils flottants que vous pouvez voir ici à l'œil nu sur le Structurel Différentiel représentent les caractéristiques qui ont été *laissées de côté*. Cela vous

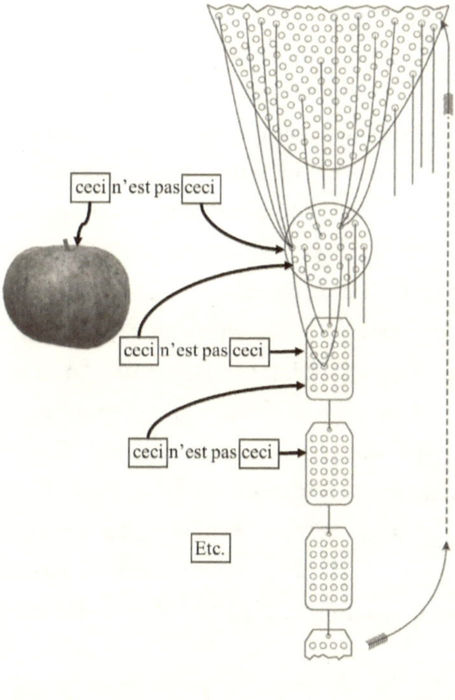

inculque le "pas tout". Visualisez ce diagramme et jouez avec. Ces trous et ces fils non-connectés représentent le "pas tout". Transmis par la vue, le toucher et les sens kinesthésiques, ce diagramme transmet à *tous les "sens" disponibles* les principes des trois prémisses. Et puis vient le problème de l'auto-réflexivité.

Il s'agit d'un vaste problème et il est la clé des difficultés fondamentales, tant en science que dans la vie. Pas dans tout, de manière illimitée, mais dans tout ce dont nous avons connaissance. Je résume à nouveau le problème de l'auto-réflexivité. Cela peut vous sembler un peu trop abstrait. Dans la pratique, vous trouverez que cela est très proche de la vie et vous trouverez que ce problème affecte non seulement toutes les phases de notre vie, mais qu'il est également à l'origine de la plupart des difficultés que nous avons. Ce problème a ruiné les fondements des mathématiques et il a fallu inventer la théorie des types pour rafistoler les fondements des mathématiques. Nous ne pouvons espérer résoudre les affaires humaines si nous ne parvenons pas à établir des fondements convenables pour les mathématiques. Il ne peut y avoir d'économie, de sociologie, etc. valables si nous ne parvenons pas à établir des fondements solides pour les mathématiques. Ce sujet est traité plus en détail dans *Science et Sanité*. Vous souvenez-vous de la simple histoire du barbier ? En fait, elle a été découverte par un mathématicien et est connectée à la théorie des types mathématiques. Cette histoire montre les bazars que nous pouvons causer avec le vieux verbiage. C'est un problème grave. Je vais vous en donner un autre. L'histoire d'un problème vieux de 2300 ans, appelé le paradoxe de Zénon, qui concerne une course entre une tortue et Achille. Nous avons déjà abordé ce sujet. La tortue avait un handicap. Il y avait donc ici Achille et ici la tortue (A. K. fait des gestes [pour positionner Achille et Tortue]), ce qui, vous le savez, n'est pas vrai. Mais je vais vous le "prouver" et vous allez essayer de le réfuter. Je veux vous donner d'autres chocs à propos du langage. Avant qu'Achille puisse dépasser la tortue, il devra réduire de moitié la distance, puis réduire de moitié cette moitié, et ainsi de suite, et il ne pourra jamais atteindre ni dépasser la tortue. N'est-ce pas tragique ? Mais essayez maintenant de trouver une faille dans cet argument.

En revanche, le problème de l'auto-réflexivité est plus important. Et il est plus simple. La difficulté du barbier résidait en réalité dans la formulation du problème. C'est retors. Cependant, ce problème avec Achille n'est pas retors. Mais le problème du barbier peut être résolu assez simplement. Dans mon livre, cela est expliqué dans la théorie des types. Les mathématiciens ont résolu le problème de l'auto-réflexivité grâce à la théorie des types. C'est une grande avancée, mais elle n'est pas encore complète. Dans l'ancien mode de fonctionnement, nous avions ce problème d'auto-réflexivité au moment où, si le barbier "se rasait lui-même", il "ne se rasait pas lui-même". Nous devions donc trouver quelque chose pour résoudre ce problème verbal. C'est la théorie des types de Bertrand Russell. Voir la préface de *Principia Mathematica,* par Whitehead et Russell. Cela devrait intéresser beaucoup d'entre vous. Vous devez vous procurer cet ouvrage, car si vous ne vous rendez pas compte des dangers et des pièges du langage, vous ne comprendrez jamais l'importance de la nécessité de réviser la structure du langage. Ici, en SG, sans aucune difficulté et sans théories difficiles, mais uniquement avec des procédés extensionnels, par extension, nous pouvons traiter ces problèmes.

Vous me demandez par intension: "Voulez-vous une cigarette ?" Je réponds "oui" par intension. Mon "oui" par intension serait un "oui" par définition. Maintenant, mon "oui" par intension signifierait, disons, "accord" en général. Il n'a aucun contenu de vie.

Par intension, c'était un "accord général", quelle que soit la signification que vous lui donniez. Vous avez donc un "oui" général qui n'a aucun contenu de vie. Mais demandez-moi extensionnellement si je veux une cigarette, par extension. Cela a un contenu de vie. Le contenu extensionnel de vie de mon 'oui' est cette cigarette. Vous pouvez la voir. C'est ce que signifie ce "oui_1" dans la vie en tant que fait extensionnel. Maintenant, vous me posez une autre question: "Voulez-vous boire quelque chose" ? Je réponds par la même combinaison de lettres, "oui". Mais le *contenu* est différent. Ainsi, extensionnellement, nous avons des contenus différents pour le "oui" qui toujours épelé de la même façon, mais leur contenu est différent. Par extension, nous avons donc plusieurs "oui(s)", Oui_1, Oui_2, etc. De plus, des termes comme "oui" sont multiordinaux. Je parlerai plus en détail de la multiordinalité des termes plus tard. Vous pouvez voir comment les indices, etc., sont une solution automatique de la multiordinalité, ainsi que la théorie mathématique des types.

QUATORZIÈME CONFÉRENCE DU SÉMINAIRE

Je suis un peu en retard, car mon rasoir électrique a soudainement développé des difficultés non-aristotéliciennes, non-euclidiennes et non-newtoniennes.

Pour finir ce séminaire, j'insisterai sur le dernier point, qui est en fait le premier et le dernier point de la SG. La SG est le résultat de l'étude de la science et des mathématiques modernes. Elle est une étude méthodologique fondée sur des observations selon lesquelles l'ajustement humain, la sanité - appelez cela "la morale" si vous voulez - sont toutes en déclin constant. On [N.D.T.: dans le "on", Korzybski ne fait référence à aucune source précise et relève d'une généralisation rhétorique visant à illustrer une tendance culturelle ou physiologique plutôt qu'à fournir des données scientifiques vérifiables] estime que dans deux cents ans, il ne restera plus aucun être humain civilisé sane, et cela sans tenir compte de l'accélération constante de cette tendance. On a également trouvé que la propagation de l'infantilisme est alarmante. On a trouvé que les méthodes éducatives existantes ne sont pas satisfaisantes; au lieu de former à l'ajustement, elles produisent l'effet inverse. L'éducation actuelle n'aide pas à l'ajustement. Elle vous enseigne des faits et des détails qui souvent ne nous intéressent pas, mais elle ne nous enseigne pas la méthode scientifique et la manière de nous ajuster nous-mêmes aux conditions de ce monde.

Des livres très précieux ont été écrits récemment sur des sujets que toute personne *d'aujourd'hui* devrait connaître. Mais entre-temps, dans nos écoles, nous supprimons une grande partie des mathématiques et de la physique. Au lieu d'enseigner aux écoles maternelles et élémentaires les méthodes physico-mathématiques qui sont *nécessaires* et très utiles, nous les supprimons même dans les écoles supérieures.

Si vous voyiez la structure des ossatures en bois utilisées pour construire un métro, si vous les voyiez retirer de la terre à un endroit pour l'utiliser ailleurs, etc., etc., vous seriez émerveillés par l'ingéniosité nécessaire pour concevoir tous ces détails. Cela demande énormément de travail intellectuel. Mais une fois que tout est *terminé,* et qu'il ne reste qu'un tunnel avec deux ou quatre lignes de rails à l'intérieur, on peut y faire passer un petit enfant, et il vous expliquera "tout" à propos du tunnel. C'est devenu tellement "simple". Ce qui était une construction extrêmement complexe devient très simple une fois achevée. Prenez un gratte-ciel. Les matériaux, les éléments métalliques sont tous calculés, acheminés et assemblés. Et c'est une entreprise extrêmement complexe, difficile, laborieuse, etc., mais une fois le gratte-ciel *terminé,* on peut y emmener un petit enfant, et il s'y sentira chez lui. Il comprendra l'intérieur du gratte-ciel, et "voilà, c'est tout". Une structure achevée est généralement simple.

Le parallèle s'applique directement à la science et à nous-mêmes. Vous êtes supposés être "scientifiques". Les techniques scientifiques sont comme les échafaudages des métros, des gratte-ciels, etc. Les échafaudages sont élaborés et difficiles à calculer, mais les résultats finaux sont toujours simples. C'est ce qui semble facile, c'est ce que nous devons comprendre. Les *résultats* scientifiques sont toujours simples. Souvenez-vous de ce que je vous ai dit à propos de la théorie dynamique de la "matière". Il a fallu un travail immense et des techniques innombrables pour la développer, pour découvrir que la "matière" n'est pas "solide" mais un processus, seulement un "disque composé de lames en rotation". Mais cette image n'est pas difficile à comprendre dès lors que les faits sont découverts: *on nous dit qu'il en est ainsi.* C'est aussi simple qu'un gratte-ciel achevé ou un métro. La construction n'a pas été simple, la découverte des faits physiques a été laborieuse et complexe, mais les résultats sont toujours simples. Vous vous souvenez de ce que je vous ai dit à propos des colloïdes. Les données connues sur les colloïdes sont considérables, et souvent, les colloïdes se comportent de manière déroutante. Mais les principes fondamentaux des colloïdes, tels qu'ils vous ont été expliqués, sont assez simples. Si vous saviez toute la quantité de travail scientifique qui se cache derrière le peu que je vous ai dit, vous seriez étonné. Réellement, même moi, je suis étonné quand je m'y intéresse de près. Je possède une série d'ouvrages dans lesquels deux cents éminents chercheurs ont décrit leur travail dans un domaine particulier des colloïdes. Il s'agit d'une quantité considérable de documents, tous très techniques, consacrés uniquement aux colloïdes. Mais lorsque je vous explique le comportement de ces deux particules qui sont à la fois repoussées et attirées par deux forces, l'énergie électrique et l'énergie de surface, cela n'est pas difficile à comprendre. Tout ce que représentent les colloïdes, ce sont de petites particules en suspension, jamais au repos en raison de l'interaction de ces deux énergies; ce n'est pas difficile à comprendre. Le point essentiel est que tout cela affecte particulièrement les personnes qu'on appelle "cols blancs" qui veulent enseigner. Ces personnes devraient tirer parti de la méthode scientifique existante, et non pas simplement des techniques. C'est important pour ceux qui se spécialisent dans l'éducation. Le profane n'a rien à voir avec les techniques scientifiques spécialisées, et cela ne lui fera aucun bien. Vous ne voulez pas simplement les techniques. Tout ce que vous voulez, c'est la méthode et le produit fini. Ce que vous voulez savoir, c'est que cela est fait par des spécialistes. Et ne soyez pas trop prompt à critiquer les spécialistes non plus. Leur tâche est ardue. Lorsque vous avez affaire à des spécialistes fiables, ne les critiquez pas, car vous n'êtes pas en position de vous prononcer à leur sujet. Et le profane devrait abandonner ses "opinions personnelles" démodées. Elles sont inciviles, illégitimes et nuisibles. Lorsque vous avez affaire à des spécialistes, laissez les autres spécialistes émettre des critiques. Ils savent de quoi ils parlent, ce qui est déjà plus que vous ne pouvez faire. C'est quelque chose que le profane ne peut pas savoir. Quand un scientifique honnête vous fait une conférence, ne dites pas que vous n'y croyez pas, car vous ne pouvez pas ne pas y croire quand vous ne savez pas de quoi vous parlez. En SG, nous devons faire confiance aux spécialistes, parce qu'ils travaillent sous contrôle scientifique, parce qu'ils livrent des résultats; et nous ne pouvons pas nous fier à des opinions privées qui ne valent rien; il n'y a pas de "vote populaire" en science.

Je viens de recevoir un manuscrit rédigé par un homme très brillant qui est professeur de "philosophie" dans l'une des grandes universités d'ici. Je vous ai dit que les "philosophes" ne comprennent même pas l'anglais de mon livre. C'est un homme plus jeune et, d'une certaine façon, il est en partie un élève en SG. Il lui a fallu deux ans avant de commencer à dissiper une confusion fondamentale chez lui. Il mélange les réactions sémantiques directes, les orientations, avec la "logique", la "logique" telle qu'elle est enseignée dans les manuels scolaires. Il n'a toujours pas capté la différence entre la "logique" aristotélicienne et les *réactions* aristotéliciennes. La "logique" en tant que telle est définie comme les "lois de la pensée"; autrement dit, les règles qui régissent supposément notre "pensée". Lorsque nous parlons de la "pensée" en tant que "pensée" seule, cela est élémentalistique. Ce n'est pas valide. Les anciennes orientations ne comprennent pas que ladite "logique" n'a que très peu à voir avec les processus de notre cerveau. C'est uniquement d'une grammaire "philosophique" du langage qu'il se trouve que nous utilisons. Quand je vous parle, je semble *cohérent* et "logique". Vos relations personnelles avec les autres sont souvent cohérentes, même si vous n'avez que peu ou pas de connaissances en "logique". Il existe donc une théorie possible de la *cohérence*. Vous tous ici êtes plus ou moins cohérents. Il y a donc place pour un traité sur la cohérence humaine. Une telle chose n'a pas encore été écrite, bien qu'elle devrait l'être. Cette théorie de la cohérence représenterait alors les "lois de la pensée" et traiterait également de la structure du langage. Vous voyez que les anciens ont établi une connexion entre la grammaire "philosophique" et les "lois de la pensée". C'est absurde. Et une théorie de la cohérence n'a pas encore été écrite.

Nous construisons une nouvelle structure linguistique, une *nouvelle structure, pas un nouveau langage*. Cette nouvelle structure du langage est en adéquation avec la structure du monde. Souvenez-vous des procédés extensionnels. Ils changent la *structure* du langage, mais *pas le langage*. Je tiens à souligner que les procédés extensionnels *changent* entièrement la *structure* du *langage*, mais *pas* le *langage*, et que l'extensionnalisation change nos réactions internes [N.D.T.: nos réactions sémantiques]. Il serait pratiquement impossible de changer le langage. Mais changer la *structure* du langage est possible et simple, une fois que l'on nous a montré *comment le faire*. Ensuite, avec cette nouvelle *structure* extensionnelle du langage, nos orientations, nos réactions internes, suivent un nouveau mode de fonctionnement extensionnel. Rappelez-vous que vous et moi ne sommes pas supposés être changés, mais que *nos orientations changent*, s'élargissent et deviennent flexibles et adaptables aux exigences nouvelles de la science et de la vie. Nous avons acquis dans cette nouvelle méthode des outils qui nous permettent de gérer intérieurement les expériences multiples qui deviennent de plus en plus complexes, et d'acquérir ainsi une clé pour l'ajustement, et donc pour la sanité.

Les enjeux dont je parle ne doivent pas être éludés. Tôt ou tard, l'humanité devra faire face à ces faits, ou elle cessera d'exister. L'échéance semble lointaine, mais de grandes civilisations et de grandes cultures sont apparues et ont disparu "l'autre jour", et il ne reste souvent que quelques crânes dans les musées. Elles ont vécu sur cette terre, mais en tant que civilisation, elles ont disparu, parce qu'elles n'étaient *pas ajustées* aux conditions de vie. Cela s'applique également pour un grand nombre d'espèces animales qui ont peuplé cette terre et ont disparu. Il n'y a rien d'étonnant à dire que, selon les probabilités statistiques, la civilisation techno-scientifique pourrait disparaître, ne laissant finalement que quelques crânes dans les musées. Peut-être qu'une nouvelle civilisation commencera à spéculer sur nos crânes pour découvrir ce qu'une civilisation malade peut faire. Elle dira que nous étions malajustés, inaptes, et que c'est pour cela que nous avons disparu. Nous sommes en train de devenir aptes à disparaître, parce que la sanité disparaît également. Plus nous regardons vers l'avenir, plus cela nous semble dangereux. Il semble que le prix du "progrès" technique soit la décadence si nous ne sommes pas *intérieurement* ajustés à ce progrès. Le progrès peut être rendu constructif, pourvu que nous sachions comment manier intérieurement les résultats bénéfiques des avancées de la science. Comme vous le savez, ces questions impliquent toujours un problème de méthode.

Et les problèmes de "moralité" entrent également en ligne de compte, par exemple. Je ne parle jamais de "moralité", car les anciens prêches sur la "moralité" et les "mœurs" sont inopérants. Je veux traiter de quelque chose d'opérant. Une personne "mentalement" malade ne peut pas être morale. Au début, une personne "mentalement" malade vient consulter un médecin, et la première chose qu'elle fait est de dévoiler les faits de sa vie, dont certains peuvent révéler les facteurs de sa maladie. Peu importe ce que le patient dit au médecin, les détails ne conviendraient à aucune définition traditionnelle de la morale. Le médecin *ne* "grondera" *pas*. Il ne dira pas "soyez bon", "soyez moral", etc. Le médecin lui tapera dans le dos et dira "tout va bien"; les psychiatres ne prêchent pas aux malades. Mais ils recherchent les facteurs causaux pour guérir, et ne se contentent pas de traiter les symptômes, qui sont tout aussi *indésirables*. Le travail du médecin consiste à rechercher les facteurs *causaux*, et en faisant cela, les symptômes disparaissent. En SG, nous faisons ça aussi. Peu importe les symptômes, certains sont désastreux, il faut aller chercher les facteurs causaux. Je veux que vous captiez cela. Nous ne voulons pas de certains symptômes, socialement ou individuellement, car certains d'entre eux sont dangereux et vicieux. Voilà ce problème: j'utilise le terme "moral" afin que vous compreniez la nécessité d'avoir une sorte de "morale", pour employer un langage ancien. J'insiste ici sur le fait qu'un individu en parfaite *santé*, un individu *ajusté*, est "*moral*" ! *Sans aucun prêche*, certains de mes élèves ne font pas certaines choses, simplement parce qu'elles ne leur "conviennent" pas. Maintenant, le problème est de savoir si, en nous interrogeant et en investiguant, nous pouvons aider le monde à devenir "moral" d'une façon opérante et d'une façon générale. La majorité d'entre vous savez déjà, grâce à votre travail avec moi, comment les choses s'éclaircissent, même avec les tempéraments, comment le degré d'ajustement dans les relations humaines mutuelles - ainsi que dans les relations *envers nous-mêmes* - peut être amélioré, la vie rendue plus heureuse, et certaines compréhensions construites sur les *mécanismes* de ce qu'on appelle la "morale", mais d'une façon opérante. Le monde ne peut pas fonctionner sans une certaine "morale"; la question est donc quelles théories de la "moralité" nous devons choisir. Sont-elles *opérantes* ou inopérantes, nécessitant une grande machinerie métaphysique pour les mettre en œuvre, ou disposons-nous d'un système simple de sanité générale qui apporte ajustement, sanité et "moralité" ? Avez-vous déjà vu une personne "malade" ? Est-elle toujours "aimable" ?

Est-ce que lui, le Dupond_1 malade, est le même que le Dupond_1 quand il était en bonne santé ? C'est là où nous en sommes avec la "morale". Les personnes en *bonne santé,* ajustées sont "morales". Les personnes malades sont "immorales", ou même "amorales", n'ayant aucune morale ! Les problèmes de "morale" dans le monde présent sont plus importants que jamais, car nous avons rejeté l'ancienne [N.D.T.: morale] comme étant inopérante, et il ne reste plus rien. Il n'y a pas de régulateur pour notre conduite. Il n'y a pas de normes d'évaluation grâce auxquelles nous pourrions nous orienter. Vous pouvez voir pourquoi une nouvelle théorie de l'évaluation est nécessaire. Elle est essentielle pour préserver la sanité et la société. Et souvenez-vous que la première tentative, loin d'être définitive, d'une nouvelle évaluation moderne et scientifique est formulée en SG. Ce travail ne s'arrêtera pas au niveau présent, même si la glace a été brisée, car nous pouvons au moins comparer une ancienne méthode avec la nouvelle. Une fois que la seconde a été produite, nous pouvons au moins *comparer*, et *c'est la base de l'évaluation.* Ainsi, quelle que soit la valeur finale de la SG, nous avons au moins quelque chose à comparer, à évaluer, et nous nous rendons compte alors de la possibilité que quelque chose de nouveau puisse être plus opérant que l'ancien, car l'ancien nous a fait défaut. Nous avons obtenu, finalement, ce que toutes les sciences tentent de faire, à savoir formuler un ensemble de suppositions fondamentales que nous pouvons appeler "postulats".

Je vous ai dit que si vous vous sentez bien ici, votre confort dépend en grande partie d'une foi aveugle dans l'architecte qui a construit cette maison, dans les hommes qui dirigent l'école, dans le fait que le toit ne vous tombera pas sur la tête, que le sol ne s'effondrera pas, etc. Il peut sembler étrange d'entendre que votre confort dépend d'une foi aveugle, mais c'est pourtant le cas, car des suppositions sont impliquées partout, et il en va ainsi dans la vie. Je tiens à souligner cela: tout ce que nous faisons, toutes nos attitudes, reposent sur des suppositions *fondamentales enfouies au fond de nous,* dont nous avons rarement conscience. Et ne laissez pas un simplet vous dire que nous pouvons vivre sans suppositions. Votre présence et votre confort ici dépendent de nombreuses suppositions. Souvenez-vous, c'est très préoccupant, car cela est généralement méconnu. Vous mangeriez peu au déjeuner si tout devait être analysé chimiquement à chaque fois que vous mangez. C'est impossible. Nous devons manger sans cette analyse, et la foi aveugle ou les suppositions la remplacent. La foi dans l'approvisionnement de la nourriture, dans le cuisinier, etc., et la responsabilité qui en découle. Et finalement, nous en arrivons au contrôle des responsabilités, telles que les exigences gouvernementales en matière de viande, etc. Mais cela signifie la répartition du contrôle de la responsabilité. C'est là qu'interviennent les enseignants, la responsabilité de guider, guider par les accomplissements passés, guider pour les futurs responsables de l'éducation, etc. Ce sont eux qui *sélectionnent* les problèmes à enseigner dans les écoles. Ce sont eux qui *résument* les expériences passées, digèrent les opinions civilisationnelles, etc. Ils sélectionnent en permanence ce qui est le mieux pour la nouvelle génération. Les éducateurs ont donc de grandes responsabilités et devraient être très respectés. Les élèves devraient bien traiter les éducateurs, même si beaucoup d'entre eux *ne* sont souvent *pas* assez *éduqués* et que la société les traite mal, elle aussi. La société traite les enseignants comme des personnes à "embaucher" et à "congédier", ce qui conduit à la destruction de la société par le déclin de l'éducation.

Vous ne pouvez pas passer votre vie à chercher des faits dans les bibliothèques, mais nous devons compter sur les scientifiques et les enseignants pour le faire à notre place, puis travailler avec leurs résultats révisés et simplifiés. Voici à nouveau le problème "moral". Je termine mes conférences et je vais parler une fois encore de "morale". Nous devons avoir une certaine forme de "règles morales" si nous voulons survivre. Mais la question de savoir si ces règles morales sont opérantes ou inopérantes, si elles sont *consistantes* en elles-mêmes est une proposition, qui doit être fondée sur l'investigation. Et l'investigation doit être fondée sur toutes les formes de comportement humain, et les mathématiques et la physique sont des formes de comportement humain. Elles sont de facture humaine, les meilleures dont nous disposons, et méritent d'être étudiées. Et du moment où nous les analysons en action, que nous les investiguons, nous y trouvons les facteurs du "meilleur" de l'humain. Les mathématiques et la physique sont les accomplissements humains les plus parfaits, cela ne fait aucun doute. Le comportement humain a construit les mathématiques et la physique. Quels étaient alors les *facteurs internes* chez ces personnes qui les ont construites ? Si nous investiguons les méthodes par lesquelles ces personnes parviennent à leurs résultats, nous connaîtrons le "meilleur" des réactions humaines. Le "meilleur" chez l'humain a été cristallisé dans les mathématiques et la physique. Nous devons étudier les prétendus "insanes". Il existe des problèmes d'évaluation. Ils ne seraient pas "insanes" s'il n'y avait pas de problèmes d'évaluation. Les réactions des "insanes" sont des "*mésévaluations*". En étudiant l'insanité, nous devrions donc découvrir les *facteurs de mésévaluation*. Nous devrions découvrir les facteurs de l'évaluation humaine dans ce qu'elle a de pire. Et l'étude des meilleures réactions et actions humaines, celles qui ont constitué le meilleur des sciences, ainsi que des réactions situées à l'autre extrême, celles des individus prétendus "insane", vont de pair. Si nous étudions ces facteurs, nous pourrons découvrir des éléments constructifs pour un *nouveau code* de "morale", qui pourra servir de guide aux générations futures. L'ancien est vicieux et dangereux, parce que la jeunesse, la jeune génération, ne l'acceptera pas. Et pour le moment, nous ne disposons pas d'un nouveau code généralement connu. Il existe cependant des principes d'éthique et de morale dans l'extensionnalisation. Quand vous aurez travaillé dans le cadre des séminaires et des entretiens privés, vous devriez ressentir les bénéfices que vous en avez retirés. Souvenez-vous aussi, vous n'avez encore fait que très peu de travail dans ce domaine. Dans cette classe, il y a un étudiant qui y travaille depuis des années. Il n'a pas encore terminé et il le sait. Il faut du travail et du temps pour accomplir quelque chose.

Maintenant, nous vivons dans un monde nouveau que vous le vouliez ou non. Nous devons avoir de nouvelles orientations, sous peine de sombrer. Autrement dit, nous, profanes sans techniques scientifiques spécialisées, nous devons au moins nous donner la *méthode* de la science. La même méthode qui construit les sciences doit être mise sous une forme opérante pour pouvoir s'appliquer à la vie. Nous devons commencer à traiter notre vie aussi décemment et aussi raisonnablement qu'un biologiste traite un rat dans son laboratoire. Or, nous ne le faisons pas. Nous ne nous traitons pas nous-mêmes décemment. En règle générale, nous n'avons pas investigué sur nous-mêmes, investigué sur nos vies, nous n'avons pas parlé sur nous-mêmes aussi scientifiquement qu'un biologiste a investigué sur ses rats de laboratoire. Nous sommes pourtant nos propres biologistes. C'est ce que je vous enseigne en SG. Nous devons avoir le même égard pour nous-mêmes qu'un biologiste a pour ses rats, et alors nous vivrons dans un monde meilleur. Je ne suis pas sentimental. Il vaut mieux *rendre* les gens moraux que de *prêcher* des "morales" inefficaces.

Je vais vous choquer, examinez cela et je mets au défi n'importe quel "moraliste" de reproduire cet exemple. Lors d'un de mes séminaires, j'ai remarqué un jeune homme à l'allure soignée dont environ quatre centimètres de langue sortaient continuellement de sa bouche. J'ai immédiatement remarqué que quelque chose n'allait pas chez lui. Je ne le connaissais pas, mais je savais sans aucun doute que quelque chose n'allait pas, mais je n'ai jamais abordé la question de sa langue. Après trois semaines de séminaire, cette langue a disparu, automatiquement. Lors d'entretiens privés après le séminaire, il s'est avéré que ce jeune homme représentait en réalité un groupe de jeunes diplômés de l'université. Je n'entrerai pas dans les détails, car ils sont en réalité trop horribles. Je ne parle même pas de lui à qui que ce soit, sauf pour dire qu'il a vécu toutes les "immoralités" possibles et imaginables. Il les a toutes vécues. Je ne savais pas cela à son sujet, j'ai seulement remarqué sa langue, qui n'était qu'un symptôme. Je n'ai pas prêché la morale. Lorsque la langue a disparu, les pulsions "immorales" ont disparu avec elle. Supposons maintenant que je lui aie dit: "Oh, c'est mal. C'est "immoral". Cela n'aurait pas aidé. Le problème était de changer les pulsions fondamentales; et c'est ce que nous faisons en psychiatrie. Nous ne jugeons pas les symptômes, mais nous recherchons les facteurs causaux qui les produisent, et quand nous les découvrons, les symptômes peuvent souvent être éliminés. Les difficultés se sont développées, s'accumulant les unes sur les autres, à partir de vieux préjugés et d'ignorances, représentant non seulement de la simple ignorance, mais aussi de fausses connaissances. Nous "savons", guillemets, "tout sur nous-mêmes". Ceux d'entre vous qui ont eu des entretiens privés avec moi savent à quel point vous "savez" des choses sur vous-mêmes. Et ce que vous "savez" *s'avère être faux-quant-aux-faits*. Autrement dit, vous vous orientez vous-mêmes à partir de *fausses connaissances*. Imaginez que vous ne sachiez pas ce qu'il y a dans ce portefeuille que je tiens dans ma main. Vous n'êtes pas mécontents de ne pas savoir ce qu'il contient. Maintenant, prenez cela personnellement. Vous savez que je suis un homme et, disons, que vous êtes une femme. Lorsque vous ne savez pas ce qu'il y a dans ce portefeuille, vous n'êtes pas mécontents. Mais si vous "saviez" que j'ai ici une lettre de votre bien-aimé(e), vous ne seriez pas heureux. Une fausse connaissance n'est donc pas utile. Vous ne seriez pas contents si vous saviez que je possède une telle lettre. Une fausse connaissance est souvent très néfaste, même si la simple ignorance peut aussi être douloureuse. C'est là tout le problème. Nous ne pouvons pas être *simplement ignorants à propos de nous-mêmes*; nous ne pouvons qu'avoir de fausses connaissances, et cela engendre l'"insanité". Autrement dit, nous devons avoir des connaissances scientifiques élémentaires à propos de nous-mêmes, qui ont déjà été traitées et incorporées dans la SG. Nous fournissons en SG les rudiments de la connaissance moderne qui contredit les anciennes fausses connaissances et qui conduit à la sanité.

Pour résumer ce cours, je vais revenir sur les *trois* nouvelles *prémisses* fondamentales et souligner que la *prédictibilité* est souhaitable. La prédictibilité dépend de la similarité de structure entre nos orientations langagières, etc., avec les faits. Les orientations internes peuvent être aidées ou entravées par la structure de notre langage. Nous avons examiné la structure de nos langages et avons trouvé que les faits sont de caractère non-élémentalistique, alors que nos langages sont élémentalistiques. Autrement dit, nous avons commencé à spéculer dans un langage non-similaire en structure, ce qui rend la prédictibilité impossible. Des investigations plus approfondies ont montré que le monde, à tous égards, est constitué de processus. Il faut un fonctionnement, un processus dynamique d'électrons, pour fabriquer le fer, pour nous constituer, pour créer n'importe quoi sous le soleil, y compris le soleil lui-même.

Nous avons découvert que, dans un monde processus quadri-dimensionnel, nous pouvons, grâce à une méthode, obtenir des coupes transversales statiques que nous appelons des évènements. Nous avons découvert que, dans ce monde quadri-dimensionnel dans lequel nous vivons, chaque point a une date et est donc différent à chaque instant; et nous avons également découvert que nous pouvons, par une méthode, traduire le statique en dynamique, et vice-versa. Nous pouvons être rationnels, avoir des représentations statiques d'un monde dynamique, ce qui n'était pas possible dans l'ancien monde. Nous avons découvert que nos états internes relèvent de niveaux indicibles. Le pincement de votre doigt n'est ni verbal ni dicible. Même les pulsations de votre dent douloureuse changent à chaque instant. Nous avons découvert le caractère *extensionnel* du monde extérieur à notre peau et intérieur à notre peau. Autrement dit, le caractère extensionnel du monde, qui est un fait, exige une extensionnalisation de nos orientations. Nous ne pouvons pas autrement gérer ces mondes extérieurs et intérieurs. Nous avons découvert par analyse que la structure des anciens langages est *intensionnelle*. Nous *définissons* verbalement une "chaise", un "homme", ou que sais-je encore. Cela ne correspond pas au vrai monde. Nous avons découvert que nous devons utiliser des méthodes différentes. Des méthodes qu'on met depuis longtemps en œuvre en mathématiques: des méthodes extensionnelles qui exhibent d'abord l'individu, puis les définitions - et non des orientations par des définitions verbales, des similarités, sans tenir compte des différences individuelles.

Par exemple, définissons un "être humain", un "homme", une "femme", etc. Nous devons étudier $Dupond_1$, $Dupond_2$, $Dupond_3$, etc. de manière empirique. Nous devons recueillir des *données expérimentales* sur $Dupond_1$, $Dupond_2$, $Dupond_3$, etc., telles que *données par la science, inspecter les données* recueillies par d'autres et former nos propres généralisations. Obtenir les "*lois*" du *comportement de groupe*. La combustion de cette allumette est un choc entre les comportements de groupe des électrons. Il s'agit d'un *comportement de groupe* complexe *des électrons*. Le comportement de groupe est différent du comportement individuel. Cela est connu même en "psychologie". Il existe une différence totale entre chacun d'entre nous, parce que les électrons qui nous composent sont regroupés différemment chez chacun. Il en va de même pour chaque chose. Pour nous orienter avec quelque sanité dans un tel monde, nous devons disposer d'une technique pour extensionnaliser nos modalités internes de traitement, afin qu'elles soient similaires en structure au monde extensionnel.

Nous avons réduit les anciens systèmes neuro-sémantiques et neuro-linguistiques à quelques prémisses et avons formulé les trois prémisses de SG pour les nouveaux systèmes. Les prémisses telles que vous les connaissez sont les suivantes:

1) la carte *n'est pas* le territoire, ou un mot *n'est pas* l'objet ou la situation, les "ressentis", etc. Tout le temps, *ce n'est pas*. Nous avons ensuite découvert que l'ancien système était fondé sur le *"est" d'identité*, que nous avons complètement *réfuté* après avoir investigué les faits. Souvenez-vous de l'histoire d'un professeur de mathématiques âgé qui m'a demandé si je pouvais réfuter que "chaque chose est identique à elle-même". Je lui ai répondu que je réfuterais qu'un *processus électronique*, une danse colloïdale, etc.,

ne soit jamais identique à lui-même. Il "savait tout" des théories électroniques, colloïdales, etc., mais il n'avait jamais "pensé" à cela et n'avait jamais appliqué ce qu'il était supposé "savoir". La loi de non-identité est aussi universelle que la loi de la gravitation, parce que nous ne pouvons échapper à aucune d'elles. Mais avec la SG, nous pouvons appliquer des *méthodes scientifiques* réduites à des principes fondamentaux élémentaires afin que tout profane puisse les utiliser. C'est donc là notre première prémisse. Nous constatons que par intension, nous identifions via le *"est"*; par *intension,* nous avons une définition, puis notre orientation est fondée sur ce verbalisme; des *évaluations* internes fondées sur des définitions verbales *que nous avons nous-mêmes produites.* Par extension, nous ne faisons plus cela, mais nous investiguons sur les "faits" et nous *réfutons* ce "*est*" d'"*identité*".

2) La *deuxième prémisse* est le "*pas tout*". Vous ne pouvez pas "tout" savoir sur moi. Je ne peux pas "tout" savoir sur vous. Vous ne pouvez jamais savoir "tout" sur vous-même ou sur quoi que ce soit d'autre. Et cela s'applique partout. La définition par intension ne couvre pas "toutes les caractéristiques". C'est pourquoi il existe des *dog*-matiques, des *cat*-égoristes [N.D.T.: A. K. joue sur les mots dog (chien) et cat (chat) pour insister sur la dimension animalistique des personnes relevant de ces catégories] et des absolutistes; ils savent "tout", et cela par *définition* verbale, et ils établissent des lois pour "tous" les temps à venir. N'oubliez jamais le testament d'un âne. "Ne faites pas autrement que ce qu'ont fait vos pères. Ne changez pas. Ce qui était assez bon pour moi est assez bon pour vous". Et le testament de Humpty Dumpty [N.D.T. La comptine "Humpty Dumpty" remonte au XVIIe siècle en Angleterre. Elle est popularisée dans "*Through the Looking-Glass (1871)*" de Lewis Carrol. Je la traduis ainsi: Humpty Dumpty était sur un mur, Humpty Dumpty fit une grande chute. Tous les chevaux du roi et tous les hommes du roi Ne purent remettre Humpty ensemble une fois de plus], celui qui a fait la grande chute, dirait: "*Ne faites jamais comme moi. Faites mieux.*" C'est un testament *humain.* Dans

l'ancien mode de fonctionnement, nous vivons dans les conditions animalistiques de l'"âne". Il est temps que nous passions du niveau animal au niveau humain. Autrement dit, devenons extensionnels.

3) Et puis, la *troisième prémisse* est l'*auto-réflexivité,* ou le fait que dans le langage, nous pouvons parler *à propos* du langage. Ou encore, vos mots, à un certain niveau, n'auront pas la même signification à un autre niveau. Vous avez un chapitre dans mon livre sur cette multiordinalité ou auto-réflexivité. Vous auriez avantage à le lire. Je pourrais passer des heures à vous raconter les bazars que nous rencontrons avec cette difficulté. Souvenez-vous du barbier. Nous ne pouvons pas être honnêtes quand nous avons affaire à une ruse pareille dans notre langage. Et souvenez-vous que nous gérons une grande partie de notre vie sur les niveaux verbaux. Mais si nous sommes prévenus des ruses du langage, nous sommes mieux armés. Nous n'aurions pas tous ces problèmes. Par chance, vous pouvez avoir une solution correcte, mais avec les anciennes méthodes, nous ne pouvons pas avoir de solution pratique aux difficultés. C'est pourquoi nous avons décidé de recourir à l'extensionnalisation pour nous aider à mieux évaluer les évènements extérieurs et nous-mêmes. Souvenez-vous de la formule "Je ne sais pas, *voyons voir*". Cela signifie investigation, réaction différée, etc. Réfléchissez-y. Dans ces trois prémisses, les deux premières sont la *réfutation radicale* des anciennes prémisses; et elles sont le seul terrain, souvenez-vous en, sur lesquelles nous pouvons et *ne voulons pas* nous disputer. Si vous les réfutez, vous devez les réfuter toutes les trois, en réfuter une, c'est devoir les réfuter toutes. Résoudre l'auto-réflexivité du langage sur des bases théoriques est très difficile, on la trouve dans la théorie mathématique des types, mais en SG, nous la résolvons automatiquement via des indices, des dates, etc. Nous n'avons pas besoin d'une "théorie profonde". Les *procédés extensionnels le font pour nous.* "Jamais$_1$ ne dites jamais$_2$" en est un exemple.

Vous vous souvenez de l'exemple où vous me demandez si je veux une cigarette ? Le *contenu* extensionnel de mon "oui$_1$" était pour la cigarette. Est-ce que je veux une boisson ? Mon "oui$_2$" signifie extensionnellement une boisson. Les "oui(s)" *ne sont pas* les mêmes par extension. Comment pouvons-nous les distinguer ? Grâce aux procédés extensionnels. Lorsque vous vous disputez, souvenez-vous que la plupart des disputes trouvent leur origine dans l'utilisation d'un même terme avec des *significations différentes,* à des *niveaux différents,* dans des *ordres d'abstraction différents.* Nous avons fait certaines déclarations et notre interlocuteur se trouve à un niveau différent d'abstractions; nous disons quelque chose, mais nous ne pouvons pas nous comprendre. "Mettez-vous au même niveau". Cela se fait à l'aide des *procédés extensionnels. Indices et dates, etc., et la plupart de nos disputes disparaîtront.*

Pour conclure, je voudrais résumer les connaissances les plus solides que nous avons sur nous-mêmes grâce à l'utilisation des *procédés extensionnels.* Nous les appelons mécanismes multiordinaux, qui sont les mécanismes les plus solides que nous ayons en nous. Ce sont des mécanismes qui vont de pair avec les termes linguistiques multiordinaux tels que: "oui", "non", "vrai", "faux", "réalité", "bien", "mal", "amour", "haine", etc. Une grande partie de notre vie dépend de ces mécanismes et de l'utilisation de ces termes. Ces termes ont un poids important dans la vie. Ils sont multiordinaux et correspondent à des *mécanismes* multiordinaux qui constituent notre "fonctionnement mental". Il faut comprendre multiordinalité comme la possibilité d'appliquer un terme donné à différents niveaux ou ordres d'abstractions. Quelqu'un fait une déclaration *à propos de cette déclaration,* autrement dit une déclaration différente en utilisant les "mêmes mots". Ces termes multiordinaux ont une applicabilité générale à tous les niveaux ou ordres d'abstractions. C'est pourquoi je les appelle multiordinaux, et à chaque niveau, ils ont une *signification extensionnelle différente.* Le problème entier de la *sanité* est dans l'ajustement aux "faits" et à la "réalité". Le problème de l'"insanité" est le problème du *malajustement.* Autrement dit, la sanité est impossible sans la maîtrise des mécanismes multiordinaux; nous devons vous montrer quelques applications de ce qui précède; le mécanisme multiordinal, par exemple, "penser *à propos de* penser". Vous pouvez "penser" à une chaise et "penser à propos de penser" à propos de la chaise. La science et la civilisation sont le résultat de mécanismes multiordinaux qui culminent de façon ultime dans la *conscience d'abstraire*. L'ensemble de la civilisation a finalement été construit par les mécanismes multiordinaux.

C'est l'une des catégories constructives de la multiordinalité. Je vais maintenant vous montrer un autre mécanisme où les caractéristiques indésirables sont inversées par la conscience que les mécanismes sont multiordinaux. Prenons par exemple "haine" au premier ordre [N.D.T.: d'abstraction], "doute" au premier ordre. Vous n'êtes pas une personne agréable à côtoyer si vous avez un *doute au premier ordre* ou une *haine au premier ordre*. Mais quand vous passez à un *doute* ou une *haine au second ordre*, c'est-à-dire lorsque vous haïssez la haine et que vous doutez du doute, les effets s'inversent. Lorsque vous doutez de votre doute au premier ordre, vous avez alors *aboli* votre doute au premier ordre. Vous êtes devenus scientifiquement conscients du mécanisme et *prudents*. La haine au second ordre hait toujours la haine au premier ordre. Elle est proche de "amour". Dans la vie, cela est constructif. C'est la deuxième catégorie de multiordinalité, qui exhibe des mécanismes au second ordre, mécanismes au second ordre qui inversent les mécanismes du premier ordre.

La troisième catégorie de multiordinalité se trouve en psychologie. Il s'agit de l'inquiétude à propos de l'inquiétude, etc. Souvent, lorsque les patients sont amenés chez un psychiatre, ils sont en mauvais état. Ils s'inquiètent à propos de leurs inquiétudes et souvent ils deviennent "insanes". Dans les hôpitaux, on leur explique simplement, avec des mots différents, que l'inquiétude au premier ordre peut être légitime, mais que celle au second ordre ne l'est pas, et en quelques semaines, le patient s'en remet souvent. Nous avons donc ces trois catégories. Je voudrais vous montrer une application de ce qui précède à la vie quotidienne. Il y a beaucoup d'éléments qui relèvent de l'''éthique" et de la "moralité", etc. qui entrent en jeu ici. Je vais m'exprimer dans un langage plutôt "poli", à vous d'y ajouter votre imagination.

Alors, est-ce que nous faisons un marché, vous et moi ? En parlant de "morale", de "conduite sexuelle", etc., *imaginez* que vous vous *adonniez* à quelque chose de nuisible - disons que vous aimez *manger des allumettes*; en réalité je veux dire bien plus que cela. Moi je parlerai de "manger des allumettes", mais j'entends en fait les questions "morales" les plus profondes. Imaginez donc que *vous aimiez* "manger des allumettes". Ce n'est pas sain, mais vous aimez ça, alors vous en mangez. Maintenant, je suis Dupond$_1$, c'est-à-dire pas moi-même, mais le prédicateur Dupond$_1$, et que je vous dis: "Oh, c'est immoral. Ce n'est pas bien", etc. "Vous n'irez pas au Paradis", etc. Et votre réponse, à vous comme à moi: "Oh, je n'y crois pas. Je ne crois pas à vos vieilles foutaises". C'est vraiment ce que vous direz si vous aimez "manger des allumettes" et que je commence à vous prêcher la morale". Maintenant, voici un problème: si vous dites cela, vous continuerez à "manger des allumettes"; vous m'avez *congédié* pour de bon, moi et ma "sagesse". Vous m'avez congédié, moi et mon aide, pour de bon, et sans mon aide, vous continuerez à manger ces allumettes nocives. Ce ne serait pas bon pour vous. Vous finirez par en payer le prix. C'est une image de l'ancien [N.D.T.: système]. Maintenant, la SG entre en jeu. Cela signifie extensionnalisation, connaissance des mécanismes multiordinaux, etc. La situation n'a pas changé. Vous aimez toujours "manger des allumettes", ce qui n'est pas bon pour vous. Moi je le sais, cette fois non pas en tant que Dupond$_1$, un prédicateur, mais en tant que sémanticien généraliste, et je m'intéresse à vous, et je vous parle de "manger des allumettes", en termes du *nouveau* [système], pas de *l'ancien* [système], en *termes d'évaluation*. Vous, par habitude, vous me congédieriez de la même vielle façon. Savez-vous ce que je dirais ? "*Ah oui ?" Ton absence d'évaluation est en réalité une évaluation d'un ordre inférieur*. Et congédiez ça, si vous le pouvez". Vous ne pouvez pas congédier cela car *votre manque d'évaluation n'est qu'une évaluation de bas niveau*. Autrement dit, vous ne pouvez pas congédier les termes multiordinaux. Ils vous entrent sous la peau et vous commencez à les ruminer. L'ancien, vous pouvez congédier et oublier, mais une évaluation multiordinale, vous ne pouvez pas congédier. Cela vous dérangera jusqu'à ce que vous commenciez à voir ce qui se passe. C'est la façon d'utiliser l'"évaluation"; les mécanismes multiordinaux fonctionnent de cette façon. *Comprenez-vous cela ?* Une autre chose qui a été et qui reste encore aujourd'hui une grande difficulté, et qui est en quelque sorte tragique, est la question du malajustement "sexuel" et de la mécompréhension du "sexe". Souvenez-vous des 9/10 et 1/10 du fonctionnement des gonades. C'est un fait neuro-physiologique que ce sont des glandes productrices d'énergie réparties dans tout le corps, y compris le cerveau, et nous devons donc en tenir compte. Nous devons revoir nos anciennes orientations sur le sujet du "sexe", car les anciennes ne tenaient pas compte des 9/10 du fonctionnement. À certains niveaux, les forces *biologiques* agissent sans entrave, par exemple au *niveau des animaux. Il n'en va pas ainsi pour nous.* Nos niveaux *biologiques* peuvent être *faussés* par des *niveaux sémantiques d'évaluation.* Projetez-les 9/10 sur les 1/10, et vous aurez *trop peu d'énergie là où elle est nécessaire,* et *trop d'énergie* dans les 1/10, c'est-à-dire les "fonctions sexuelles" proprement dites. Les animaux ne peuvent pas faire cela, car ils ne disposent pas de mécanismes sémantiques. Cela se termine souvent dans des asiles. Toujours, c'est tenu pour "immoral". Au niveau de la civilisation techno-scientifique, nous devons adopter une *nouvelle attitude* les uns envers les autres et envers nous-mêmes. Au niveau animal, le "plaisir de premier ordre" dépend du plaisir du 1/10, mais au niveau humain de civilisation techno-scientifique, nous devons aller au-delà pour atteindre le plaisir de second ordre, à savoir le plaisir du plaisir. C'est ainsi que fonctionne l'organisme-comme-un-tout. C'est là qu'intervient la topologie.

Bien, je suppose que ce rappel peut avoir des résultats et des applications très pratiques, mais je dois répéter qu'il faut des mois pour s'extensionnaliser, et ce n'est qu'en devenant extensionnalisés que nous obtenons des résultats, des résultats positifs et constructifs. L'objectif global de *Science et Sanité* et de la SG est donc de nous former à extraire de la science les facteurs qui l'ont façonnée, et ainsi nous aider à découvrir les *facteurs de sanité.* Nous n'avons pas besoin d'avoir de grandes "connaissances scientifiques" ni d'être de "grands scientifiques" pour abstraire les techniques de la science. *Extrayez les méthodes* et les résultats suivront, comme le montre l'expérience. C'est l'objectif de la Sémantique Générale. J'ai beaucoup apprécié de travailler avec vous. Merci.

SUPPLÉMENT

UNE INTERPRÉTATION SÉMANTIQUE DES VALEURS FONDAMENTALES DANS L'ÉTUDE DES LANGAGES ÉTRANGERS

Le président Brewer m'a demandé de dire quelques mots sur l'attitude, qui découle de la Sémantique Générale, à l'égard de l'étude des *langages étrangers*. Sur le plan sémantique, c'est plutôt un problème important. Nous devons discriminer catégoriquement entre l'étude des *langages antiques morts* tels que le latin ou le grec, qui sont indispensables pour certains futurs spécialistes, mais sans importance sur le plan sémantique, et l'étude des langages modernes, au moins un langage étranger moderne, qui revêt une importance sémantique capitale.

Il faut reconnaître que l'étude des langages étrangers est pour le moins fastidieuse. Cependant, pour le développement culturel, il est souhaitable que nous voyagions et que nous en sachions davantage sur le monde que sur notre petit village ou notre petit pays natal. Voyager dans l'ignorance des langages étrangers, au moins le français [N.D.T.: dans le texte, et l'anglais pour les francophones], est souvent irritant et n'apporte pas les résultats bénéfiques auxquels on devrait s'attendre. Si vous ne parlez que l'anglais ou l'"américain", vous serez *cantonnés* aux hôtels et aux "pensions pour touristes" où on comprend l'anglais ou l'"américain", mais vous apprendrez très peu sur le nouveau mode de vie des habitants d'autres pays. En d'autres termes, le principal bénéfice que vous *pourriez tirer* de votre voyage serait perdu, et vos "opinions privées" sur d'autres pays et sur les vies humaines qui s'y déroulent resteraient des commérages de petit village, mesquins, sots, et parfois malveillants. Les opinions des "Américains" sots qui ne parlent aucun langage étranger, mais qui essaient de voyager, sont tout aussi ridicules que celles des sots qui ne parlent ni anglais ni "américain" et qui voyagent, par exemple, aux États-Unis. En règle générale, ils n'ont rien compris à ce qu'ils ont vu et rentrent "chez eux" plus étriqués et plus sots qu'ils ne l'étaient au début de leur "voyage" destiné à "apprendre quelque chose culturellement".

J'ai parlé jusqu'ici de questions culturelles *pratiques,* plutôt superficielles, pourtant les *bénéfices sémantiques sérieux* de l'étude des langages étrangers vont beaucoup plus loin. Ils affectent directement ce but suprême de l'*extensionnalisation,* que j'appelle "conscience d'abstraire". Ainsi, si via la *connaissance* d'un langage étranger, vous savez que ce que vous appelez "cane" [N.D.T.: canne] en anglais ou "américain" s'appelle "laska" en polonais, ou que ce que vous appelez "love" en anglo-américain se dit "amour" en français, etc., cela aurait un effet sémantique profond sur vos orientations, aidant la conscience d'abstraire, que les mots ne sont pas les choses dont nous parlons, puisque parler reste parler, et que les "faits", les choses, etc., ne sont pas du verbiage. Si quelques-uns d'entre vous "réfléchissaient" à cela, vous seriez plus proches de la conscience d'abstraire, et donc plus avancés sur le mode de fonctionnement de l'extensionnalisation, et donc sur la voie de la raison.

Ainsi il semble que l'étude des langages étrangers est culturellement et sémantiquement très importante, et malgré sa pénibilité, une *entreprise profitable.*

Je vous envoie poursuivre votre route, en tant que chère classe très coopérative, avec mes meilleurs vœux pour votre meilleur ajustement individuel, que *vous accomplirez si vous travaillez assez dur,* sans quoi vous, et moi, n'aurons fait que *perdre notre temps.* Eh bien chère classe, bonne chance et bonne nuit.

Olivet, Michigan
1 juin 1937

Comte Alfred Korzybski
Dearborn Plaza Hotel
1032 N. Dearborn
Chicago, Illinois

Mon cher Comte Alfred Korzybski,

Les membres du Conseil d'Administration d'Olivet College m'ont demandé de vous remercier en leurs noms pour le service remarquable et généreux que vous avez rendu à Olivet College en animant des séminaires et des conférences de Sémantique Générale au cours des huit dernières semaines. Ils estiment que votre travail a apporté une contribution significative à Olivet College et prévoient que ses effets seront de grande portée, non seulement pour les personnes avec lesquelles vous avez travaillé, mais aussi par son retentissement dans le programme éducatif d'Olivet College. Ils se rendent compte que vous avez accompli ce travail au prix de sacrifices personnels considérables et tiennent à vous exprimer leur profonde gratitude.

Veuillez accepter mes remerciements personnels et mes meilleurs vœux, ainsi que ceux du conseil d'administration.

Bien cordialement,

Joseph Brewer
Président d'Olivet College

JB:A

Olivet, Michigan
23 juin 1937

Comte Alfred Korzybski
Dearborn Plaza Hotel
1032 N. Dearborn
Chicago, Illinois

Cher Comte Alfred Korzybski,

Je tiens à vous remercier très sincèrement pour l'excellent travail que vous avez accompli ici au cours des deux derniers mois, à travers les quatorze conférences sur la Sémantique Générale que vous avez données et les entretiens privés que vous avez accordés aux membres du séminaire. Il m'est difficile d'évaluer la valeur de ce travail pour les individus et pour l'école, car je sais que les résultats continueront à se manifester pendant un long temps.

Il y a deux ans, lorsque vous étiez ici pour un temps plus court et que vous avez donné quelques conférences introductives, vous avez mis en place un processus au sein d'Olivet College qui continue de fermenter. Les résultats de ce processus ont été clairement visibles dans la participation au séminaire et dans l'intérêt croissant des membres du corps enseignant qui étaient présents lors des premières conférences.

Comme vous le savez, plus d'une centaine de membres d'Olivet College ont assisté aux conférences. Sur un effectif total de deux cent soixante étudiants et trente-cinq professeurs, je pense que c'est un bon résultat, d'autant plus que la participation était volontaire et que cela s'est déroulé à un temps particulièrement chargé de l'année. L'ensemble d'Olivet College a été stimulé par ces conférences, et je pense que nous sommes en bonne voie pour établir une orientation non-aristotélicienne dans tous nos travaux ici.

Votre travail en consultation avec les membres du Corps Enseignant, dans cette perspective, a été particulièrement utile et les projets de travail que vous avez suggérés vont se concrétiser cet été.

Les résultats immédiats du séminaire et des conférences sont clairement visibles dans des cas individuels. En tant que professionnels dans le domaine des sciences naturelles expérimentales, nous avons cherché à voir si vous "produisiez des résultats". Les résultats de votre rééducation directe du système nerveux chez les participants individuels au séminaire ont été évidents et clairs. Mes collègues et moi-même avons observé ces changements et nous espérons voir d'autres résultats à mesure que le travail se poursuit ici.

Dans le cas d'un certain nombre d'étudiantes, trois jeunes femmes en particulier, nous avons constaté une adaptation générale à la vie et une maturité croissante; dans deux autres cas, cette évolution a été très marquée. Sous nos yeux, ces jeunes femmes ont mûri, ont trouvé un équilibre et semblent avoir complètement changé. Une autre jeune femme a non seulement mûri de manière notable, mais elle a également surmonté une grande partie du malheur dans sa propre vie. D'une jeune fille qui semblait beaucoup "ruminer", elle est devenue vive, joyeuse et merveilleusement équilibrée.

Un jeune homme, bon élève, avait une curieuse "apathie" en lui. Grâce à son travail avec vous, il s'est définitivement épanoui et semble être devenu une personne différente. Une jeune femme qui avait des manières très artificielles est devenue beaucoup plus naturelle. Une de vos anciennes élèves des séminaires de Chicago a fait de nouveaux progrès et s'est encore améliorée dans son travail.

Un jeune homme très talentueux qui semblait toujours travailler sous haute tension a nettement ralenti son rythme et son travail reflète désormais cette détente. Plusieurs autres étudiants ont retrouvé une meilleure forme générale et sont désormais mieux armés pour faire face à leurs problèmes personnels et professionnels. Ce sont là des cas "moyens". Plusieurs évènements tout à fait extraordinaires se sont produits. Un jeune homme qui était très préoccupé par des problèmes sexuels les a tous résolus en quelques instants grâce à votre discussion sur le fonctionnement à 10 % - 90 % des gonades. Cela lui a permis de clarifier d'autres confusions et difficultés.

Un membre du Corps Enseignant, qui avait des difficultés très complexes, est manifestement en train de se reprendre grâce à votre formation. Un autre membre du Corps Enseignant, qui souffrait depuis sa petite enfance d'un problème très grave et extraordinaire, en a été presque complètement libéré et en sera sans doute totalement débarrassé d'ici peu.

Dans au moins trois cas, vous avez découvert que des difficultés sérieuses découlaient du fait que des personnes normalement gauchères avaient été contraintes d'utiliser leur main droite lorsqu'elles étaient enfants. Le processus de retour à la main gauche et la compréhension que vous leur avez apportée des mécanismes impliqués dans ce processus ont permis de résoudre leurs difficultés de manière tout à fait extraordinaire. Une autre jeune femme, également très tendue, s'est beaucoup détendue.

Le cas le plus extraordinaire de ce type est probablement celui de M. -, dont je joins le rapport à cette lettre. Depuis que cette lettre a été écrite, M. - a continué à s'améliorer. Les examens qu'il a passés à la fin de l'année n'étaient guère comparables à ses précédents travaux. Non seulement son écriture était lisible, mais son contenu était bien organisé et son expression tout à fait cohérente. Aucune de ces choses n'était vraie dans ses travaux précédents. Son élocution s'est améliorée de manière tout à fait phénoménale.

Le cas le plus extraordinaire est peut-être celui d'une homosexualité apparente, dans lequel tous les symptômes actifs étaient positifs. Votre analyse a révélé qu'il s'agissait simplement d'un substitut à la masturbation, et grâce à la prise de conscience du mécanisme que vous avez transmise à cet étudiant, l'homosexualité a complètement disparu et une hétérosexualité positive s'est établie. Cela m'a été confirmé par lui depuis que vous avez quitté Olivet. [N.D.T.: homosexualité retirée du DMS, en 1973, et en 1990, l'Organisation Mondiale de la Santé a supprimé l'homosexualité en tant que telle de la Classification Internationale des Maladies (CIM-10). Elle est considérée aujourd'hui comme une variation normale de la sexualité humaine]

Ces résultats très tangibles nous ont permis de constater la valeur de la Sémantique Générale et de l'orientation extensionnelle. J'ai également pu observer son efficacité sur de nombreux modes de fonctionnement au sein d'Olivet College. À mon avis, l'importance considérable de votre travail pour nous ici ne réside pas seulement dans les cas concrets que vous avez traités et dans lesquels vous avez eu une grande influence, mais aussi dans l'élan que vous nous avez donné à tous pour travailler de manière constructive, non seulement pour nous-mêmes, mais aussi pour développer une attitude extensionnelle dans l'ensemble du travail de l'institution. Nous sommes convaincus qu'en agissant ainsi, nous favoriserons non seulement le bonheur dans la vie de chacun, mais nous verrons également le travail académique s'améliorer considérablement au sein d'Olivet College grâce à une formation continue.

Quand je dis "nous" tout le long de cette voie, j'inclus moi-même et mes collègues du Corps Enseignant que vous connaissez et dont vous savez qu'ils sont particulièrement convaincus et sympathisants. Je ne veux pas laisser entendre que l'ensemble du Corps Enseignant partage ces opinions. Je pense toutefois pouvoir affirmer sans me tromper que la majorité l'est, et je peux vous assurer que mon ambition est de rallier l'ensemble du groupe afin qu'Olivet College dans sa totalité puisse fonctionner selon une orientation non-aristotélicienne. Vous aviez à la fois des hommes et des femmes, et les âges allaient de seize à soixante-cinq ans. Conduire un groupe comme celui-ci est un exploit, et vous l'avez fait de manière extraordinaire. Ce qui m'a particulièrement impressionné, c'est votre capacité à observer chacun et tous dans la classe en même temps, à vous arrêter lorsque cela était nécessaire pour clarifier la présentation pour tel ou tel, et l'efficacité générale de vos exposés pour l'ensemble des personnes concernées.

Votre prestation s'est améliorée depuis vos conférences ici il y a deux ans, et vous avez progressé dans l'organisation et la présentation de vos documents. Vos nombreux nouveaux exemples sont frappants et leur utilisation impressionnante. Les seules critiques que j'ai entendues provenaient de quelques membres du séminaire qui ont probablement utilisé comme excuse pour leurs propres lacunes le fait que vous répétiez parfois trop souvent la même idée sous la même forme ou que vous passiez du temps à dire quelles grandes choses la Sémantique Générale accomplirait, temps qui aurait pu être mieux utilisé pour poursuivre l'exposé sur la Sémantique Générale. Je n'ai moi-même pas ressenti cela, et je pense que seule une très petite partie du groupe l'a ressenti. La répétition et les exercices systématiques sont essentiels à la compréhension de la Sémantique Générale, et il est nécessaire de souligner constamment l'importance de l'appliquer plutôt que de simplement l'accepter. Les moments cependant où la classe elle-même, par sa réceptivité, vous a permis d'être le plus substantiel et le moins "bavard", furent les moments où vous étiez vous-même le plus heureux et où la classe était la plus enthousiaste. Dans l'ensemble, ce fut une présentation des plus efficaces et impressionnantes d'un matériau extrêmement difficile.

Permettez-moi encore une fois de vous remercier très sincèrement pour tout ce que vous avez fait pour nous, et d'exprimer l'espoir que vous reviendrez souvent pour nous maintenir sur la bonne voie et nous aider à poursuivre.

Avec tous mes vœux les meilleurs, recevez l'expression de ma parfaite considération

Joseph Brewer
Président de l'Olivet College
Olivet, Michigan

JB:A

INDEX POUR LES CONFÉRENCES À OLIVET COLLEGE DE 1937

www.ingramcontent.com/pod-product-compliance
Lightning Source LLC
LaVergne TN
LVHW040609061026
849523LV00001B/127
9781970164404